走向学校课程4.0

徐谊 著

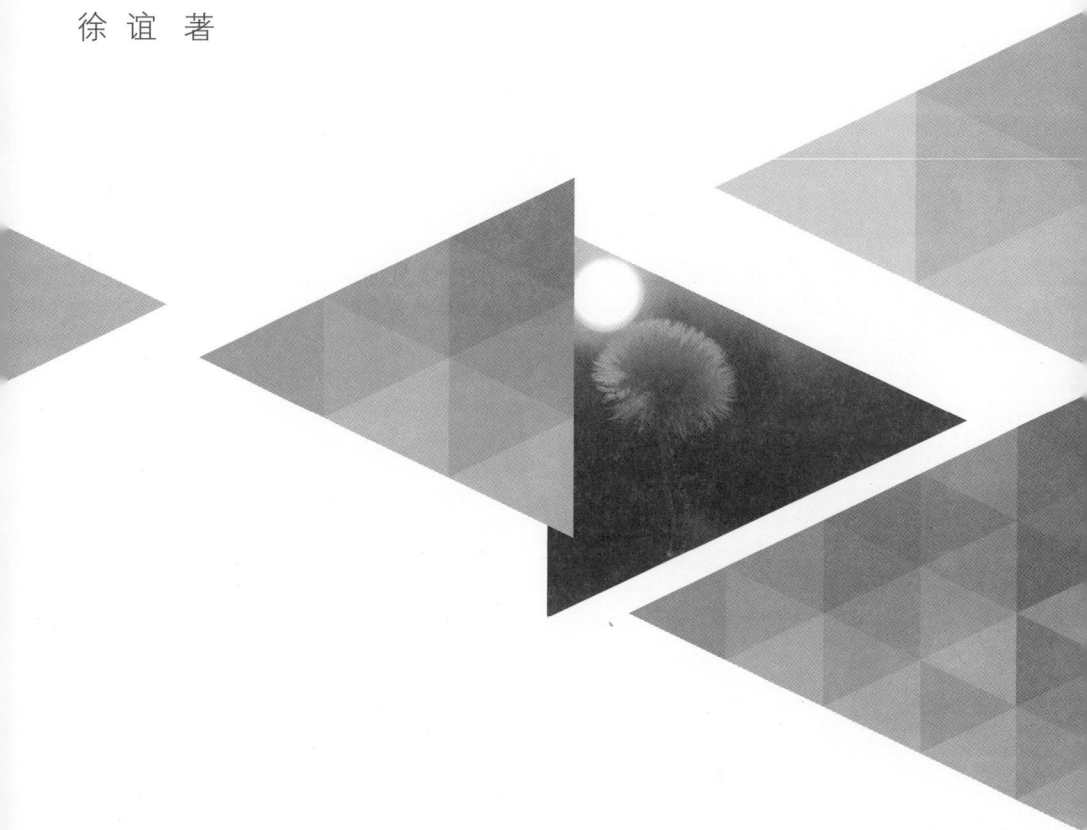

上海三联书店

序　言

尹后庆

　　当前我国教育改革发展已进入一个新的阶段。在这一阶段，对义务教育学校来说需要思考并回答好这样三个关键问题，即怎样让学校办学行为更加符合教育规律，怎样让教师的课程教学行为更加符合孩子身心成长的规律，怎样让学校教育更能促进学生全面而有个性的发展。这里包含了三个关键短语——两个"更加符合"、一个"更能促进"。这也正是当前我们教育改革"深化"的要义所在，即"深化"意味着"更加""更能"。

　　然而，不同学校与教师的教育实践基础并不相同，对学校教育、课程教学、学生身心成长等规律的认识深度和把握能力更是存在较大的差异，因此，对于实现"更加"和"更能"，其前提基础是"能符合"和"能促进"，它是一个渐进的过程，是一个逐步加深理解，持续改进实践，不断提高品质的过程。

　　广义上讲，课程是学生在校学习经验的总和。怎样的课程决定了怎样的学生，包括学生获得怎样的学习体验和素质发展。因此，本轮课程改革对学校和教师来说，最重要的行动也是最大的挑战，就是围绕课程的学校改进。说重要，除了上述课程本身的意义之外，还在于围绕课程的学校改进行动最深刻，也最能建立起学校实现科学发展、可持续发展的机制、动力和能力；说挑战,在于之前学校和教师对课程的认识和实践的基础相对比较薄弱,需要补齐的短板很多,要"啃下"这块"硬骨头",教师也包括管理者不仅需要勇气,更需要智慧。

综上所述,我们似乎可以理出这样一条新阶段学校持续改进的路径,聚焦课程——找到起点——持续升级——面向未来。它以全面实施素质教育,全面落实立德树人根本任务为目标,通过系统推进学校组织管理、课程建设、课堂教学、队伍发展、保障机制等改革,来回答好本文开头的那三个关键问题。而这一路径,我似乎从本著中看到了作者以及他所领导的学校的属于他们的独特思考和创造性实践。同时,作者还以大量的实践案例集中回答了当前基层校长和一线老师展开课程行动,最为关心的这样几个问题。

首先,如何围绕课程培养学生关键能力。就在去年,中共中央办公厅和国务院办公厅印发了《关于深化教育体制机制改革的意见》,《意见》明确提出,"要注重培养支撑终身发展、适应时代要求的关键能力"。这些关键能力,包括了认知能力、合作能力、创新能力和职业能力。然而,在今天的学校教育中我们可以发现,无论管理者还是教师,更多关注的是学生的认知能力,而在认知能力中,更多关注的是学生内容记忆与书面解题能力,而不是更为重要的学习迁移、思维品质、交流表达等的能力,包括学习动力。客观来说,并不是学校管理者或教师功利,而是无法在落实"双基"与发展关键能力间形成系统而又科学理性的实现路径。在本书中,作者突出强调了课程视野下的教学设计、实施与评价,让教师从更高处来思考学生学科素养的综合培养,从更细微处来审视以往教学中不遵循教与学规律,不符合学生身心成长规律的行为,并把解决教师课堂实践的科学性作为学校课程行动的起点,从基础型课程的校本化实施切入,聚焦教师视角的中观课程的设计与实施,提供了丰富而又可借鉴的实践内容。从而为学校启动课程教学改革,减少行动的阻力和风险,积聚并形成课改的底层动力,夯实实现学校课程持续进阶的基础,提供了极为有益的经验和可实现的路径。同时,作者还强调了学生关键能力的获得,学生学业成绩的提升应该建立在依托课程,系统地解决学生学习的动力激发、元认知和认知能力发展的问题上,这也为我们以更加符合规律的方式来实施学校改进和质量提升,提供了实践的视角和方向。

其次,如何围绕课程实现课堂品质提升。在一些学校和老师中间,还存在着课程与课堂两张皮的现象,它主要体现在课程的开发与实施同教学的设计与实施在理念价值和技术路线上不一致。多数学校和教师把学校校本的课程行动作为对基础型课程学习"枯燥、乏味"的"弥补",所以突出内容上的"趣味性",选修方式上的"非限制性",评价上的"非功利性",等。尽管这样的思考和探索本身也有积极意义,但显然这样的学校课程行动是不深刻的。因为本质上,它并没有体现课程的丰富内涵与价值,并没有真正深刻改变我们师生教与学的方式,也与我们课改深化所提出的目标和要求相距甚远。在本书中,作者从学生和学习的视角,提出了基于问题和问题系统来重构课程,从实现问题化学习来设计与实施课程的系统操作办法,实现了课程与课堂、教与学在目标追求、行动逻辑、技术路径与操作方法等方面的一致性,从而既保证了学生学科体系化知识的有效获得,也实现了多样教与学方式在基础型课程中的真正开展。书中所提出的,"以学生的问题为起点,以学科的问题为基础,以老师的问题为引导""让问题充分解决,让学习充分展开""让学生学习方式的改变倒逼教师教学方式的变革""发现与支持不一样的学习者"等的观点与具体操作,对突破教师对"经验"的迷信,切实提高课堂品质,真正促进师生教学相长,具有相当的理论创新和实践指导意义。

第三,如何围绕课程促进教师专业发展。今天,教育步入新时代、新阶段。对一所学校来说,教师队伍专业素养与能力的再提升,变得比以往任何时候都关键而迫切。"学然后知不足,教然后知困",教师专业的持续发展一定来自学习,来自于课堂实践。然而,一直以来我们把教师队伍的建设和发展,聚焦在教师们围绕对教材的精耕细作和对教法的精雕细琢上,忽视了教师实践改进的起点和教师专业发展动力的源点,从而一定程度上导致部分成熟教师的职业倦怠和专业发展停滞。在本书中,作者给出了他的"解决方案"。首先,教师实践改进的起点应该是学生和学习,而不是传统的教材和教法。对教材与教法的深入研究是一种必须,但不是全部。这是因为,教路要顺应学路,教法只是一种准备而不是一种当然,因此,学生和学习是教师专业研究和实践的起点。其次,教是为了不教,教师的任务是让学生学会学习并且能够始终保持学习的动力。然而,不一样的学生意味着不一样的学习,要真正实现对每一个不一样学习者的学习支持,就需要老师主动去发现不一样,去适应不一样。因此,持续变化着不一样的学习者才是也才能成为教师专业持续发展的原动力和源动力。由此,对学校而言,把教师队伍建设的内容聚焦在教师如何去发现和支持不一样的学习者,把实现教师专业素养和能力的发展着力于教师为更充分地支持不一样学习者的学习,让专业"新知识"持续地产生,也许是解决当下学校研修质量不高,教师专业发展动力不足的好思路和好方法。

第四,如何围绕课程实施学校系统改进。对一名校长来说,学校改进有很多切入口,也有很多实现的路径,但正如上面所说的,以课程行动为切入口,聚焦课堂变革的学校改进之路也许是最艰难的,尽管它也最深刻。这是因为,课程把学校所有管理的要素和内容全部纳入进来,对管理者的顶层设计能力和专业指导能力提出了更高的要求和更大的挑战。在本书中,作者在学校课程行动的不同阶段,对学校作为一个系统,在不同子系统上需要做出的改变提出了自己的思考,包括组织结构、运行方式、管理模式、制度保障等方面的配套改革与改进。其中,突出强调了学校管理模式从集中控制向分散增强,组织运行从外部驱动向内部自运行,制度设计从注重管理者意志贯彻到关注教师自我价值实现的转变,并且在每一个要素和环节上都提供了丰富的实践案例。当然,这些案例更多来自于作者长期实践的经验,不一定普遍适用或者经得起理论的推敲,但无论如何,对同样处于探索中的学校管理者们有着很好的借鉴意义。

最后,如何思考未来学校课程迭代升级。对学校来说,我们培养的是面向未来的人,因此学校课程行动也一定需要既立足当下又思考未来。同时,现代科学技术的快速发展已经并将更加深远地影响学校教育,影响人的学习。如何让技术与教育发生“化学反应”以促进教育的发展,业已成为社会的热门话题以及教育技术领域研究的热门课题。如果说本书所界定的课程1.0到课程3.0都是我们已经存在或者不同发展阶段学校已经实施的课程样态、课程行动的话,那么课程4.0,作者显然试图为我们描述他所理解的学校未来课程行动的方向。在他的描述中,有一点给我留下了深刻的印象。他认为,至少到课程3.0,学校课程都是一种自上而下的“供给”。它存在一个巨大的“缺陷",即无论学校怎么努力,都无法满足不断变化着的学习者的学习和发展需求。因此,学校未来的课程体系需要也一定应该是"自适应"的,而实现"自适应"的前提就是课程的"自生长"。他提出了课程"自生长"的实现方式,包括构建支持学生泛在学习的线上与线下环境,大数据技术的运用,学生作为主体基于问题化学习的课程建设、实施与评价,等。我不能说作者的思考已经是非常成熟的或者一定是正确的,但从一个基层实践者的角度,他能够提出这样的观点并已经开展这方面的探索,依然值得肯定。

总之,正如作者自己在后记里所说的,这本书的内容更多的是他作为一名教师和校长在面对大量实践的困惑和问题时,围绕着"课程"而所做的事,它真实。我想,不管作者认识是不是到位,实践是不是充分,观点是不是正确,至少值得我们肯定和赞赏的是——它真实。

前　言

学校课程发展简史

　　之前看过以色列学者尤瓦尔·赫拉利写的一本畅销书——《人类简史》,作者从偶然性与必然性而不仅仅是必然性,从包括动植物的整个生态世界而不是就人类自身,用自己独特的观点阐述了整个人类历史的发展与演进。这本书很难说是严格意义上的学术著作,因为他所论述的人类简史既不是地球的编年史也不是人类的编年史,全著表达并充满着的是作者个人的价值观和独特史观,而不在系统呈现客观的史实与论据。

　　我是一名中学教师,也是一名学校管理者,我没有能力从学术的、课程论的角度来阐述学校课程演进的规律,更多的是从一个实践者的角度来探讨学校课程建设与改进的路径、方法。本书所谓的学校课程4.0,并非是严格意义上"工业4.0"概念在课程领域的实践,尽管其"数据化、智慧化"并"达到快速、有效、个人化的产品供应"在一定意义上与我所认为的学校课程未来发展的要义基本一致。学校课程4.0更多的是类比当前数字化产品设计中"迭代改进"的概念,即学校课程建设的不同阶段以及可能的持续改进的方向与路径。而"学校课程简史"的说法,更是东施效颦,借用赫拉利先生的《人类简史》的书名,从一个基层教育实践者的视角,经验地描述我所看到的不同的学校(包括自己所处的学校),其课程校本化实施所处的大致阶段及其课程的总体结构、形态。

本轮课程改革已经实施十多年,那么我们的改革成效又如何? 2011 年,21 世纪教育研究院和中国教育网联合开展了"教师对新课改的调查"的大型网络调研。同年 10 月 14 日,21 世纪教育研究院、新教育研究院、北京市西部阳光农村发展基金会在京联合举办"新课堂、新教育"高峰论坛,会上论坛主办方发布了该网络调查的具体结果①。数据显示,教师对诸如"自主、合作、探究"等新课程改革所倡导的新理念的认同度达 74%;教师所在学校推进新课程改革的积极程度达 63.2%。然而,对十年课改成效的总体评价,表示"很满意"和"满意"的教师仅占 24.6%;认为"一般"和"不满意"的分别占 49.3% 和 21%。在减轻学生负担,促进素质教育的目标上,有 47% 的教师认为新课改之后学生的课业负担反而加重了,仅有 8.5% 的教师认为有所减轻;而对"新课改是否促进了素质教育的开展"的回答,认为"促进很大"的仅占 11%,"有一点促进"为 41.3%,"不明显"为 31%,认为"应试教育"更加严重了的达到了 16.7%。

这份调研似乎也印证了一直以来对这轮课改最为普遍也最"讨巧"的观点,即"成绩很可喜,问题也不容忽视"。从教师对于这一轮课改价值理念的高度认同以及基层学校的课改热情可以看出,新课改完全与中国社会发展、变革的大势契合,也与中国普通民众乃至教育者自身对教育变革的需求和呼声相因应。正如西方文艺复兴推动了人类科学与文明的进步,直接催生了

---

① 中国教育在线,"教师对新课改的评价"网络调查结果公布,[2011 - 10 - 14],http://teacher. eol. cn/jiao_yu_ren_cai_zi_xun_52/20111014/t20111014_694057. shtml

资产阶级革命和西方资本主义社会制度那样,新课改所倡导的新理念,提出的新目标、新方式、新举措很大程度上将会带来的是中国教育范式的重要转型。已经过去的十多年,新课改对于整个中国社会特别是教育者心智模式转变产生了极为深远的影响,甚至可以这么认为,中国教育改革的持续深化已经变得不可逆转。在我看来,相比于所谓的可靠的数据或是可资总结的经验和成果,也许这才是本轮课改最大的成绩。从这个意义上来说,有学者认为,新课改不能也不应该以简单的成或败来简单评价的观点是非常中肯的①。

尽管如此,我们依然需要对课改推进中的问题进行反思并引起高度的重视。课程变革的起始阶段,宏观层面(政府、专家)的选择与方案制定是重要的,但变革的成功与否其根本却在中观(学校)和微观(教师、学生)层面的实施过程,也就是课程的校本转化中,而这种转化又是包括了理念(认识)、行为(操作)和制度(系统)等的一系列的改进甚至彻底革新。这也就意味着,要提升新课程实施的质量,或者进一步深化我们的课程教学改革,学校层面不仅应该有强烈的主体责任意识,更应该形成清晰的实施步骤,从课程转化所基于的价值系统到课程管理的制度系统,再到课程行动的操作系统,以问题为导向,逐步推进、分步实施、智慧实践,实现学校课程体系的持续进阶,从而形成以课程为聚焦点和作业点的学校系统改进以及学校、教师和学生的同步协调发展。

那么学校课程建设的实然又怎样呢?上海市教科院普教所夏雪梅博士曾经在"基于学生核心素养的学校课程建设:水平

---

① 杨东平,新课程改革的得失与深化,山东教育科学[J].2014(1)。

划分与干预实例"一文中,提出了衡量学校课程建设品质的三个核心标准,即首先,是否将课程围绕学生的核心素养展开;其次,是否能够在学生的核心素养和学校课程框架之间建立实质性的联结;最后,是否能够保证每一门课程的质量以为学生的核心素养服务①。其中,她认为相当一部分学校的课程体系体现为"无关联、碎片化",即拥有很多课程,或者更准确地说,有很多各式各样的活动,但是这些活动、课程间呈现碎片状态,相互没有关联。学校很容易就开设一门课程或关闭一门课程,很少经过审慎的思考,主要是根据学校或教师的便利。夏博士的观点与笔者长期以来对基层学校课程建设与发展的观察和思考不谋而合,也就是我认为的,就普遍的基层学校课程建设而言,大致处于三个阶段,即课程建设的自发阶段、课程建设的自觉阶段和课程建设的自立阶段。自发阶段主要表现为有没有校本课程开发与实施的行为,即便这种行为并非是学校对教师普遍的专业要求,学校的课程体系呈现为夏博士所说的"无关联、碎片化"状态。自觉阶段主要表现为不同的校本课程的开发与实施有没有明确的目标指向,同时基于培养目标来建构并形成学校的课程体系,即夏博士所认为的目标与课程间建立起"实质性联结"。自立阶段主要表现为学校超越国家统一的课程模版,以系统的方法来重构学校课程体系,不仅关注育人目标,也关注学校整个组织的全面改进,包括组织变革、教师发展,等。然而,正如赫拉利对人类历史发展的描述并没有停止在当下,在《人类简史》的最后一章,他提出了"我们究竟想要变成什么"这一

---

① 夏雪梅,基于学生核心素养的学校课程建设:水平划分与干预实例[J],课程·教材·教法,2013(7)。

人类发展的终极命题,甚至悲观地取标题为"智人末日"。当然,我的思考完全做不到赫拉利般深邃,对于学校课程建设也完全没有这个能力来指出,当学校课程建设到达了自立阶段,进一步进阶的方向一定会是在哪里。尽管如此,我依然认为,学校课程建设一定能够也需要超越第三阶段。它基于这样几点思考:首先,教育越来越强调公平,而公平就其过程而言,在于学校为学生提供充分而个性化的教育支持。然而,即便学校课程建设到第三阶段,我们课程的开发主体依然是学校老师或专业人员,我们课程的供给依然自上而下,那么这样的主体和供给能否满足不断变化着的学生的学习需求,并且对需求作出及时反应;其次,教育越来越关注学生问题解决能力,而现有的课程往往以领域的知识或技能为逻辑主线,那么学生学习中真实的问题(而不仅仅是学科问题)在哪里,而围绕真实问题解决的学习,原有的课程开发逻辑是否存在着不适应。从学校课程建设来说,是否需要建设以问题为逻辑主线的课程以让学习充分展开,让问题系统解决;最后,新技术的快速发展为教育或者学校课程的建设、实施与评价带来助力,那么,这种助力应该体现在哪些方面。它对于学习方式、教学方式、评价方式所带来的变化是在实现教育的自适应并让学生智慧生长,还是只是简单的所谓的智慧技术的运用以提高教学的效率。基于上述的思考,我斗胆提出了学校课程4.0,即学校课程建设的自省阶段,并与前三个阶段合并描述为"学校课程发展简史",具体如下。

学校课程1.0:走出教材的藩篱

这一轮课程改革一个重要的内容就是实施课程的三级管理,即国家层面、地方层面和学校层面三个层级的课程管理。它一改以往大一统的、"一竿子到底"的课程管理模式,在贯彻国家教育方针、执行国家课程标准的前提下,赋予地方和学校以课程的自主权。然而,这种课程管理的"赋权"对于学校而言又意味着什么? 对于学校管理者,他们又该承担起哪样的义务? 在教师们习惯了统一的教学大纲,普遍缺乏课程意识与能力的情况下,又该怎样开展校本层面的课程行动,其切入口和突破点又在哪里呢?

美国课程学者辛德尔、波林和扎姆沃特(Snyder, J., Bolin, F. & K. Zumwalt)把课程实施归纳为三种最基本的价值取向,即"忠实取向"、"相互适应取向"与"课程创生取向"①。"忠实取向"只需要学校、教师(包括学生)忠实地执行课程计划,课程变革只是"一次事件",课程目标的达成只需要如同提出"新技术"标准那样提出新的行为与实践要求就能自然而然地实现;"相互适应取向"是承认教师在课程实施中的能动作用,课程实施的结果取决于课程与教师相互适应的能效;"课程创生取向"则是基于对知识(经验)获得情境性的理解,把"课程"及其实施过程作为一种纯动态的基于师生协商基础上的创生过程。而美国当代著名课程教学论专家戴维•帕金斯(David N. Perkins)指出,"对于所有的教学主题,我们都必须问,这些知识能不能在学习者的生活中有所体现,当某个主题出现时,我们也必须问一问,它能不能提供深刻的见解,能不能为行动提供信息,能不能激发道德意识,至于机会方面,我们必须问,这个主题是否常见,是否重要……我们的目的不是在朝夕之间重新谱写学习的途径,我们只在编辑而非创造,旨在查漏补缺,权衡轻重,而非无

---

① 张华.课程与教学论[M].上海:上海教育出版社,2000:329~330.

中生有,我们希望最终形成在学习者可能的生活中发挥重要作用的学习,这样的努力无需做到完美甚至周全,就已经大有裨益了"①。

事实上,以上学者的观点无论对于课程领导与管理者、课程教材的开发者还是对一线教师都应有启发。教育在于发现、支持与成就每一个不一样的学习者,课程在于连接孩子的科学世界与生活世界。由此,就课程转化而言,基层学校首先改变的是课程实施的价值取向,即摆脱以往唯一并且固化了的"忠实取向",转向"相互适应"与"创生";其次,就具体行动的起点而言,突破教材中心主义,让教师理解并掌握如何超越既定内容,为学生提供更为多元的学习,如何超越学科藩篱,让学生对课程内容的学习始终置于现实的世界。这也就意味着,在这个阶段,学校层面需要与教师一起解决这样一些基础性的问题。

首先,认识问题,即课程教材为什么要转化。其中,首先是必要性的重新认识,包括课程教材与课程目标,课程教材与知识能力,课程教材与不同主体(学生、教师、学校),课程教材与各类质量(学校办学、教师教学、学生发展)等的关系是什么;其次可能性的重新认识,包括课程标准能否向教学目标转化,基于标准与目标能否对课程教材进行有效筛选与重构,基于课时限制能否进行课程实施进程的重新规划,基于不同目标能否实施多样的评价,基于教学情境与学习需求(如地域特点、学校情况、学生基础、课时限制、个人特长,等)能否开发建设、实施与评价拓展、探究型课程,等。

———————

① [美]戴维·帕金斯(David N. Perkins).为未知而教、为未来而学——什么才是有价值的学习[M].杨彦捷,译.杭州:浙江人民出版社,2015:63.

　　其次,技术问题,即课程教材是怎样转化的。其中,首先是
"切入口"的选择,包括从哪个维度或视域切入,能够帮助教师
在旧经验与新要求间架构起"一座座桥梁",最终实现从"课堂"
走向"课程";其次是"作业点"的选择,包括基础型课程的教材
转化与拓展、探究型课程的资源开发,教师最需要在哪些能力点
上需要实现突破。以此建构起以理念理论为引领,以问题解决
为导向,以专业提升为路径,以提高三类课程实施品质为目标的
课程校本化实施的保障体系。

　　总之,突破教材中心主义,无论对学校管理者还是一线教
师,都是对旧有实践在理念与方法上的一个重要行动和一次重
要变革。它让基层教育实践者寻找到了学校课程行动的起点,
开始了从经验走向理性,从内容走向标准的智慧实践的漫漫征
途。在这一阶段,即便对课程丰富内涵的理解依然粗浅,但学校
和教师将第一次真正意义上"拥抱"课程,第一次真正意义上拥
有属于自己的课程,它实现了课程在学校层面"从无到有"的巨
大突破。

学校课程2.0:让办学理念落地

　　突破教材中心主义,让学校管理者与一线教师的课程热情
得以极大地"释放"。伴随着从基础型课程内容转化到拓展型、
探究型课程开发的系统推进,学校以往千校一面的课程结构变
得不同,以往千篇一律的课程内容变得多样,以往计划式固定的
课程数量在经过老师们的"增产"之后获得极大地丰富。然而,
对于学校管理者而言,随之而来的是面临这样一个窘境——如
何让"巨大"数量的校本课程纳入上级严格规定的课程计划中。
当这种"纳入"变得越来越困难,甚至无法做到的时候,又以怎

样的标准来筛选这些课程？这样的一种筛选标准又怎样做到既不打击教师们的课程热情，又进一步提升教师的课程理解与课程能力，从而实现学校课程行动品质与学校办学质量的持续提升呢？

回看学校第一阶段课程行动，我们可以清晰发现这样两个问题。首先，"目标意识"与"技术理性"是这一阶段最重要的价值选择，而这种选择很容易陷入"课堂中心主义"。由于失去了"教学大纲"这一"坚实拐杖"，让一线教师包括基层课程领导管理者理论储备不足、实践科学性不够等问题在新课程前凸显出来。于是借以"突破教材"的课程行动，提升课堂教学效率或是教学质量成为学校管理者自然的、首要的目标诉求。而这种价值取向与目标诉求，如果缺乏管理者对教育本质的思考与专业伦理的坚守，那么很容易让学校刚突破"教材中心"的"羁绊"，又陷入"课堂中心"的"泥沼"。其次，不同类型的课程校本化行动还未形成学校层面统一的价值判断标准，而这种缺失导致既无法体现学校的理念特色，又无法发挥整个校本课程体系的育人功能。尽管校本课程从无到有，是一个巨大的突破，但对学校管理者而言，校本课程行动所产生的意义与作用又是隐性的、长期的。因此，如何基于学校情境进行课程体系的顶层设计，如何形成学校层面更为专业的不同类型课程的价值判断标准，不仅仅考验管理者的专业精神、专业素养和实践智慧，也成为学校课程进阶的关键。事实上，很多时候在很多学校我们可以看到，学校管理者把学校课程体系建构等同于校本课程量的累加，把校本课程等同于拓展型、探究型课程，又把这些课程作为"锦上添花"、体现学校特色的"汇报课程"。凡此种种，既窄化了课程的丰富内涵，弱化了不同类型校本课程各自聚焦又系统促进的育人价值,还让学校的课程行动停滞不前,甚至出现违背课改理念、目标与要求的虚假的、两张皮的现象。

从上述对问题的分析我们可以得出这样的结论,在这一阶段,学校课程行动的重责将落在学校管理者身上,他们需要从行政管理转向真正意义上的课程领导,即以自己的专业知识、专业技能及影响力来引领学校课程建设、促进学校发展。从更高处与教师一起来审视学校发展现状,从更远处与教师一起建立学校发展愿景,从更细微处与教师一起规划学校课程行动的内容。重点包括以下两方面的内容。

校本课程结构化,让办学理念落地。新一轮课改的要求与目标之一,是建构并形成以校为本的课程结构和课程体系,以适应不同学校和学生个体差异的发展需求。显然,这种要求既为了促进不同学校(学生)更有效达成共性目标(如课程标准),也为了促进不同学校个性化、特色化优质发展。事实上,实现学校课程从量到质的突破或者说课程进阶,首先是让学校的三类课程模块化、结构化,形成对课程实施的校本思考,即学校层面的课程规划或计划。它需要学校从自身的办学理念出发,使之具体化为系统的发展或培养目标,让目标成为教师三类课程开发建设、实施与评价的重要依据,成为学校衡量不同校本课程价值的前提思考,从而实现在严格执行国家课程标准与地方课程计划的同时,持续地丰富与完善学校校本课程,不断提升课程实施的品质。

转变学校管理方式,实施课程共同领导。建构学校高质量的课程体系需要专业的领导,更需要全校教师共同的参与和全情的投入。显然,以往那种垂直层级的学校行政领导与管理模式已经不再适应这一行动的要求。一方面,在当前,校长群体如同教师群体一样,课程方面的专业知识与能力还普遍存在着短板,甚至不足以成为一名合格的专业的课程领导者;另一方面,只有充分调动全体教师参与课程行动的积极性,发挥学校全体成员整体的聪明才智,才能在弥补校长课程领导力不足的同时,保障学校课程行动的过程质量与目标达成。由此,就校长而言,他首先需要转变旧有的学校领导方式,变自上而下的基于行政权力的个人行政领导为分布式的基于专业影响力或引领力的共同课程领导。其次,他应该重构学校组织,从金字塔形的层级结构转变为以不同课程领导者为节点的拓扑图形的网状结构。有研究者指出,"从最初的课程领导研究到转型课程领导,到现在的分布式课程领导,课程领导类型研究发生了极大的转向……分布式课程领导不再把课程领导看成是一个居于高位的、孤独个体所行使的职能,而是在一种共同体之下,在合作性工作之中发生的集体行为。它重视各个层面课程领导的作用,强调动员更多有能力者的积极性和参与意识,集合更多人的才干,发挥学校成员的整体智慧和能量,它充分体现了一种'领导英雄'的理念"[①]。事实上,伴随着领导方式的转变与学校组织的重构,学校文化,特别是制度文化与行动文化也将随之发生深刻变革,而这种变革将不仅为提升课程行动的品质带来直接作用,更对学校未来的持续改进与发展产生深远影响。

学校课程 3.0:着眼未来的学与教

当学校的课程体系建设与学校发展的各类目标,特别是学生培养目标建立紧密连接之后,无论是国家课程的校本化实施

---

① 王利.课程领导研究述评[J].教育学报,2006(6).

还是校本课程的建设,学校层面建立起一个基本的,也是最重要的价值取向,即课程是为支持学生的学习和发展,是为综合达成育人目标服务而不仅仅为学生提高学业成绩以及为学校所谓的特色发展"锦上添花"的。也就是学校的课程行为迈过了"从无到有"的第一阶段发展之后,实现了从"自发"走向了"自觉"的重要的转变。更为重要的是,随着学校领导方式与组织结构的变革,一种新型的植根于底层、聚焦于唤醒的学校课程行动文化渐渐"萌发",并逐步发展成为推动学校内部的更为深刻变革的重要力量。

尽管如此,随着学校改革与改进行动的持续深入推进,一些深层次的矛盾与问题也逐步"浮出水面"。首先,缺乏变革主线,学校、教师与学生依然没有形成真正同步协调而又恒定的发展变化。这一变革主线是指学校基于政策要求、发展愿景、价值理念、理论基础、课程行动、发展方式等的全面考察而确立的行动逻辑,即把学校的课程行动置于更宽广的视角、更坚实的理论、更深入的实践、更丰富的路径、更优化的资源等基础上,通过集中回答这样一系列问题——"办怎样的学校,培养怎样的学生,需要怎样的教师,提供怎样的课程,实施怎样的教学,实现怎样的发展",去系统设计和建设完全意义上的校本课程体系,从而实现"跳出"课程来做课程,让学校、教师与学生的发展成为一种自下而上的"共同需求"。其次,缺乏多维度"连接",依然没有突破知识中心主义。所谓多维度"连接"是指学校课程建设综合考虑课程领域与课程形态、实施方式与学习需求、知识获得与问题解决、身心成长与认知发展、基础学力与个性潜能等因素,结合学校课程行动逻辑,建构聚焦"全面而有个性发展"而非"学科知识获得效率"的节点与节点紧密连接的网状动态的课程结构。综上所述,要实现学校课程的再次进阶,就需要建构并形成完整并充满"个性"的学校价值体系,以此为基石,聚焦学生与学习,突破原有课程框架与学科壁垒,用一种动态发展的思想来形成新的课程结构,建构新的课程体系。它主要包括以下两个方面。

重建课程结构,建设真正意义上的校本课程体系。"想象一种教育,其中的大部分课程都能带来全局性理解;想象一种学习,他能够给这样的理解带来生命力,使其长存,并且支持终身学习;想象一个世界,大部分人在接受基础教育之后,对基本的政治活动,个人健康护理,经济行为,生态责任,人际社会交往以及其他许多概念充满了浓厚的兴趣,并以此为发展方向;如果走在大街上的芸芸众生,都能够灵活而敏捷地处理问题,那么我们的社会该多么不一样"[①]。帕金斯教授的话至少给我们学校课程建设以这样的启示,即课程赋予孩子的不仅仅是知识,还有他们能够面对未来生活和未知世界所需要的技能思维、道德伦理和积极情态。教育史上著名的蒙台梭利教育法提出,"教育在于塑造个人独立完整的自尊体系"。这种塑造在于需要学校借以课程实现学生内部世界与外部世界、科学世界与生活世界、身心成长与认知发展、共性学力与个性潜能等之间的紧密连接,而这种连接必然需要打破知识中心、课堂中心主义,从学生和学习角度,从为学生未来做准备角度来形成新的课程结构。事实上,它也是对第二阶段基于目标模式来建构体系化校本课程,在对课程结构的反思与实践上的重要发展,实现了学校课程自觉到

---

① [美]戴维·帕金斯(David N. Perkins).为未知而教、为未来而学——什么才是有价值的学习[M].杨彦捷,译.杭州:浙江人民出版社,2015:47.

课程自立的深层变革。

重构发展方式,以价值来引领组织的深层次变革。从课程"自发"到这一阶段课程的"自立",学校课程体系变得丰富而立体。课程指向的目标越来越多元,课程类型的边界越来越模糊,课程实施的方式越来越多样,课程管理的内容越来越复杂。当课程行动真正撬动学校深刻变革的同时,学校整个的组织系统却也变得越来越不稳定。这是因为,以往基于行政力量来推动学校变革的发展方式,已经无法应对行动过程中所有相关要素可能的相互作用或影响。由此,让新的课程体系发挥最大的作用,就必须重新思考并规划学校的管理方式与发展方式。这种管理和发展方式将更多依赖于底层力量被"激活",更多依赖于管理者对各要素的积极"连接"而非"控制",它必然以学习型个人、学习型组织建设为重点,聚焦"自发秩序"的产生,以整体的、系统的而非要素式的方式来实现组织发展转型。具体而言,通过管理方式变革,实现教师发展从"点燃"到"自燃"的转变,学生发展从"被动"到"主动"的转变,学校发展从"要素优化"到"价值统领"的转变,真正使变革成为一种教师、学生和管理者生活、学习的方式。

学校课程4.0:消除"阿喀琉斯之踵"

从课程自发到自立,学校依托课程行动逐步从外控式发展走向内涵式发展,实现了组织从价值系统、制度系统到行为系统的深层次变革。然而,我们即便付出巨大的心力,真正聚焦于学生与学习,让学校课程实现进阶,让教育努力回归本源,但我们似乎存在着"阿喀琉斯之踵"——"用昨天的知识、陈旧的方法培养明天孩子"。这是因为即便是学校课程行动到了第三阶段,我们课程"供给"和开发的主体依然是学校和教师,实施和评价的路径依然是自上而下。一方面,即便我们尽最大努力让课程"供给"满足不同学生的学习需求,但依托内部智力资源,建立在"校本"基础上的课程开发、实施与评价,操作上根本无法走出"用昨天的知识培养未来学生"的窠臼。就单一的教师群体而言,无论在专业视野、知识结构还是专业技能等方面,也无法适应和满足社会对未来人才的要求与学生为应对未来变革而提出的需求。另一方面,课程开发建设与实施评价如果离开了学生这一重要的主体,那么不仅会导致学生对学习、学校越来越失去兴趣和期待,也会大大降低教师专业发展的"热度"与实践变革的"温度",并且学校或教师也失去了最重要并且是最可靠的课程资源——学生动态变化的各类学习信息,包括需求、问题、障碍,等。因此,要消除学校课程的"阿喀琉斯之踵",就必须实现课程的再一次进阶,即建设并"经营"以开放、有序、合作、共赢为原则的学校课程"生态圈"。在这一"生态圈"中,学生与社会将成为学校课程的重要资源,成为课程建设实施评价的主体之一,而不断变化着的学习需求成为推动学校课程持续丰富与完善的重要动力。就学校课程行动而言,将主要包括以下几方面的工作。

构建全新的课程开发逻辑。在学校课程体系建设的前三个阶段,课程开发主要基于学科知识与生活主题两条脉络,但这两条脉络显然限制了学生深入参与课程从开发到评价的全过程。学生对课程的学习,不在学习书本上的那些陈述,而是学习那些陈述背后的"问题"。因此,学校需要建构一条新的课程开发逻辑,那就是基于"问题"的课程开发逻辑,我们称之为基于"问题化学习"的课程逻辑。"问题化学习"作为一种学习方式,体现为学生面对学习任务时,从主动提出问题,到提出有价值的问题,到提出系列的问题,再到建构问题系统,建构问题解决通路,经历从动机激发、元认知发展到知识技能获得的完整的心理过程,从而实现学习的有效迁移和知识的连续建构。当不同的孩子在面对相同或不同的学习任务时,不管是作为需要帮助的问题提出,还是帮助他人的问题解决过程呈现,都可以让我们更好地观察学生、发现学习,更好地了解学生、支持学习。随着变化着的学生群体不断丰富着的问题,汇聚成为巨大的课程资源时,问题成为了课程升级的源代码。当学校课程的持续丰富与完善建立在基于"问题"的自下而上的动态变化之上时,学生成为了学校课程体系建设的重要参与者、实施者与评价者,这也就意味着,学校课程将第一次拥有了"自生长"和"自适应"的特征。

智慧技术助力课程学程化。智慧学习环境让学习者的学习实现在全时域中发生。通过智慧环境的建设,我们让不同的学习者,不同角色的学习指导者(领域专家、学校教师、学生家长等)提出并提交各种各样的问题,对各种各样的问题提供自己的思考、解答和追问。我们想象这样一幅图景,海量的学习者与参与者在面对同一学习主题,都提出自己的问题,追问他人的问题,平台系统智能化地对这些问题进行归类,进行分析,并对不同学习者推送进一步的学习资源时,课堂被"打破"了,"教师"被赋予不一样的内涵,不同"问题"的价值被发现,不同学习者的需求被关注。在不同学习者的学习平台上,顺着"你提出的问题""你被追问的问题""你被回答的问题""你需要进一步研究的问题""你可以一起合作的学习伙伴""你可以获得帮助的指导老师""你需要学习的相关资源""你可以开展的自主诊断"……"你参与讨论的问题""你提供解答的问题""你追问过的问题""你被认定为指导老师的问题"……"问题"不再只是一个个"疑惑"和期待回答的答案,而成为一种重要的课程资源和学习资源,学生依托问题就可以以个体或群体的方式创生出真正个性化的学程。当学校的课程体系融入了不断自生长的个性化"学程"时,它也就真正实现了学校教育的"自适应",实现了我们"让100人学习100门课程"的教育理想。因此,学校课程4.0,与之前三个阶段相比,无论在行动逻辑、课程理念还是实现方式等方面,都是一种深刻,甚至是颠覆式的变革。

综上所述,学校课程发展简史,是学校课程体系不断迭代升级的过程,是一场如同佐藤学所认为的"静悄悄的革命","是植根于下层的民主主义的、以学校和社区为基地而进行的革命,是支持每个学生的多元化个性的革命,是促进教师的自主性和创造性的革命"。它不是一次事件,而是一个过程,它不可能轰轰烈烈、一蹴而就,而需要我们理想的坚守和行动的坚持。新课改的深化,就是课程校本化实施的深化,就是学校课程的持续进阶,它需要我们更为理性的思考,更加科学的实践以及我们对教育本源的回归与坚守!

目　录

第四部分　X + △：学校课程4.0

1+X：学校课程 1.0

前言：自发——课程意识的觉醒

学校课程1.0是指学校课程的"1＋X"阶段，"1"是指国家规定的基础型课程，"X"是指校本课程。它是由国家规定的基础型课程加学校层面教师自发开发、建设并实施的校本课程简单组成。在这个阶段，学校有了课程校本化的意识，校长有了课程领导的意识，教师有了课程视野下进行教学设计的意识；学校层面能够对基础型学科课程进行校本"改造"；教师层面能够创建校本特色课程。

第一章　从课堂到课程

长期以来,我们老师只是作为课程实施者的角色而存在, "多数只有教学意识,缺乏课程意识"(唐红樱,2008)。被动执行课程乃至教材(多数教师也把课程等同于学科教材)导致教师教育教学视野狭窄,只见树木不见森林。在对自身包括学生在课程中的地位与作用定位不准确,在课程的自主建设与生成,在课程资源的利用与开发等方面能力和意识都严重缺乏。同时,课程意识的缺乏也导致教师课程能力的缺失,特别体现在基于课程的目标制定、内容组织、方式选择、活动设计、评价实施等方面,也就是对课程规划、设计、实施和评价缺少自身最基本的看法和理性实践的能力。因此,学校课程建设的第一步是帮助和支持教师走出教材的藩篱,从课堂走向课程。

1. 学校课程行动的取向

课程意识支配着教师的教育理念、教学角色以及在教育教学活动中的行为方式。加强教师的课程意识也就意味着教师必须清晰自己作为课程主体参与课程的创生、实施和评价。那么学校层面又如何去激发和提升教师的课程意识,进而提升他们的课程能力呢?

非技术的方式

美国亚利桑那州立大学教授索韦尔(Sowell, E. J.)将课程的生产过程分成技术的方式与非技术的方式,所谓技术方式就是传统的方式,是指以专家为主体和视角的课程建设方式,而非技术方式则是依赖教师,以教师作为主体来进行课程生产的方式。后一种课程开发的方式,往往是基于学生兴趣,教师是课程知识的主要来源(吕立杰,2004)。并且,在教育过程中,课程与教学是不可分离的完整过程。她的这一种课程方式的分类为教师创生课程提供了实践方向和操作方式。

课程与教学结合

"教师参与课程变革是教师与课程整合的核心价值建构,这种整合体现在三个维度:课程设计与教学过程的整合;教师知识与课程意义的整合;教师发展与课程变革的整合"(杨明全,2003)。"教学是课程实施的核心环节和基本途径,离开教学,课程是不可思议的……课程实施研究有助于理解教学的本质,从而为教学设计提供新的视野"(张华,2000)。教师做课程首先建立在科学理性的实践即教学基础上的,而有效的教学又是为达成课程的目标而服务的,两者是统一的、密不可分的。因此,无论是从现行课程框架下对实施质量的要求还是教师现时普遍的专业发展基础与需求,我们认为都应该避免对课程要素与内容界定的随意性,以及教师课程行为(如开发、设计、实施等)的非理性与形式化。从这个意义上来说,学校的课程即便以"非技术"的方式来"生产",但教师在规划、设计与实施课程时依然需要遵循"技术"的规范,尽可能地把"跑步者"和"跑道"合二为一。

不拘泥于一种模式

一直以来，课程研究或课程开发基本建立在专家的视角与行动上。不同课程开发模式理论的建构也都建立在不同的课程研究范式上。舒伯特（Schubert，W. H.）将课程研究活动分为经验分析科学范式、解释科学范式、批判或解放的科学范式（Schubert，W. H.，1986）。在这三种范式下，我们可以看到的是与此相对应的三种课程开发的目标模式，即目标模式——追求"技术兴趣"，通过规范性、程序性的技术操作，让课程设计、实施和评价成为可控制、可分析的处方；过程模式——追求"实践兴趣"，通过对问题情境的理解、课程四要素间的相互作用、建立在"审议"基础上的课程决策来形成最终的基于校本的实施方案；创生模式——追求"解放兴趣"（其实并没有固定的模式），师生在不断的自我反思和彼此交往的过程中创生课程。事实上，这三种模式形成的是教师课程行动从易到难的基本路径，也是教师对课程内涵的理解由浅入深的过程。课程校本化实施要求课程的两次转化，即国家课程向师本课程转化，师本课程向生本课程转化，它既需要"处方"，需要"方案"，同时也需要"反思"。学校教育情境的复杂性、教师专业能力的不平衡性，特别是学校、教师、学生对质量（甚至是分数）的高度关注，决定了学校课程行动必须针对不同情境，撷取不同课程开发模式中可借鉴的、有价值的内容，形成教师"做课程"（课程开发）的具体操作方法，才能在保证有效提升基础型课程（特别是考试科目）实施质量的同时，均衡推进其他课程的校本转化，进而整体提高学校教师队伍的课程能力。

从课程的中观视域切入

有研究者提出，"课程本质上是一种教学事件，教学在本质上是开发课程的过程"（陈宝军、杨改学，2003）。然而，从研究与实践的角度，课程与教学毕竟还存在不同的视角，甚至分属不同的范畴。就以上观点来看，教学究竟是开发课程的过程还是实施课程的过程依然见仁见智。尽管如此，按照上述基层学校"课程与教学结合"的课程行动取向，实践上的切入点又在哪里呢。也就是说，实践上让老师走出"课堂"走向"课程"，同时又让课程行为与教学行为融为一体，两者结合点又在哪里呢。

课程的视域。任长松博士在《课程的反思与重建——我们需要什么样的课程观》一书指出：一种普遍的观点认为，课程是为实现一定教育目的而设计的学习者的学习计划或学习方案。这一方案包括在宏观、中观和微观三个层次上所作的设计，内含八个基本方面（总体课程目标、总体课程的内容、总体课程的组织、科目目标、科目内容、科目组织、单元目标、单元学习方案中具体学习活动的设计）（任长松，2002）。

有研究者提出了课程设计的三个层次，即宏观层面的课程设计、中观层面的课程设计和微观层面的课程设计。他指出"宏观的课程设计承担着确立课程设计的基本价值取向，并从整体上勾勒不同学段的课程结构的任务。中观层面课程设计是在宏观层面课程设计确定的基本理念、基本价值取向的指导下，对构成一门课的基本要素，如课程目标、课程内容、学习活动、评价程序，还有学习材料、时间、空间和环境、分组教学的策略等进行组织和安排，并保持各要素之间的一致性，从而形成一门课程的课程标准。微观的课程设计时教师在实施已有课程时，根据教学目的、学生现有水平、课程资源等实际情况对已有课程材料进行重新设计，以利于教学。微观的课程设计类似于日益受到重视的教学设计"（赵同友，2007）。美国学者Hlebowitsh从学校为主体的课程设计出发，提出了课程设计的两种水平，即宏观课程与微观课程："宏观课程"包括对所有学校教育经验的设计，其本身涉及基础设计要素，包括年级间和年级内的学科安排、学校的任务特征和学校（课堂之外）经验；"微观课程"包括同课堂相关的任何活动，如班级发展、课业设计、不同教学模式的应用和基于课堂的评价的设计（Hlebowitsh. P. S.，2006）。宏观课程的设计与实施服务于两个目的，即通识教育与专业教育，而微型课程则是宏观课程的目标和任务分解，以有效促进宏观课程目标的实现。

从开发/设计主体看课程视域。以上对于课程视域的论述如果只从课程的要素、内容的规划一个维度出发，专家学者们的意见应该大致相同（如果不考虑后现代课程的话）：宏观——学校教育的总体课程要素；中观——学科上的所有课程要素；微观——单元（组件）上的课程/教学要素。但事实上，课程的视域显然不能只从单一维度去分析，在上述Hlebowitsh的观点中，我们已经隐约能看到了课程视域的另一个维度——主体维度。由于我国长期以来课程开发、设计、管理与评价主体的单一性以及课程实施的垂直性，学校、教师（包括学生）基本被排除在除课程实施以外的所有课程作业层面，这也导致我们课程视域的单一性。新课程赋予学校、教师乃至学生以课程的权利与责任（诸如课程规划、设计、实施、评价、管理等），这必然会带来课程主体的差异以及由此带来的课程视域的不同，即不同的实践情境，不同课程主体在认识课程，选择行为的策略、方式和内容上会有所差异。对于教师个体而言，其眼中的课程基本上就是学科(科目)①。这似乎给我们以启发,即假设依此为认识出发点,在课程要素、内容上,教师视域的宏观课程包括总体科目目标、总体科目内容、总体科目的组织;中观课程就包括单元目标、单元内容、单元组织;微观的课程就是课时目标、课时内容、教学实施(包括评价),这就形成了以教师实践为基点的另一种意义上新的课程视域,即教师视角的中观课程。它应该是一种基于教师的课程视域(即学科为宏观,单元为中观,课时为微观),以师为课程开发、设计的主要主体(在一些情境下也包括学生主体和师生协商主体),以主题或学科知识单元为单位的总体学习方案。既称之为课程,那就需要包括课程的一些基本要素,既称之为总体学习方案,那就不仅仅是一份课时教案。

教师视角的中观课程,以中观单元为切入口,下可以至微观的课时教学,上可以至宏观的课程规划,使"课堂"与"课程"、教学行为与课程行为真正融为一体,使国家课程的校本化实施找到了坚实的落脚点,并且从某种意义上来说,也是对"教师即课程"的另一种注解。

2. 教师视角的中观课程设计

依托中观课程,要让教师从课堂走向课程,教学设计走向课程开发,那么我们需要清晰教师课程能力的"最近发展区"在哪里。也就是之前他们接触过的哪样的一些概念与中观课程最为接近,哪样的一些行为与基于中观课程的实践能够连接,从而既

---

① 在笔者开展的相关教师调查问卷中,有超过百分之五十的老师在回答"你认为课程是什么"时,答案为"我所教的学科".

让旧有的经验成为新行动有价值的起点，又在新行动中不断更新知识结构，提升课程的意识与能力。

主题单元设计与教学

客观来说，即便本轮课改之前我们教师的课程意识薄弱，课程能力不强，但教师的实践并非只是聚焦于课时，在设计上也并不总是割裂的、碎片化的。为提高教学的成效，许多学校和教师开展主题单元设计和教学。

基层学校或教师开展的主题单元设计与教学，通常分为两大类。一类是基于学科教材的连续课时的整体设计与实施。在此情境下，教师通常把学科教材上的一个主题/课题或相对独立的知识小节视作一个完整的教学单位，对课时教学的流程、学生知识技能获得的步骤、教学策略方法的运用等进行通盘考虑与优化，力图在提高单课时教学效果的同时，提升整个单元教学的效率；另一类是基于学生学习兴趣和特长培养的学科拓展、艺体科技类教学或基于能力拓展的"第二课堂活动"或兴趣小组活动。在开展这类教学时，教师通常会根据一定阶段（比如半学期、一学期）的教学总量，首先做出粗略的规划或计划，然后基于课时，进行目标、内容、过程与评价的系列设计与实施。从某种意义上来说，这类基于某一知识或技能领域而开展的系列设计或教学实施，不能算是严格意义上的主题单元设计与教学，它更接近于课程行为，即一门课程的开发与实施。但这类"课程"却往往体现为课时教案的简单累加。

与中观课程的区别

就课程开发而言，组成一门课程的基本要素包括了课程目标、课程内容、实施进程、学习活动、评价程序,等。同时,课程开发者还需要对实施环境、资源工具、教学策略等作出一致性的设计、组织与安排。教师视角的中观课程体现为包括了课程基本要素的一个总体学习方案而不仅仅是一份课时教案,其原因也正源于此。由此,对比主题单元设计/教学与中观课程,我们可以清楚地发现两者的差异,其至少体现在如下一些方面。

内涵外延不同。主题单元设计与教学无论基于知识获得还是基于技能拓展或是兴趣发展,其视角都是在课时教学层面,即完成课时教学任务,达成课时教学目标,提升课时教学成效。即便教师在设计与实施时兼顾了单元整体,从系统地角度来思考目标制定、内容选择、活动安排与评价实施,但教师并没有"主体"或"主人"的意识,不能对涉及主题单元教学的各种资源工具、技术、学习活动进行多样化、弹性化的整合或是对教学实施的进程作出更为合理或自主的安排。这也正是教师基于"第二课堂活动"而开展的"类课程"行动,依然是教学行为而非课程行为的根本原因所在。同时,由于主题单元设计与教学局限于"教学"视角,教师始终处于学科课程忠实和被动执行者的身份,无法突破"课堂、课时"的窠臼,对任教学科进行基于学习者视角和教学实际情境的系统处理和整体设计,更无法在不同学习领域或课程间进行有意义的连接。而教师视角的中观课程,在设计上强调从课程的要求与标准去思考单元目标、内容与评价的制定、组织与实施,从教师作为主体的角度去规划单元实施的进程,从学习者的视角去拓展和整合资源工具、选择策略方法、设计教与学的活动,等。总而言之,主题单元设计与教学是教师为完成教学任务而进行的"有限的"创造性劳动,它基于教学的要素,遵循教学设计的框架要求,即便强调了操作上的序列化与系统化,但依然缺乏更为宽阔视野下对教学各要素整体和一致性的思考。而教师视角的中观课程,突出了教师的课程"权利",它基于课程的要素与标准,首先进行整体规划,然后把序列化的教学设计转变为系统化的课程开发,突出了课程与教学各要素间的有效连接、系统整合。也就是说,主题单元的设计与教学是中观课程开发与实施下位的一种方法/技术选择,或者说是教师从课堂走向课程的一种前置性知识与能力。因此,前者相较于后者,在内涵和外延上显然要狭窄很多。

价值目标不同。主题单元设计与教学要求教师从单元而不是课时的角度对教学进行计划与实施。首先,通过对教材做这样的一种处理,教师能够有限地突破教学大纲在教学目标制定、教学策略选择、教学进程安排与教学活动设计等方面的限制,让教学实现自主。从某种意义上来说,也是实现用教材教而不是教教材。其次,单元化的教学设计与实施让教师更加关注"知识"组织与"知识"获得的优化,而不再只聚焦于课时教学流程的优化,从而在提升教学效率的同时,更新和丰富教师的学科实践性知识,提高学科专业能力。因此,基于主题单元设计与教学而开展的教师实践改进行动,其追求的是教学技术、技巧的改进,教学效率、效益的提升以及在此基础上的教师学科教学能力的提高。而基于教师视角的中观课程设计与实施,要求教师从课程的丰富内涵出发,综合考虑影响课程实施的诸多要素,系统地规划和计划实施的过程,在宏观、中观和微观不同的层面选择与知识技能获得、身心思维发展相适应的策略、方式与方法。它旨在通过教师"做课程",提升教师对教育本质、课程本质以及学科教学规律的深层次认知,从而真正转变陈旧的观念理念、丰富专业知识、提高专业能力,提高课程实施的整体品质。简而言之,如果前者的主要目标还是在"育分",那后者的主要目标则聚焦在"育人";前者依靠的是"技术"的改进,后者关注的是"价值"的转变;前者开展的"局部"的行动,后者实施的"系统"的工程。

管理方式不同。由于两者在内涵外延、价值取向、实现目标与行动路径上的不同,也就导致对两种行动管理方式上的不同。就主题单元设计与教学而言,它的行动主体在教师个体,行动的内容主要是学科教材的处理,行动的单位是学科组,行动的领导者/管理者是教研组长,行动的评价是学科教学质量的结果性评价。而教师视角的中观课程,它的行动主体是学校整体,行动的内容是课程的校本化实施,行动的单位是不同类型的课程团队,行动的领导者/管理者是课程首席,领导与管理的方式是基于项目的共同领导/管理,行动的评价是对行动的过程质量与课程实施成效的综合评价。事实上,由于后者是基于课程的学校系统改进,因此它至少需要学校校长及其管理团队思考三个方面的工作并做相应的设计。首先,价值系统的重构,即为什么要这么做。它需要集中回答一系列的问题,包括课程究竟是什么,中观课程行动的独特价值在哪儿,学生、教师和学校借以中观课程行动能够实现怎样的发展,等等。其次,制度系统的建立,即如何保障顺利地做。它需要集中思考这样的一些问题,包括以怎样的标准,如何去评价,建立哪样一些平台与机制,怎样确保行动的质量,等等。最后,行为系统的构建,即怎样做。它包括三个子系统:第一是生产系统,即教师个体与课程团队如何在教研训一体建设下,开展中观课程实践,并"生产"出中观课程;第二是传播系统,即为教师与课程团队提供怎样的机会与平台,让他们的实践经验与成果实现与他人的分享;第三是支持系统,即以怎样的"人、财、物、时间、空间、信息"的过程性最优化配置以支持中观课程行动。综上所述,我们可以发现,前者无论在管理的复杂性、系统性等方面都无法与后者相比。当然,也正是因为复杂而系统,后者所带来的学校改进和教师改变也就自然要深刻得多。

与中观课程的联系

尽管教师视角的中观课程开发与实施和主题单元设计与教学(计划)在内涵外延、价值目标等诸多方面有明显区别,但两者依然有着紧密的联系。

都在单元层面操作。中观课程与主题单元都指向一个主题单元或知识单元,都在单元层面进行要素统整,特别是课时教学都是序列化而非碎片化的。尽管两者在对设计要素的思考和处理上,中观课程要丰富和复杂得多,但两者又都包括了目标、内容、过程与评价四个最基本要素,即在"技术"层面,两者的操作有着相当的相似性。可以这么认为,如果具备主题单元设计与教学的能力,就可以为开展基于教师视角的中观课程开发与实施奠定良好的认识与实践基础。事实上,在课改不断深入推进的今天,主题单元设计与教学与中观课程开发与实施的界限在变得越来越模糊。例如,有研究者提出了"主题单元"的概念,"一种教学层面的课程整合,整合以主题单元的形式出现。与主题综合实践活动不同,主题学习立足于我们的课程,更加追求课程实效,围绕一个共同的主题,将不同的学科内容、将学习与社会、将学习与学生兴趣和生活经验相结合"(林文展,2012)。也有学者提出了"主题式教学","围绕某个主题所进行的单元化课程组织,我们常见的案例教学就是一例。它通过主题单元的方式来设计课程,能够形成以主题——案例为单元的契合点,学习者可以将各种资源工具、技术、学习活动进行多样化、弹性化的整合,促使不同领域的内容与技能、新旧知识、各学科知识之间建立有意义的联系"(胡小勇,2005)。前者从教学来谈课程整合,后者从课程来看教学实施。在这两个概念中,究竟是课程行动还是教学行为,在"主题"和"单元"这个层面显然"边界"已经不是那么清晰了。

都旨在提高教学的有效性。尽管基层学校与教师开展基于主题单元设计与实施的实践改进行动要早于本轮课改,但其本质上与本轮课改提出的课程校本化实施的目的和要求是一致的。本轮课改提出要实现课程教材的两次转化,倡导国家课程的校本化实施,即国家课程向师本课程转化,师本课程向生本课程转化。其最主要的目的是在提升基层学校课程管理意识与能力的同时,提高一线教师课程实施的质量。事实上,影响当前课程实施质量的主要因素之一就是学校层面课程校本化实施的广度和深度,制约教学有效性提升的重要因素就是一线教师课程的转化能力。从这个角度来说,主题单元设计与教学为教师开展新课程背景下的课程行动提供了重要"拐杖",而中观课程的开发与实施则为学校开展新课程背景下的全面改进找到了"最近发展区"。毕竟,无论是课程还是教学,其目标和归宿都是学生的发展,其基本的要求都是持续提升实践的有效性。

都运用系统化的设计思想。"有效的教学需要细致、系统地分析和描述各种交织在一起的影响成功学习的因素,需要整体的评价和对整个(教学)创造过程的提炼"(W. 迪克,L. 凯瑞,J. 凯瑞;2007)。正是看到了基于课时的教学,教师在设计与实施上系统性的缺失,因此,主题单元的设计与教学一般突出强调了目标的整体制定，活动的序列化设计和评价的系统实施，这其中还要求教师对对象与任务，内容与资源，步骤与进程等进行细致分析和系统思考。同样，中观课程的开发与实施，无论是基于国家课程教材的校本转化还是基于学校情境的校本课程独立开发与实施，都需要对单元主题乃至整个课程进行系统评估与分析，包括价值定位、对象与任务分析、分类分层目标制定、实施进程的规划、匹配性资源的筛选组织、活动环境的设计、教学策略的选择、评价方案的计划与实施，等。由此，两者行动中所包含的"分析、设计、开发、实施和评价"这样一些成分，都集中体现了系统化设计的思想。

两个维度的实践描述

教师视角的中观课程就其开发设计的主体而言，分为教师为主体、学生为主体和师生协商的中观课程。教师为主体的中观课程，是指以教师为主体规划设计的中观课程。通常，这类课程在单元主题／知识选择、内容组织、活动方案设计等各要素上体现的是教师思考。它是国家课程校本化实施的重要体现，也是构成学科中观课程的最主要成分。学生为主体的中观课程，是指以学生为主体规划设计的中观课程。这类课程在形制上与教师主体开发设计的中观课程差异也许并不大，但由于课程设计的主体与实施对象的一致性，因此在课程的各要素上充分体现出个性化的特点。师生协商的中观课程，是指课程的主题、目标、内容、学习方案等由师生共同协商形成的中观课程。

教师视角的中观课程设计遵循两种模式，即目标模式（the objectives model）与过程模式（the process model）。目标模式的中观课程遵循的是"泰勒原理"①,基于这一模式设计开发的中观课程主要指向学生对学科知识的更为有效的学习,其评价的依据就中观课程本身而言是其预设的目标,但从更宏观的学科视野来看主要依据阶段学科课程的课程标准(特别是阶段学习内容与学习水平要求)。在设计上,充分考虑学生的学习现状以及学生与学科标准学习要求的差距。同时,尽管目标模式的中观课程的目标是具体而确定的,但结合"协商",最大限度地重视学生的作用和要求,从而尽可能地克服目标模式课程实施的局限性。过程模式的中观课程主要强调学生的主动参与和探究学习,培养学生思考能力、实践能力和创新精神。过程模式的中观课程在课程主体、主题、学习方式、学习活动、评价方式的确定与选择上是非常灵活的。在内容选择上更注重其内在的价值,强调教育方式(manner)而非教育的内容(matter);在实施方式上以活动为主,强调学生的主动、积极参与与教师的非灌输与塑造原则,通过行动促进学生学习和认知技能的发展;在评价上强调学生的体验、自我认识,培养积极的个性特征与道德知行;在环境上突出开放性与多样化,激发学生的好奇心、积极性,增进思维能力和问题解决能力,培养批判精神与创新能力;在课程设计上避免形式化,依据不同学生、内容、环境等来建构课程的内容、实施过程乃至课程结构。

基于课程设计开发的主体与模式,形成了教师视角的中观课程的主要实践类型以及在实践上可行的且必要的课程模块。

---

① 即舒伯特(Schubert, W. H.)从泰勒的"四个问题"中归纳出的"目标"(purpose)、"内容"(content)[或"学习经验"(learning experience)]、"评价"(evaluation)这一课程开发"永恒的分析范畴"(perennial analytic categories)。

中观课程的实践类型

教师主体——目标模式。此类中观课程基于对学科课程的再开发，是教师视角中观课程的主要类型。它集中体现了教师对现有文本课程的解读能力与主体情境转化能力，建设这一类课程，是实现教师课程意识与课程能力提升的主要途径。例如，教师根据初中化学的课程内容与考核要求，整合"身边的化学物质"与"物质构成的奥秘"两个主题的相关内容，作为化学课程的入门与准备，开发设计"化学中的语言"这一中观课程，从学生生活背景与经验出发，让学生了解最基本的化学语言：21种主要元素符号及名称、常见元素及原子团的化合价；学会运用元素符号、原子团及其化合价准确书写单质及生活中常见化合物的化学式；了解元素的由来及含义，了解生活中常见化学物质的性质及用途；在为学生梳理清楚知识脉络的同时，让学生的知识建构更具对象性、情境性，从而大大激发了学生学习化学的兴趣和热情。

师生协商主体——目标模式。此类中观课程同样主要基于对学科课程的再开发，但它更强调学生在主题选择、内容确定与组织中的作用，突出了评价内容与方法的协商性。这类课程的实施与前者不同，它基于学生个体自主的学习，是实现教师学科与群体视野下的个性化、个体化"因材施教"。在整个课程设计与实施中，学生是主体，教师是主导，整个学习方案带有非常强的针对性，并始终关注学生自我的学习需求。与教师主体——目标模式的中观课程相比，师生协商的中观课程在课程设计与实施的过程生成性与个体针对性上显然更好；与学生主体的中观课程相比，它又在受控性（包括目标、行为等）和学习效率上有优势。当然,由于学习情况存在差异,不同学生会对教师支持度提出不一样的需求,这就导致教师需要在不同学生不同课程方案的不同要素上给予不同程度的支持,这对教师的课程能力与体力、精力提出很大的挑战;另一方面,师生关系的优劣很大程度上还会影响协商的质量并进而影响课程的质量(包括从设计到实施到评估的整个过程),也会直接影响学生学习的主动性与课程参与的积极性。

师生协商主体——过程模式。与师生协商主体——目标模式更加注重基础型课程的学习不同,师生协商——过程模式的中观课程主要以拓展型、探究型为主,学习方式与方法上主要采取小组合作、发现学习。它一方面强调学生的这种拓展、探究学习的弱受控性,另一方面强调了目标、内容与过程的生成性以及在此过程中学生知识、技能与情意的主动建构与发展。此类中观课程在主题的选择与确定上,更加关注其多样性和丰富性,即把学生的学习置于整个社会大背景下,既可以是有关社会生活的问题探讨也可以是有关学习生活的问题探究,真正激发学生学习的主动性,提高学生对真实问题的分析、判断和解决能力;在学习方法上突出合作探究,也就是通过基于真实或近真实问题的解决,培养学生合作品质、创新精神和实践能力。同时,此类中观课程在设计上,不把特定的课程设计框架作为统一的模板,即根据情境的需要、不同学生学习的需要采用不同的课程设计方案或学习方案。采用开放的实施环境,既可以班级内,也可以班级外,既可以文本环境下,也可以网络环境下。

学生主体——过程模式。此类中观课程完全由学生设计与实施,类似于一个探究性学习方案或一个真实问题/任务的解决方案。它集中体现了学生学习的主动性以及在学习或问题解决过程中的综合能力与素养,这对于落实新课程所致力的培养学生综合学力目标是一个非常有益的举措和行为。通常,这类课程设计上的系统性、实施上的严谨性、评价上的严肃性不是其追求的主要目标。而课程所内含的知识对于学生的真实意义以及由此所激发的学生学习的主动性、课程创生的积极性与课程实施的参与度成为主要的价值追求。例如,有学生开发的英语学科的"中美家庭教育差异"中观课程,它更类似于一个探究性学习项目。学生自我确定课程目标:1)搜集整理关于中美家庭教育差异的信息,形成观点性的报告;2)在翻译软件的帮助下通过浏览英文网页,提高自己的英语阅读能力与写作能力。制定学习方案:1)第一周。学会使用关键词搜索(通过百度、谷歌等搜索引擎),与好朋友讨论中美家庭教育差异体现的主要方面,确定探究方向、学习步骤,完成自我评估量表的设计;2)第二周。在第一周基础上,完成研究内容前半部分的资料搜集整理工作,用英语撰写阶段报告,完成阶段自我评估并与老师交流研究过程与成果;3)第三周。完成后半部分的资料搜集与整理工作,撰写第二份阶段研究报告,完成阶段自我评估;4)第四周。与老师一起讨论、撰写研究报告,完成最后的自我评估,与同学交流分享研究心得。整理整个学习过程中所搜索过的资源链接,形成本主题的资源导航。这类课程充分建立在学生个性化学习需求基础上,对于提高学生学习内驱力和综合学力有着极为积极的作用与价值。同时,这类课程的设计开发与实施是一个相互作用、相互促进,彼此不断完善与提高的过程,最后形成的课程本身也会成为学生学习的成果之一。

第二章　校本课程开发

　　当前,就基层学校管理者而言,在规划学校发展时有两个绕不过去的问题。首先,在推进各项课程教学改革举措的同时,如何提升教学质量,或者至少不降低教学成绩;其次,依托课程教学改革,如何形成与呈现办学特色,或者至少建成一两个特色项目或是若干特色课程。前文已述,中观课程的价值取向和内涵外延,决定了它的问题解决路径,即以系统的观点,包括对影响教学实施成效的要素观察、对提升学科课程实施质量的整体思考、对促进教师专业持续发展的路径规划等,以课程教学一体化操作的方式,来解决学校、教师与学生协调发展,教师理念转变与实践改进同步推进等问题。因此,它是摆脱了"功利",真正着眼于夯实基础,实现科学发展的一种探索,它最终也一定体现为教学质量的提升。同时,作为一种操作"技术",其类型模式,也为学校如何基于教师个体与教研组群体开展课程校本化实施,提高基础型课程的实施质量,提供了坚实的实践"支架"。另外,懂得课程原理,学会规划并实施一个中观课程,又为教师进一步在宏观层面开发建设一门真正意义上的校本课程找到了清晰的实践"起点",让学校严肃的课程行动不再成为教师随意的个体行为,让一门呈现学校特色的校本课程不再成为一本"东拼西凑"的校本教材。限于篇幅,本章结合第一章的内容,只就学科基础型课程的中观课程建设与教师开发宏观的特色校本课程进行阐述,以回应上述基层学校管理者推进学校课程教学改革中最迫切需要解决的那两个问题。

1. 学科中观课程的开发

就基层学校管理者视角,制约和影响学校学科基础型课程实施质量的问题也许主要有二。首先,学科教师间个体专业能力不均衡;其次,学科教师整体对影响课程实施成效的要素操作不到位,包括课程标准与要求的解读、教材的处理、教法的改进,等。事实上,围绕学科中观课程的开发建设与实施,将有效地解决上述这两个方面的问题。需要指出的是,基于学科的中观课程开发与实施,就其强度与难度而言,"一个人做不了、一个人做不好",也就是它是一个"人人为我、我为人人"的专业行动,以"任务共担、成果共享"为基本原则,依托"共学、共研、共行",促进学科教师个体与群体的同步发展,从而在抬升"底部"的同时提高整个学科组课程实施质量。

主题选择

主题的选择与分析是基础型学科课程中观设计的第一步,是对建设该课程必要性与能够解决的问题的总体思考。由于中观课程实践主要体现为国家课程的校本化实施,因此,它在操作方式上并不像程序化教学设计那样,主要体现为系统设计一个基于"订单"的解决方案。也因此,其主题的选择与确定范围相对固定——基本围绕学生的学习与生活。因此,以单元为基本单位的中观课程在主题选择上主要分为基于人文话题和基于知识专题。就基础型课程的中观课程实践而言,此处的人文话题主要是指文史哲领域的,通常指向于社会生活的,与情感、审美、道德、信念、理想等有关的内容主题；而知识专题则通常是与学科课程密切相关的某一相对完整的、具有内在逻辑联系的学习内容。当然，两者并不是完全独立的，在实际的中观课程设计与实施中，两方面的内容总是相互渗透、彼此联系的。

由于不同的知识类型总是与特定的课程类型和教学策略相联系，因此，两种基于不同主题的中观课程也有其不同的适用情境与基本教学策略。基于人文话题的中观课程适合人文领域的学习或活动，如以拓展阅读为主要方式的学习，它通过学生的自主阅读、自主感悟，边读边感、边读边悟，激活已有经验，并进而内化为自我的感悟，让感知、理解、移情、审美、评价等多种认知与情感体验同时参与对文本的意义建构，从而提升语文综合素养。基于知识专题的中观课程适合科学领域的学习或活动，如对数理学科课程某一知识块的梳理与学习。它把分散在不同年级段的同一或相关的知识进行梳理和整合，以某一专题的形式进行新授或复习，促使学科这一"知识面"中的"线"、"点"间的逻辑关系更清晰，结构更优化，帮助学生减轻认知负荷，优化问题解决的"图式"。

"三位一体"描述

所谓"三位"是指学科"课程标准"、学科"教学要求"（也包括有些省市地方颁发的"考试纲要"）中与本主题或专题学习相关的目标、要求描述以及教师就该主题/专题相关的配套教材内容的编排分析；"一体"是指教师在对前三者进行全面解读、梳理基础上，通过交叉比对，初步明确通过本主题/专题学习之后发展的关键知识与关键技能。关键知识需要进一步细化到点，关键技能需要进一步细化到具体行为表现或结果。

事实上，通过"'三位一体'描述"的操作，突破了一直以来困扰学校学科建设或是课程实施的一个实践难点,即如何让教师从过往基于内容和经验的教学转向新课程背景下基于标准和目标的教学。同时,也部分地解决了学校学科内由于教师个体间的专业能力差异而导致的学科教学质量的差异。因为,通过教师共同的行动,在教材的处理上集体回答了"为什么教""教什么"和"教到怎样程度"这三个关键性的问题,为实现学科教学"补短板"奠定了坚实基础。当然,不同学科(如文语类与数理类)的课程标准其表述方式并不一致,这就要求"三位一体"的描述应遵循学科特点与规律,进行有差异的操作。

目标制定

中观课程实践中的教学目标与传统的课程、教学论中的教学目标定义是一致的。它是指对学习者通过教学/学习后应该表现出来的可见行为的具体的、明确的表述。当然,我们同样认同浙大教育学院张华教授的见解,即目标的制定有不同的取向和类型,如普遍性目标、行为目标、生成性目标与表现性目标。因此,由于类型、开发模式等的差别,中观课程其目标基于的价值取向也并不完全相同。通常,基于知识专题的数理学科的中观课程,其目标强调明确、具体和可检测;基于人文话题的学科学习或主题活动,其目标强调目的性,尽可能地明确,但不一定非要具体界定行为结果,不强调可检测。

确定学习领域与水平。在制定学习目标时,首先是确定学习的领域。就中观课程来说,由于其类型的不同,学习目标自然涉及不同的学习领域,从而导致目标的价值取向不同。因此,确定学习领域对于提高学习目标描述的准确性,发挥学习目标的功能与作用有着重要的意义。其次是确定学习的水平。就当前新课程不同学科的课程标准来说,对于不同内容的学习水平要求是不一样的,这不仅体现为课程内容上的重点,也体现为学生可能的认知上的难点。因此,教师制定中观课程单元与课时目标时,必须依据课程纲要、学科课程标准以及学科教学基本要求对相关学习内容的学习水平要求,这既避免师生无效的课程行为,也使课程的学习更加符合学生年龄的特点。实践中,可以参考以下学习领域与水平的目标分类表①(表2.1)。

表2.1 学习领域与水平的目标分类表

分类	层次	各层次水平界定	目标动词举例
知识目标	记忆	从长时记忆系统中提取有关信息,能说出知识的要点或事物的基本特征,并能在有关的问题中识别它们。	说出、识别、指认、选择
	理解	从口头、书面和图画传播的教学信息中建构意义,能阐述知识的内涵,把握其内在逻辑关系,能用以解释简单现象或进行简单计算。	举例、列举、解释、说明、比较、概述、区别、对比、分类、推断
	应用	在给定的情境中执行或使用某程序,能将知识应用在新情景中。	使用、用理论或模型解释、阐明、分类、推导、应用
	分析	把材料分解为它的组成部分并确定各部分之间如何相互联系以形成总体结构或达到目的;与已知知识建立联系,分析有关现象或提出解决问题的途径和方法。	区分(辨别、区别集中、选择)、组织(发现一致性、整合、列提纲、结构化)、归纳
	评价	依据标准或规格作出判断	评价、判断
	创造	将要素加以组合以形成一致的或功能性的整体;将要素重新组织成为新的模式或结构	制作、设计、计划、假设

---

① 本表参考了安德森等人的布卢姆目标分类最新修订及彭蜀晋、林长春的"国家科学课程与教学论"中的相关内容.

（续表）

分类	层次	各层次水平界定	目标动词举例
技能与能力目标	模仿	借助说明书或教师的示范进行的常规一起操作和基本练习性操作	按照、根据、练习、尝试等
	独立操作	学生独立进行的目的明确的操作，能与已有技能建立联系	绘制、测量、测定、查阅、学会、计算、收集
	迁移	运用多种手段与方法，自主进行的有目的的操作，能在新情景中运用技能	设计、联系、调查、模拟、分析、综合、归纳、演绎、评价
体验性目标	参与	经历某一学习过程（探究、实验、检索、阅读、参观、查询）后的感受	观察、体验、体会、感知
	反应	在经历的基础上表达态度、情感与价值取向	关心、关注、注意、善于
	领悟	经过一阶段学习过程后对某些科学观念（假设与理论、态度、情感与价值观）的内化	形成、养成、树立、建立、具有

当然，新课改各学科课程也都有相关的教育目标分类或是学习水平分级，它们同样可以作为教师们实践的重要参考依据。

具体化目标。教学目标的制定有两种方式被普遍认同：行为式与认知式。行为式目标是对学习者通过学习表明他已经掌握了所要求的知识或技能，并可以通过具体行为来检测的精确说明。认知式目标往往有两部分组成，先是一个总体目标陈述，然后是一个或几个具体的学习行为表现描述。在具体的下位目标描述上与行为式相同，但上位目标上较为笼统。前者对三个领域学习目标的描述都是适合的，而后者主要指向认知领域。中观课程的目标描述综合了行为式与认知式，其基本的思考前提是中观课程有不同的类型,认知式对情感、技能领域的目标描述有其局限性,但作为中观课程的主体——基于教师/目标模式的学科课程再开发又多指向认知目标。同时,由于中观课程在单元层面与课时层面都有学习目标制定的要求,这就要求教师在目标制定上需要考虑目标的层级或是目标的综合或细化程度。因此,综合两者所长,针对不同情境进行学习目标的不同形式的具体化是必要的,也是可能的。

例1：行为式目标

说出说明文的特点。

例2：认知式目标

学会长度的测量。

◇ 知道测量的意义,能说出长度的国际单位和其他常用单位。

◇ 知道测量长度的基本工具,并学会正确使用刻度尺。

◇ 学会选择不同的测量仪器或方法去测量不同物体的长度。

正确叙写目标。如上所述,目标陈述的是学生的学习结果而不是教师的教学意图或是教学活动。因此,正确地叙写目标不仅关乎内容、活动与评价能否达成一致,也体现一名教师最基本的学科素养。就如何正确叙写目标,国内外两位著名学者的方法可资借鉴。

● 马杰与三因素法

三因素法是由美国当代著名教学设计领域专家马杰提出的一种教学目标编写方法。他认为,一个优良的教学目标应该包括三个要素:首先,它应该描述预期的学生行为——学生必须做什么? 其次,它应该列举学生行为得以产生的条件——怎样认可或测验这种行为? 最后,它应该给出一个在测验中可以接受的行为标准,具体见下表2.2。

表2.2　马杰的目标结构

要　素	主要问题	举　例
学生行为	做什么	用 F 表示事实陈述或用 Q 表示观点陈述
操作的条件	在什么条件下	从一份报纸中找出一篇文章
操作的标准	怎么样	75% 的陈述是正确的

● 施良方与 ABCD 模式

此模式见于施良方、崔允漷主编的《教学理论：课堂教学的原理、策略与研究》一书。他们认为，教学目标的叙写应该包含四个要素：行为主体（Audience）、行为动词（Behavior）、行为条件（Condition）、表现程度（Degree）简称 ABCD。

行为主体：行为目标描述的应是学生的行为，而不是教师的行为。表述为"教给学生……教师将说明……"等都是不准确的。

行为动词：描述学生所形成的可观察、可测量的具体行为。如写出、列出、认出、辨别出、比较、对比、指明、绘制、解决、背诵等。

行为条件：是指影响学生产生学习结果的特定的限制或范围。如"根据地图""看完全文后"等等。

表现程度：指学生对目标所达到的最低表现水准，用以评量学习表现或学习结果所达到的程度。如"至少写出三种解题方案""百分之九十都对""完全无误"等等。

同时，美国学者安德森等人在《学习、教学与评估德分类学：布卢姆教育目标分类学修订版》（2001 年版）中提出，教师在制定目标时需要思考——"陈述的目标描述了预期的学习结果而不是描述作为实现目的之手段的活动或行为吗"，这句话的意思指的是教师在描述目标的时候,动词代表的应该是一种学习结果而不是活动设计。如"估算"一词,它也许是课堂中教师要求学生操作的一种学习行为,但作为学习结果来说"估算"意味着执行估计的程序或者说运用程序性知识。再比如"乱写乱画"它也可能是教师设计的一个教学活动,但它并不代表的是学生的一个学习结果。因此,教师在制定目标时,必须描述的是一种学习结果,如分类表中所界定的那些认知结果,而不应该是一种教学活动,如果是则应该考虑通过一定的分析和结构把活动所涉及的知识与认识思维归入到恰当的分类中。安德森他们从目标分类角度提出了四种有助于提高目标描述准确性的方法:

◇　考虑动词和名词的结合。

◇　将知识类型和过程相联系。

◇　确定你使用的名词或名词短语正确。

◇　依赖多种信息来源。

所谓依赖多种信息来源,是指当教师无法确认目标是否进行了准确的分类时,可以通过教学活动、评估任务和评价标准等进行反思,从其他信息中获取自己真正想要确定的教学目标。

显然他们与上述两种模式的目标叙写方式或结构有着一致的思考。由此,借鉴和应用这些理论,必须特别关注"两个词",并且进行准确的描述。一个是名词,即要学习什么知识;一个是动词,即学习的结果或水平是怎样的。从目标分类学角度,不同知识与不同认知的连接总是暗含着不同的教学策略、教学方法或学习方式。因此,对课堂中将要学习的内容基于知识维度的准确分类,并且将之与课程标准、学科要求中关于此知识的掌握程度(即学习水平)相联系,就成为目标叙写是否准确、目标制定是否合适的前提和基础,尤其体现在数理学科课程中。事实上,在上述"'三位一体'描述"中,要求教师把"关键概念"与"关键技能"进行了梳理并分解,如果教师再把经过分解后的"关键技能"与具体化后的"关键概念"进行俩俩匹配性结合,就能制定出适切的目标,也能正确地叙写目标了。

序列化分解。中观课程开发与设计涉及单元与课时两个维度,就目标制定而言,其方法是一致的,但这里还有一个把"中观目标"进行课时化的问题,也就是序列化分解的问题。值得注意的是,基于"三维"系统达成的中观课程目标作为内在统一的整体,并不总是可分解的,特别诸如情感、态度、价值观目标,因此其目标的序列化分解并不意味着把单元层面的目标一个个分配或分派到各课时中,也就是课程目标并不等于课时目标的简单累加。为避免中观课程目标的序列化分解变成简单的"1＋1＝2"操作,实践上可以采取两种策略:

首先,把中观课程目标制定与课程整体设计联系起来,即把知识与认知两个维度的目标进行匹配性考察,把情意目标落实到具体的知识学习中。如,单元中有"记忆陈述性知识"的目标。可采取复诵联系与记忆术策略,把陈述性知识整体呈现,设计专门的学习活动在一个课时(而不是简单反复于多课时)中进行重点操作;如,单元中有"理解程序性知识"的目标。可采取组织、综合、精加工等策略,也通过具体的学习活动加以整体推进;再如,单元中有特定"情感态度价值观"的目标。可采取与具体认知任务向匹配的教学活动设计,如合作探究、演讲表演、反思交流等,来检测相应目标的达成。通过上述处理,就可以大大避免课程目标落实到具体课时时,要么机械化,要么过多重复的弊端。事实上,很多老师在面对学科新教材内容多时,老是抱怨课时紧张，内容来不及完成，其根源也就在于缺乏这种整体确定目标、整体设计实施方案的意识与能力。

其次，把认知式目标的"两段式"描述体现在课程与课时两个层面，即中观层面的动词可以相对笼统、抽象而课时则突出其可检测性、可明确观察性。如，单元层面的目标可以是"认识植物的生长需要阳光和养料"，到课时层面可以具体为"列举植物生长所需要的四项要素"、"说明花瓶中的花草不能成活的原因"、"解释为什么植物会具有向光生长的性质"、"用自己的话解释栽培植物必须施肥的原因"等。显然，"认识"一词相对于"列举"、"说明"、"解释"等词要更笼统些，而课时层面对这些具体行为的落实就能够有效达成中观课程层面"认识"的目标。

绘制概念地图

在中观课程设计开发中，教师需要在中观层面绘制知识结构图，在课时层面需要提供问题系统图。事实上，无论知识结构图或是问题系统图，其灵感来源，都源自概念地图和思维导图。从中观课程达成的最终目标来看，呈现知识结构图与问题系统图并不是教师的事，而是学生的事，但教师理解概念地图或思维导图的实质，并能够指导学生绘制上述图解还是极为必要的。概念地图是由美国康奈尔大学的 Novak 和 Gowin 基于奥苏伯尔的学习理论在 20 世纪 60 年代开发的，一种能形象表达命题网络中一系列概念含义及其关系的图解。思维导图（Mind Mapping）是英国学者托尼·博赞（Tony Buzan）在 1970 年代初期所创的，一种将放射性思考（Radiant Thinking）具体化、图示化的方法。限于篇幅，此处不再详述，读者可以自行参阅相关的著作和论述。

有必要指出,无论是概念图还是思维导图并不是中观课程实践的目的,它们只是为达成课程目标而采取的手段,它们的积极作用毋庸置疑,这也是中观课程设计上提出这一要求的基本思考。但就知识建构的复杂性,学生认知图式的多维性来看,没有一种工具能够百分百地呈现知识的动态建构与认知的动态发展过程。因此,我们还是强调,提高中观课程实践的质量,即使在设计上,理念也远比技术更重要。

进程安排

进程安排是设计者通过对整个单元在"为什么教""教什么""教到怎样程度"三个问题上的系统思考与细致梳理之后,对"如何教"进行通盘考虑与初步谋划,形成基本的实施步骤与操作框架。它体现为教师初步的课程能力,即教师学会从微观的教学过程组织转向具备课程基本特点的中观的教学步骤安排。实践中,我们很多学科教师通常会抱怨"来不及教"。导致这一问题产生的原因之一,是这些教师业已形成的实践惯性——教学是为了教完教材上的内容而不是为了达成教学目标或课程标准,即教教材而非用教材教,缺乏目标意识、标准意识。从深层次来讲,是因为这些教师缺乏教学规划能力,不能针对有限的教学时间,结合不同的目标与不同的情境(如学生差异、重点难点,等),采取不同的策略与方法,优化配置教学要素,合理安排实施步骤与教学进程。因此,学会规划一个单元的教学进程,是教师能够规划一门课程实施进程的起点和基础。能够帮助教师更加全面地关注影响教学有效性的各要素的内在联系,能够更加深刻地理解教学策略、教学方式、非智力因素等在教学设计与实施中的重要作用,从而真正实现从基于内容的教学转向基于标准和目标的教学，从基于经验的教学转向基于专业的教学。由于中观课程所体现的课程教学一体设计与实施的特点，教师对学习进程进行安排需要考虑以下四个方面的要素。

课题。课题是指单元主题或专题下基于课时分解后的内容标题。通常，课题指向的是课时需要学习的主要概念或是发展的关键技能。在规定的有限的教学时间背景下，一个课题的确定往往需要通盘考虑课时目标、所需的课时数、不同课时的课型、教学主要策略、教学组织方式、课时核心问题或问题系统，等。虽然，这些要素并不一定都需要描述出来，但作为设计者必须加以考虑。

例如，沪版初中数学第十七章——一元二次方程

◇ 课题一：概念与主要方法

关键知识与技能：一元二次方程的概念、一元二方程的一般式、开平方法解方程、因式分解法解方程、配方法解方程

◇ 课题二：求根公式法与根的判别

关键知识与技能：求根公式法解方程、根的判别式

◇ 课题三：一元二次方程的应用

关键知识与技能：利用求根公式因式分解、增长率问题的应用

课时。课时是指教师对本单元学习总课时数的规划以及主题分解之下不同课题的课时数安排，它主要基于教师对单元知识重点与学生学习难度的综合考虑。课时的规划体现的是教师作为课程主体的权利赋予与课程校本化实施的主观能动。

课型。课型是不同课时的主要教学组织类型。按照知识技

能获得的不同阶段,通常可以分为复习课、新授课、练习课,等;按照课时所采取的主要教学方法,可以分为提示型教学课、共同解决问题课、自主学习课①(佐藤正夫,1996);按照学习问题解决的方式,可以分为问题引导的系统学习、问题推进的协同学习、问题组织的自主学习,等。事实上,不同维度的划分与视角都可以描述为不同的课型,因此,学校层面或学科组层面可以在形成统一维度划分基础上,对课时类型进行校本化的界定。

课时主要目标。课时主要目标是把单元目标进行序列化分解和精细化操作。如上文"目标制定"中所陈述的,所谓序列化分解就是按照知识与认知的组织逻辑关系,把单元的"三维"目标进行课时的分解,这种分解并不是把单元层面的目标进行课时的简单分配,而是充分考虑课时与课时间目标实现的整体性与相互促进作用,进行分与合的综合处理;所谓精细化操作就是依据目标模式的要素"一致性"原则,在叙写上进一步突出学生学习结果的可检测性。

策略选择

实施策略是指教师为提高中观课程目标达成度以及过程实施的质量,依据学校情境,如学生学习基础与能力、教学的资源环境,对教学顺序与步骤、活动方式与内容、组织形式与程序、教学方法与技术、评价方法与时间,等进行选择与规划。一般而

---

① 注:日本著名学者佐藤正夫在其所著的《教学论原理》(钟启泉译. 人民教育出版社,1996 年版)中提出课堂教学的三种主要方法,即提示型教学方法、共同解决问题型教学方法和自主型教学方法(246~247).

言,教学中的策略主要分为两大类,即产生式与替代式。前者以学生为主体,主导学习的进程,包括确定目标、组织内容、安排活动,自主建构知识、发展技能,等;后者以教师为主体,依据确定的学习目标,通过组织、提炼教学内容,设计并实施教学活动,在主导学生学习过程的同时完成教学的任务。正如没有一种教学模式在特定的教学目标前普遍适用一样,实现不同教学目标也不可能采用单一的教学策略。事实上,两类教学策略都有着各自独特的价值,也都存在着明显的不足。因此,这就需要教师对特定的中观课程,基于课时、课型或学习目标等的不同,进行不同策略的选择。一直以来,我们教师的教学设计更多思考的是活动的形式、内容与教学的方式方法,并不关注教学的策略,或者并不太理解教学策略的内涵。然而策略的选择决定了方法的运用,也就是说在教学设计时,因此我们首先应该考虑的是策略而不是具体的方法。例如,以教育目标分类学的观点,特定的知识类型总是与特定的认知水平或方式相关,比如记忆与陈述性知识是适配的,理解与概念性知识相符等,而提高记忆与理解的效率则有不同的策略,包括综合、组织或精加工,等。这些策略又进而可以通过诸如复述、解释、举例、分类、列提纲等具体的方法加以实施。因此,如果说"产生式与替代式"的两大教学策略为我们选择"发现法"或是"讲授法"这两大主要教学方法提供了基本参考,那么当我们面对更为具体的不同的知识类型与认知水平要求时,则这样的分类就略嫌宽泛,也还缺乏具体的指导。由此,在中观课程开发设计中,对教学策略的选择,我们认为莫里森(Morrison, G. R.)等人的研究具有非常重要的参考价值。

莫里森及其教学策略处方。美国著名课程教学论专家莫里森(Morrison, G. R.)等人在综合罗伯特·马杰(Mager. R)的

"三要素"模式、梅里尔(Merrill, M. D.)的"业绩/内容矩阵"模式,基于乔纳森四种"生成策略"①等基础上,提出了具体的策略选择"处方"(Gary R. Morrison, Steven M. Ross, Jerrold E. Kemp; 2007)。具体见下表2.3和表2.4。

表2.3　莫里森的业绩——内容矩阵

内容	学业行为表现	
	回忆	应用
事实		
概念		
原理和规则		
程序		
人际交往		
态度		

莫里森等人认为,梅里尔的业绩内容方格并不像布卢姆分类那样有序排列,但它确实提供了一种使用哪一种教学策略去掌握目标的方法。他们的矩阵在梅里尔业绩(分为记忆、应用和发现)——内容(分为事实概念、程序和原理)基础上扩展到动作技能、情感和人际关系。其中他们与梅里尔一样,认为"事实"内容没有"应用"的情形。

---

① 这四种策略是:记忆策略、综合策略、组织策略、精加工策略. 记忆策略是帮助回忆的一些策略,包括重复、复诵、复习和记忆术;综合策略是把信息转化成一种更容易记忆的形式,包括释义(要求学习者用自己的话来描述新学习的材料)、对新信息进行生成性提问和举例;组织策略在新旧观念间建立联系,包括分析要点、要求学习者确定要点并叙述彼此间的关系、写提纲、列提要、列表、比较分类;精加工策略要求学习者对新的信息增加相关细节,包括产生心理表象、算法/结构图及句子综合.

表2.4 内容策略对应表

内容		策略
事实内容 （学习行为表现为记忆）	具体事实	复诵练习、记忆术
	抽象事实	
	系列	
概念 （学习行为表现为 记忆或应用）	单纯为记住	复诵练习、记忆术
	为了应用	综合、组织
原理和规则 （学习行为表现为 回忆和应用）	单纯为记住	复诵练习、记忆术
	解释规则的结果 和预测基于规则 作出的推论	规——例法和综合
		例——规法和综合
		例——规法和组织
		例——规法和精加工
程序 （学业行为表现为 记忆和应用）	单纯为记住	复诵练习、记忆术
	应用程序	演示、组织、精加工、联系
人际交往 （学业行为表现为记忆和 应用,尤其强调应用）	单纯为记住	录像呈现或角色扮演, 复诵练习、记忆术
	为了应用	榜样示范
		形成言语和表象模型（组织）
		心理练习（精加工）
		外显练习
态度	与人际交往相同	

麦克阿瑟等人（MacArthur，C. A.，Harris，K. R. & S. Graham）认为，从学习策略的增加角度改善学生的学习，需要把握策略学习的三个关键特征：掌握具体的策略；理解这些策略的用途、重要性和使用条件；掌握有效地运用、监控、维持和概括所系的策略的自我调节技能（庞维国，2010）。这也就意味着，在中观课程实践中，策略选择既是课程设计时伴随目标制定而做的必需的"功课"，也同时是过程设计与课堂实践时的一个重要学习内容。

教学策略的描述。对实施策略的描述，是在确定产生式或替代式教学策略大前提下，就教学顺序、组织形式、教学方法等选择的合理性、匹配性分析。基于上述对教学策略的认识，在中观课程设计中，对"策略选择"的描述更类似于教学实施的建议或指南。它需要设计者就实施的框架，如课时分配、教学实施步骤与顺序，以及结合目标与学生学习问题预估等进行建议或策略性描述。例，主题：有家真好①。

1）能力聚焦

六年级学生对于亲情的体验和感悟大多是直接的，从语文学习角度，他们往往还缺乏在感知、神入、内省、领悟、审美等不同层面来构筑问题系统的能力，并且也缺乏从单元层面来分析不同体裁文章的内容，从而实现对单元主题更全面、更深刻的理解。因此，本主题旨在通过四篇作品的整体阅读与对比分析，让学生学会构筑基于文学鉴赏的不同维度的问题系统，从而形成自主解构文本，自主建构问题解决路径的能力。同时，通过本主题的学习，能够认识亲情的可贵，思考家的意义，感悟责任，懂得

---

① 本课例由本课题组李琛乔老师设计并作删节．

珍惜,学会理解,表达爱心。

2）过程规划

基于本主题5课时的课时规划,即课题1——感知性问题的提出与解决(2课时);课题2——多维度构建问题系统(2课时);课题3——学习路径自主建构(1课时)。因此,从课程实施角度,分为三个步骤,并分别采取以下实施策略。

(以下步骤略)

评价设计

由于学科中观课程的开发主要基于目标模式,强调目标、内容、过程与评价的一致性。因此,对于评价的设计主要考虑的是对学习结果的评价。当然,由于目标的不同,设计者在一开始就必须考虑与之相匹配的评价方法的选择。需要指出的是,中观课程的实践就评价而言,与美国著名评价测量学专家斯塔弗尔比姆(Stufflebeam, L. D.)观点一致,即"评价最重要的意图不是为了证明(prove),而是为了改进(improve)"。也就是教师依托评价,获取准确、翔实的学生学习信息,避免经验判断,从而更好地改进课堂教学,支持每一个学生的学习。

教学过程中的评价通常有四种类型,即教学前评价、形成性评价、总结性评价和诊断性评价。教学前评价顾名思义是测定学生学习的准备状况;形成性评价是测定学生在达成教学目标过程中的进展情况;总结性评价是测定学生达成教学目标的程度;诊断性评价是测定学生学习困难的原因(盛群力等,2005)。具体见下表2.5。

表2.5 四种主要的教学评价(诸克,2001)

评价类型	评价目的	回答问题	评价时间
教学前评价	测定学生达成教学目标的准备状况	准备就绪可以开始教学了吗?	教学前
形成性评价	测定学生学习的进步情况	正在接近教学目标吗?	教学中
总结性评价	测定教学目标的达成情况	已经达成教学目标了吗?	教学后
诊断性评价	查找目标没有达成的原因	为什么没有达成目标?	教学后
	查找学生学习困难的原因	为什么学生没有取得进步?	教学中

事实上,在上述四种评价类型中,除了教学前评价,后面三种评价都是以现时的目标作为基本的参考和依据,而不同的目标又有与之相适应的评价方法,这也就是说,不管哪种类型的评价,可以依据不同的目标采用不同的评价方法,以获得尽可能准确而充分的信息。见下表2.6。

表2.6 学习目标与评价方法的关系(乌美娜,1994)

学习目标	评价方法
知道	各种客观测验,标准测验
理解	论文测验,选择测验,面谈调查
创造力	论文测验,问题情境测验,面谈调查
鉴赏力	论文测验,问卷调查,面谈调查
读、写、算	各种客观测验,标准测验,观察
绘画或讨论技能	各种客观测验,人际关系测验
动作或实验技能	观察,客观测验
态度、习惯、适应性	观察,面谈调查,问卷调查
职业能力倾向	能力测验,观察,面试调查

对中观课程而言，上述评价的四种类型所指向的评价时间是相对的，不是绝对的。这是因为，一个中观课程是一个系统、一个整体，教学前既可以理解为是整个单元学习之前，也可以是单元中的某一课时学习之前，教学中和教学后也同样如此。因此，四种类型的评价在中观课程实践中并没有明显的界限，它们也是一个系统，也必须视为一个整体，也就是说，在一个中观课程内，四种类型的教学评价可以视为是彼此相连的循环，它们同时发挥着测定准备状况、学习进展、目标达成度和查找原因的作用。限于篇幅，此处只提供针对学习目标，如何开发建设与之相匹配的"学单"这样一个实践案例，让教师能够灵活开展教学前、教学中与教学后的诊断、评估与补救。

面向过程的学单设计。面向过程的学单是指学科教师依据中观课程实施需要，结合学科课程标准中相关的知识内容与学习水平的匹配性要求，以问题解决为主线、以个性适应为特征、以重点突破为目标、以提升教与学成效为目标的学习资源或学习工具。它具体体现为形制上"短"，目标上"小"，内容上"精"，时间上"少"，用法上"活"的特征。它可以有以下一些不同实践类型（具体案例见附录）。

基于"导学"。与国外"颠倒课堂"（或翻转课堂）以及"慕课（MOOC）"（大规模开放的在线课程，Massive Open Online Course）学习一样，中观课程也强调学生的自主学习与诊断。但基于"导学"基础上开发的中观课程学单，并不完全指向通过教师的"导"来引导学生的"学"，它更加强调目标指向的学生自主学习与诊断。

基于"诊断"。基于诊断的学单是中观课程实施过程中最常运用的测试工具，灵活运用于课前、课中与课后教学。它是教师获得学生准确的学习信息,判断学生前置性知识技能掌握情况、过程中学生学习成效以及对学生进行差异化、个别化作业推送与辅导的重要抓手和载体。中观课程基于"诊断"的学单设计与开发,强调与目标的一致性。

基于"探究"。基于探究的学单是提高中观课程课时层面教学成效的有用工具,也是帮助教师们理解并把握如何在课堂中实现学生主体的学习与教师主导的教学的重要载体。设计上需要教师清晰学习任务所要达成的学习目标,需要明确具体的任务,同时还需要教师对学生完成的学习任务有具体评价的内容。

基于"合作"。基于合作的学单是中观课程实施中,为提升课外学生学习小组"群智学习"品质,提高课内小组合作学习效率与效益而开发的学习工具,它普遍运用于课前与课中的学科学习或课题探究中。基于合作的学单开发与设计,需要特别注重对合作学习的任务、合作学习的规范与程序,合作学习的评价标准的制定。

基于"补救"。基于补救的学单是针对不同学生的学习情况,利用课堂或课余时间,对学生进行个别化、差异化的学习诊断与评价的工具。它旨在增强不同学力学生学习的自信心,减轻学生学习负担,提高学习的有效性。基于补救的学单区别于诊断单的地方在于,首先它的使用目的,并不仅仅只是对于学习目标达成的检测,也在于知识的巩固与能力的拓展。其次,它在设计上需要依据不同学生的学习基础与能力,就同一课题或目标进行分类的设计,也就是同一目标下,包括不同学习水平要求的习题或任务供选择。实践中,我们强烈建议老师配套建立学科学习的"学生成长档案",对基于"补救"学单运用的不同学生的测试结果跟踪（如绘制发展折线图）、个人练习次数、时间、态度等方面进行记录统计，为获取学生个体与班级整体在特定阶段的学习情况，调整与改进教学进程、设计、评价等积累第一手资料。

基于"表现"。基于表现的学单是教师对教学过程中期待学生发生的良好学习行为的标准描述。通常以评价量表的方式呈现，被普遍运用于各种类型的中观课程学习中。需要指出的是，评价量表的内容与标准应该基于不同学科、不同任务、不同目的来设计制定，同时评价结果的运用应该置于特定课程甚至学生综合素质评价的整体背景下来考虑，也就是从学习过程与学习结果，情态表现与学业成绩，自主管理与合作参与，等多个维度加以综合评定与全面运用。

总之，利用学单对学生学习的过程进行评价，其实践类型远不止此处呈现的这些样例。事实上，上述这些学单不仅体现了其评价的功能，也体现了支持与帮助学生学习的功能。从这个意义上来说，它既是评价的工具，也是课程的资源，教师评价工具的设计与运用同时也是课程教学资源的开发与实施。这也体现了中观课程实践的重要价值取向，即以系统的观点与方法来实现课程教学要素上的增值。

面向结果的综合测试。面向结果的综合测试是指一个或者多个中观课程实施之后，对学习目标达成度进行全面检测与评估，以此获取学生阶段学习的全面而准确的信息，为后续教师教学与学生学习改进提供支持。在学科中观课程实践中，基于目标模式的面向结果的综合测试主要围绕如何研制一份高质量的试卷进行，检测的只是认知领域的学习目标的达成度。限于篇幅，以下只围绕试卷研制的两个主要操作点进行阐述，不包括对评价结果的分析。需要说明的是,下文是以实践者而非研究者(如学校课程教学领导者、学科教学管理者)视角,来提供实践参考,并非从评价测量学的角度来阐释各类命题要求,内容上充满"草根气息",也许并不一定经得起严格的评价理论的推敲。

命题说明和评价建议。一直以来,多数学科教师的命题建立在经验判断基础上,即能够说出一次考试要考什么内容,分布在哪些题型,检测的重点和难点是什么,总分值是多少,等等,却不一定能够说明不同的内容或者知识点究竟考到怎样的程度,这些知识点与能力水平要求又与学生学习目标之间的关系在哪里,等。这也就导致了对结果的分析聚焦在哪些学生在哪些内容或知识点上没掌握上,前文已述,中观课程的探索旨在帮助教师提高课程意识与课程能力,实践上从以往基于经验和内容的教学与测试转向基于理性和目标(标准)的教学与测试。因此,教师对学生学习结果进行综合测试在操作上越严肃、越科学,其结果就越准确,对教学改进的意义就越大。一次结果性测试,对命题者而言首先需要建立测试的基本分析框架,它至少应该包括以下内容。

前言。说明本次考察的前提思考,包括为什么? 何时? 考察哪些主要内容? 试卷总分? 预估值多少,为什么? 采用题型的依据? 等等。

主要考查的学习目标汇总。罗列所有这次考试所涉及的学习目标。

主要考查的内容与分值比例。陈述双向细目表中各个板块的内容、分值与比例,以及取这些分值的依据或思考,即为什么考这些? 为什么要这么考? 一般这里的主要依据课程标准与初三(高三)学科教学的基本要求。

主要考查的水平与分值比例。陈述双向细目表中四级水平分别分布在哪些主要考查内容上,以及它们的权重比值。说明这样考查和取权重的依据是什么? 一般这里的依据主要与年段学科教学的重难点与近年来中考(高考)卷进行对比分析。

重要考题的具体说明。陈述本次考试中一些分值比例相对比较大或者命题者认为相对比较重要再或者命题者认为可能会导致学生或阅卷者产生歧义的考题进行具体说明。说明中,陈述这个题型或这道题目的出题依据(从哪个地方来? 是不是进行改编? 是不是原创?),考查重点(内容＋水平),容易导致错误或歧义的地方,阅卷时需要注意的问题,等等。

预估值说明与试卷的特点。陈述本次测试的平均值预估及其依据,即各学习水平的总分值乘以预估得分率相加,如 $80 \times 0.85 + 10 \times 0.6 + 10 \times 0.2 = 76(\pm 5\%)$。这里的预估得分率参考学校学生群体分布,即基础得分率85%,优良率60%,优秀率20%。"试卷的特点"主要陈述试卷命题者对学科当前课程教学、考试评价趋势的认识在本分试卷中的体现(结合具体题目),以此点出本份试卷的特点,如试题的新颖性(包括自编题的比例)、针对性、有效性,等等。

双向细目表的编制。与考试说明框架同时进行的,就是研制命题的双向细目表。所谓双向细目表通常是一个由测量的内容材料维度和行为技能维度所构成的表格,通俗来说就是一个测试目标与测试内容之间的关联表。编制双向细目表对学科教师来说应该并不陌生,因为凭借双向细目表我们就能够明确评价的目标、决定评价的题目、规划各类型题目的比例。一份优质的双向细目表不仅能够体现出教师深厚的学科功底,也能够看出教师严谨的工作态度和丰富的教育评价学识。

　　在中观课程实践中,根据需要,同时也依据不同教师的不同专业能力,对双向细目表的两个维度给予了更为宽泛的界定。也就是说,教师可以依据自身实际和不同评价目的、需要,可以不拘泥于内容与能力两个维度,只要是属于不同范畴的两个项目都可以两两构成一个双向细目表(具体案例见附录)。同时,实践中我们也发现,数理学科与人文学科在双向细目表的维度分类上有着比较明显的区别,数理学科以认知水平与学习内容构成两维既方便又实用,而人文学科,如语文和英语,则以这两维来构建双向细目表不但困难而且也不符合教师学科教学的习惯,同时也不一定能够通过评价准确获得学生学习信息。因此,以经验来看,人文学科以内容与测试项目来构建"双向"更为现实。当然,有必要指出,附录中呈现的例表是中观课程实践中的通适表格,它被用于对语文、数学和英语学科的综合学业测试,而对于单元层面或是某一特定项目的检测,则需要根据不同的诊断目的,在项目、内容等方面作更为细致的操作。总之,在基层实践中,一直以来我们并没有把双向细目表的研制与教学评价设计联系起来,或者并没有对教师明确提出过这方面的要求,从而导致教师设计与实施教学评价的目的不明、内容不清、方法不准,出现了"剪刀加糨糊"、"广种薄收"的不良教学行为。正如我们有老师反思的,"联想到我们平时出的单元试卷,期中(终)试卷,无论命题人,答题人,还是评卷人,最不满意的是试题超出范围和繁难偏旧。年轻教师拿着教辅材料,觉得这个的题目不错,就作为考试题,有一点教龄的老师凭经验认为这内容比较重要的就出上去,题目的难易程度凭自己的感觉,所以得到的结果往往存在两种情况,要么成绩高于自己的估计,要么低于自己的期望值。出现这种情况的问题在于没有从学生认知角度出发,对学科教学要求里的知识核心及能力水平层次缺乏钻研,导致自己所出的试卷不是很理想。作为教师要明确考试首先要确定考什么,为什么考,考什么人。这类问题要用双向细目表的形式表现出来。"

2. 特色校本课程的开发

在课程校本化实施过程中,无论是出于个人的兴趣特长还是出于学校对建设特色拓展型、探究型校本课程的需求,教师都会尝试着去开发特色校本课程。尽管从某种意义上来说,学科中观课程以及在此基础上形成的序列化课程包,本身就是特色校本课程。但在课程意识与能力还不足的情况下,许多学校和教师相关特色校本课程的开发更多的是编写校本教材。事实上,中观课程的实践为教师开发实施特色校本课程奠定了坚实的基础,也指明了方向,即特色校本课程的开发需要基于课程的原理,内含基本的课程要素(从狭义课程的概念角度),当然还包括开发者对课程主体与模式的思考。因此,在开发建设特色校本课程时,至少包括了课程规划、内容编写两大主要任务。同时,与上述学科中观课程的一个显著差异是,一门校本拓展型、探究型课程通常在规模上已经超越了单元的容量,所以其规划的视角,包括内容的组织方式,也会有很大的不同。

规划一门课程

撰写课程规划或实施方案,是教师清晰课程开发、实施目的,建立课程目标、标准,规划实施对象、进程等的关键行为,也是加深教师对课程内涵的理解,提升教师课程能力,避免教师把校本课程开发等同于校本课程教材编写的重要抓手。前面第一章已述,一般现时学校课程开发主要基于两种模式,即目标模式与过程模式。同时,学校层面的课程设计与社会培训视角的课程开发也存在很大的差异。因此,课程规划或方案的结构内容并没有固定的格式和要求,但在教师课程设计的起步阶段,借鉴我们学科课程标准的文本格式,可以考虑对以下几部分的内容进行描述。

前言/导言。概要描述本课程的意义价值、设计理念与设计思路。设计理念,主要是指本课程在学校课程体系中的地位、所属的课程类型、开设本课程的目的与意义等。设计思路主要阐述:①为达成本课程的目标所采取的前期准备,例如,组织团队。为什么要组织团队、如何组织团队、团队成员的学科背景、结构等如何有利于本课程的开展等等;再如,确定课程内容、资源等。如何确定、确定哪些等等。总之,通过这部分的阐述,让实施者和评估者大致了解本课程方案形成的过程。②本课程方案的结构及其概要内容。

课程目标。包括:①总目标。系统描述开设本课程的目的以及经与国家相关课程标准、学校培养目标体系等交叉对比与分析基础上,结合本课程自身特点与功能等,确立的课程所要发展的学生关键技能与必备品格。②阶段(专题)目标。基于本课程在课程类型、实施方式、实施进程等方面的实际,确定特定阶段或专题的具体的学生课程发展目标。

课程设置。包括:①进程安排,即本课程分几个年段、阶段或几个专题来实施,每一个年段、阶段的主题是什么,实施对象是谁,选修的方式是什么,主要的组织形式是什么,课时怎么安排,由谁来实施,课程资源来源是什么,相应的评价方式方法主要有哪些,等等。②内容与要求,即本课程在不同阶段进程上的具体内容安排以及相应的教与学的要求。

课程实施。包括:①理念原则,即具体阐述本课程实施所基于的价值取向以及与本课程所属的领域、类型、培养目标、实施方式等相匹配的基本的实施原则。②教学组织形式与策略。教学组织形式主要陈述本课程实施中教师为达成目标所采取的主要的教与学的形式,如课内与课外,自主与合作,差异走班教学与行政班统一教学,等;教学策略主要陈述本课程实施时,为提高学生学习的效率、效益和效能,可能采用的程序、规则、方法、资源等。如,采取大单元教学策略,包括其操作上的具体的要求;单元内多样学习方式协同推进策略,包括匹配学习内容的班级授课学习、主题探究式学习、问题化学习(PBL),等。

教学环境与技术。阐述如何为本课程实施创设有利于学生学习的氛围和可能的技术支持。例如,充分利用学校的文化、科学、艺术园地和其他有效空间,创设有利于学习的环境和氛围,例如展示学生作品、艺术节等;充分利用多媒体等现代信息技术设备,增强趣味性、形象性、课程吸引力等;充分利用图书馆、资料室和互联网络等课程资源,鼓励、指导学生进行自主学习等。

课程评价。包括:①评价目的,即结合课程目标回答为什么要评价,它对教学、学生发展的意义在哪里,等。②评价原则,即描述本课程的在实施评价时所基于的核心价值取向或基本要求。例如,突出技能与审美、过程与综合性相结合、定性与定量相结合、自评和他评相结合,等。③评价内容,即陈述本课程实施中采取哪些评价。例如,真实性评价——阶段档案袋评定(存影留像),学业表现评价——学期学年等第评定,表现性评价——学习态度、习惯、倾向等的过程性记录,等。对不同形式或内容的评定要进一步作说明。

保障措施。阐述本课程在课程设置、团队研修、资源开发等方面是如何考虑的,它们又是如何保障本课程的顺利实施、过程质量与最终目标达成的。

课程内容的编写

完成了对整个课程的系统思考与细致规划之后,对教师来说一个重要的任务就是编写课程的内容,即课程教材。对特色校本拓展型、探究型课程而言,课程教材的编写一般存在以下这样三种情况,与之相对应的,可以采取以下了三种方法。

单一领域的课程内容编写。所谓单一领域,是指教师所要开发建设的校本拓展型、探究型课程,其知识或技能指向的主要是某一特定或单一的范围。比如,中小学生"影视教育",则其知识内容基本内涵于"电影、电视"这一领域,其技能训练往往集中于与学生学习水平和认知能力相匹配的"影视赏析、影视制作"等。对于这类课程,其内容的选择与组织,大致遵循的是这一领域的知识或技能获得的基本逻辑,即由浅入深、螺旋上升。

跨领域的课程内容编写。所谓跨领域,是指教师所要开发建设的校本拓展型、探究型课程,其知识或技能涉及不同范围或多个范围。比如,"二十四节气与古代诗词"。其知识内容至少涉及气象与古代诗词歌赋。它的内容组织至少基于两条线索来展开,即一条是基于气象学的二十四节气的认知学习,一条是与不同季节、不同农历节气相关的诗词歌赋的学习。再比如,以主题为"交个好朋友"的小学一年级学期综合课程。其知识与技能涉及语文学科——用准确而简练的语言介绍自己(你的名字叫什么,你是一个怎样的孩子,你最喜欢什么),英语学科——找到一个自己的好朋友,用英语问候对方并介绍自己(找朋友),游戏与运动——积极参与一项集体运动时主动介绍自己(叫号接球游戏),品德与社会——用更好的办法交好朋友(交友妙招),视觉艺术——用线条图案装饰来表现自己的特点(美化自己的照片),科技探索——我们身体的组成部分及其功能(认识自己的身体结构),等。对于这类课程,其内容的选择与组织,至少应该考虑课程目标、学生身心发展与认知发展的基础和规律、学科领域的均衡、特定领域知识的组成逻辑,等。也就是说,系统思考、跨学科协同,来编写课程内容是更加的选择。

实践活动、实验探究类课程内容的编写。 基于实践活动、实验探究项目的课程,其主要指向动手操作技能、情感体验或是自主学习、创新意识和精神等方面素养的培养,知识概念等的学习不是其主要的旨趣,因此其学习内容的选择与编写并不是其重点。同时,由于多数情况下它们基于过程模式来开发,因此这类课程在教材编写上应该更加注重一个项目的描述或一次活动的指导的完整性、具体化,也就是其内容的组织更类似于学生动手操作的指导手册。但需要注意的是,尽管这类课程基于一个个不同活动或不同项目形成相对独立的单元,但其在更大时域内,应该具有内在紧密的关联和逻辑上的一致性。

其他可以借鉴的模式

基于过程模式来开发与编写拓展型、探究型课程,由于没有统一的和固定的模块与流程,需要视特定情境的问题或任务来设计与操作,因此对处于起步阶段的我们一线教师来说,困难最大,问题也最多。实践中,我们可以借鉴以下几种操作的模式,按照教师在课程开发与实施过程中的角色权重,我划分为"弱自主型"和"强自主型",以更方便供老师们选择,尽管它们也并非是"万能灵药"。

弱自主型。在这类课程的设计与实施中,教师在其中的指导权重相对比较大,特别体现在设计阶段的课程模板建议与实施过程中"脚手架"的搭建指导中。实践中,我们可以参考并借鉴以下几种模式。

● **WebQuest 模式**

WebQuest 模式由美国圣地亚哥州立大学教育技术系伯尼·道格(Bernie Dodge)和汤姆·马奇(Tom March)创立,是一种以探究为取向的课程设计模式。它包括以下 7 个方面的内容模块:

导言(Introduction):创设一个问题情境,并罗列出课程的概要问题。

任务(Task):围绕问题解决所要从事的活动和完成的工作。

过程(Process):略述学习者将如何完成学习任务,为学习者设置完成任务的"脚手架",其中包括将完成任务的过程分解成循序渐进的若干步骤,以及就每个步骤向学习者提出建议与策略等。

资源(Resources):完成任务所必需的信息导航资源,通常表现为信息化电子资源,也包括传统印刷的书籍和文献等。

评价(Evaluation):罗列出完成任务的评价标准,并为学习者描述他们的行为将受到何种评价。评价人员既可以是教师,也可以是家长或同学。

结论(Conclusion):结论用来对活动进行小结,总结学习者通过完成这项活动或课程将会学到的东西，同时也鼓励他们对问题进行深入思考。通过提出一些引导性问题，以促进学生把这种探究的经验扩展到其他领域。

教师页面(Teacher page)：教师页面的内容包括学习者分析、课程标准、教学目标、教学建议、学生学习的导例分析等。教师页面是帮助其他教师实施这项 WebQuest 的信息，因此我们也可以将其理解为是这个 WebQuest 的教学指南。

WebQuest 模式的优点在于可操作性强，信息化程度高，易上手。缺点是对教师的网络技术、信息处理和发布等能力要求相对比较高，教学组织等难度大，对教学的硬件要求高。

● **Big6 模式**

Big6 是美国华盛顿大学信息学院院长迈克·艾森堡(Mike Eisenberg)和 Syracuse 大学信息学院助教鲍勃·伯克维茨(Bob Berkowitz)开发的一种提高信息技术能力的网络课程。Big6 是6 个英文短语首字母(X 取自第二个字母)的结合，即 Be sure you understand the problem(确认对问题的理解)；Identify sources of information(辨别信息资源)；Gather relevant information(搜集相关信息)；Select a solution(选择一个解决办法)；Integrate the ideas into a product(把观点整合进成果中)；eXamine the result(检查结果)(即 B－I－G－S－I－X)。其中"6"(six)还内含着这种模式的六个步骤或模块，即上述六个短语所代表的行动：问题定义(Task Definition)、信息搜索策略(Information Seeking Strategies)、定位与查找(Location and Access)、信息使用(Use of Information)、综合(Synthesis)、评估(Evaluation)。

问题定义：定义信息问题(Define the information problem)、辨别所需要的信息(Identify information needed)。

信息搜索策略：确定所有可能信息源（Determine all possible sources）、选择最佳信息源（Select the best sources）。

定位与查找：定位信息源【Locate sources（intellectually and physically）】、寻找到信息源中的信息（Find information within sources）。

信息使用：通过读、听、看、接触等获取信息【Engage（e. g., read, hear, view, touch）】、提取有用信息（Extract relevant information）。

综合：从各类信息源中组织信息（Organize from multiple sources）、表达信息（Present the information）。

评估：判断成果效益【Judge the product（effectiveness）】、判断过程效率【Judge the process（efficiency）】。

Big6 主要是一种信息问题解决的策略（an information problem-solving strategy），通过 Big 6 学生可以处理任何的问题、作业、任务和作出决定。尽管如此，Big 6 所提供的问题解决程式——"学生在任务驱动下，把任务问题化，形成问题框架（或者问题集），在程序化的行为（策略选择、知识建构、结果反思）下，解决问题，完成任务"，对提升学生学习水平是非常有意义的。

- **网络协商课程**

它是通过网络，让师生作为实践主体共同参与到课程研制与实施过程中，实现课程的共生共享的一种课程设计与实施模式。

1）协商的层面

课程主题协商。教师与学生的协商，体现为尊重学生作为学习的主体，参与到课程设计中来；教师与教师之间的协商，体现为更广泛的跨校合作；教师与课程专家之间的协商，体现了理论引领与实践主题间的互动；教师与各界人士之间的协商，体现了学校教育的社会化功能与课程的社会性发展。

课程要素协商。表现为实践主体对课程目标的协商；对课程内容的协商；对课程实施的协商以及对课程评价的协商。

2）课程的构建

协商课程目标。突出目标的差异性、浮动性、递进性，目标分为两类：①基础性目标。由教师或由师生协商提出一个初始目标，随着学习的进程与学习条件的变化，再进行及时的协商调整。在具体的处理中，目标可以先进行初始化预设，同时考虑其将来的扩展性。也就是先笼统后具体，目标的内容也要考虑到对不同的个性具有较大的涵盖性。②发展性目标。在初始的目标确定之后，随着学习的进程，教师根据学习者的差异，包括学力水平、认知风格、兴趣爱好，学习者也可以根据自己的需要与教师协商制定具体化的学习目标。

目标问题化与问题目标化。在课程形成的过程中，无论是先制定目标，还是先出现问题，都需将目标与问题形成对应的关系。这样不仅有利于课程的实施，也有利于学习者检验自己的学习结果。

协商课程内容。表现为超文本、可选择、可扩展与生成性。内容分为两类：①预设性内容。由学习提议人率先提议基本学习内容或范围。学习提议人一般由教师出任，也可以由具有学习能力与判断能力的学生出任。②生成性内容。基本的内容提出以后，很多人就可以参与到内容的协商过程中来。包括对课程内容的扩展、延伸、分类与选择，学习在交互的过程中实现内容重组和资源再生。

学习活动。学生组成学习小组,与同伴开展包括任务协商、知识呈现、相互依赖、责任共担等多方面的合作性活动。通常,一个课程的学习活动可以分为六个阶段:①主题凝聚阶段。由教师提出初步的学习主题,大家展开充分的讨论,进一步协商讨论主题的内容范围;②任务选择阶段。学生选择自己的主题、设计自己的问题;③相互依赖阶段。学生依靠本组成员以及教师的建议确定笼统的学习目标;④协商理解阶段。学生在教师的引导下,与他人讨论产生见解,讨论是实质性的而不是程序化或与任务无关的;⑤公开呈现阶段。学生公开地与其他成员分享自己的见解以获得反馈,并修正认识;⑥分担责任阶段。教师学生认识和承担自我学习的责任。

学习评价。突出评价提升学生学习动机、增强学习内驱、改进学习行为、提高学习品质的功能。在这里可以选择与设计支持协商课程的几种评价技术与评价方式:①学习契约(Learning Contract)也称为学习合同。为了能够让学生在完成任务和解决问题时有一个具体的目标或依据,由教师与学生,学生合作小组间协商制定一些可供评价的学习契约。②选择性量规(Rubric)。从与评价目标相关的多个方面详细规定可选择的评级指标,可以包括个体学习表现、合作学习表现等,选择性表现在学习结果呈现方式的选择、学习水平的选择等。电子档案袋(E-Portfolio)。师生协商确定本主题学习的评价内容,学生以电脑为平台按文件夹类别记录所有个体的或小组的学习成果,分阶段进行评估。在可能的情况,开发成网络平台为最佳。总之,本课程学习评价的主要目的是通过学生的自我检验和反思促进个体的和群体的发展。

基于网络的协商课程能够有效利用网络的长处,把课程资源扩展到学生学习的全域，同时，它基于协商的特点又充分考虑到了学生个体的学习能力与特点，能够有效激发学生的学习内驱，增强学习的"意义性"。

通常它有几个功能模块：

共享的课程学习资源。为教师和学习者提供学习资源上传的功能，学习资源即可保存在服务器上，也可保存于网络数据库中。

协商空间。协商空间在小组成员中共享，成员可对协商空间中的内容进行讨论、操作。服务器上提供的一个公共讨论区，学习者可以把疑难公开，在小组内进行异步讨论。此外，组内成员在协商讨论区中也可展开专题讨论、辩论或角色扮演。教师可以对学习者进行个别辅导。同时，讨论区为协商成员提供了查阅资料和上载资料的功能。

个人学习空间。个人学习空间是协商成员私有的，为协商成员提供在探索知识、解决问题的过程中所需的工具。包括上载资料、学习笔记、查阅资料和推荐资料等几个子模块。

交互工具。①实时分组讨论区：系统设立了一个在线聊天室，里面分为几个不同的讨论区，每个讨论区可以针对一个专题进行讨论。学习者根据自己的需要选择一个专题，就可以和讨论区内的其他学习者或指导教师展开讨论。②异步讨论区：学习者在学习的过程中如果遇到了问题，可以利用系统提供的电子邮件功能发信给教师或协商学习伙伴，还可以将问题粘贴在系统公告板上，在协商小组内进行异步讨论，使协商的空间更加广阔。

强自主型。这类课程的设计与实施充分体现了学生为主体的特征。学生通常根据具体的学习情境（包括教师布置的学习专题或一个真实的问题)来确定学习主题或任务主题。它主要表现为一个学习或问题解决方案,之所以把这类方案概念化为课程,一个很重要的原因在于,这样的一种操作可以实现学校教育教学工作的课程化统整,即学校所有行为都可以视之为校本课程体系的建构、完善或者国家课程的校本化实施。也正如此,此类型课程在形式与操作上更加丰富、灵活与多样。以下列举的只是实践的案例而非固定的模式。

- **校园化拓展训练**

"拓展训练"(OUTWARD-BOUND)起源于20世纪50年代的英国,是当前风靡商界的一种精英管理培训方式。作为一种独特的培训方式,"拓展训练"重视挖掘个体潜能,培养积极向上的心态和良好的心理素质,全面提高发散性思维能力、面对压力的心理承受能力、应变能力、决策能力、判断能力及有机体能等个人综合素质。经过校园化改造的"拓展训练"即成为校园化"拓展训练",它的目的是保留"拓展训练"的价值核心,祛除其成本高、可能的风险性等弊端,凸显其趣味性、教育性的特点,把学生自我持续发展的态度、不断进取的精神、克服困难的毅力、主动发展的学习能力和生存能力、探求的态度、批判与创新的能力、求真求实的科学精神、同伴协作的能力等作为训练与培养的目标,使之与当前新课程所提出的"综合学力""核心素养"培养实现对接。

此类课程在主题确定上非常灵活,既可以由学校、教师依据实际教育教学需要来决定,亦可以由学生讨论来确定;在方案设计上,也可以由不同的主体来设计。从实践的经验来看,随着操作的成熟,从学校、教师逐步过渡到完全由学生来操作更能激发学生的积极性和创造力。其操作的模块与流程为:

1）中观层面

主题确定。一次活动主题的选择可以依据现行的课程教育、培养目标，学校的特质文化，班集级建设目标和规划，社会热点，特定教育事件（如"三防"、"后进生转化"等），坚持以学生为本，与学生的学习、生活需求密切联系，能激发学生的认知和实践欲望，在实施过程中能够使学生产生许多感悟和体验为原则。

背景分析。是指对选择此主题作原因、意义等的分析。

目标制定。依据主题所内含的教育因素，生发概要的活动目标。这些目标通常并不具备可检测性，也并不分解为课时活动的目标。因为在此类课程中，学生活动所表现出的态度，获得的体验才是课程的最主要目的。

活动方案设计。主要是师生或者学生自组的合作团队在实现对主题的分解之后，确定课时数（也就是活动的次数）、可能需要的工具、活动的情境（室内或室外）等，也包括对课时活动项目设计的总体考虑与意义评估。

评价方案设计。是指检验活动成效的粗略规划，包括确定评价的方式（如填写活动体验卡、呈交作品等）、确定评价的内容（活动中的哪些内容需要作评价）、确定评价的具体操作人（由谁来具体负责哪项评价的项目）、确定评价结果的应用（怎么实现智慧、体验的分享）。

2）微观层面

活动目标设计。本次活动主要的目的，它也可以省略。

活动对象确定。本次活动的特定群体，也就是适应的对象。

活动场地规定。本次活动所基于的情境，室内或室外，校内或校外等。

活动过程规划。是细致规划活动的每一个步骤,包括形成活动方案的过程。它是保证活动不出风险意外,保证活动获得成功的最重要的设计,也是今后其他方案实施者重点参考的内容。通常包括:

- ◆ 何时何地邀请召开小组策划会。
- ◆ 何时拿出不同活动项目的具体方案。
- ◆ 何时何人需要采购的材料或自制的器材。
- ◆ 何时何人布置场地器材。
- ◆ 何时何人活动开展前的器械、场地等安全检查。
- ◆ 何人负责何项目。
- ◆ 何人何时负责回收活动反馈表。
- ◆ 何时开展活动体验交流活动,活动的形式是怎样的。

活动的具体项目。确定每一个活动的细节,通常包括:目标、场地、器材、步骤、讨论与分享、变通与拓展。

在这类课程的设计与实施中,教师的作用同样不能忽略。它要求教师始终是一个积极的参与者,关注整个的活动过程,特别在设计时的安全风险评估,过程中的安全保障方面,教师必须做好服务与支持工作。一个更为有益的做法是,组成一个教师合作团队(通常以任教某个班级的所有教师)共同参与整个方案的实施中。

实践中,完全自主型中观课程的设计与实施还有如下方式:

- **自主学习方案**

此类课程的产生可以有这样几种途径:教师诊断出学生学习中的某个问题,提出学习建议,由学生制定问题解决方案,师生共同完善方案并由学生按步骤实施;学生根据某学科课程的拓展学习要求,个体或小组形式自主确定学习主题,进而制定学习方案并实施;学生根据自己的兴趣、爱好,自主制定探究学习方案并实施等。

这种方式产生并实施的课程,在设计与实施上很大程度受学生个体的学习倾向性、学习态度等的影响。因此,教师必须做好过程的帮助、指导与激励,始终持一双关爱的慧眼注视着所有的学生。

【总 结】

• 领导者事件

"是锦上添花还是雪中送炭"

一次在给校长的培训中,一位高中校长叹苦经。

"我们学校是县里一所'热点'学校,无论在教育规模、硬件设施还是教学质量都名列全县第一,所以领导重视,家长关注,各类参访活动也特别多。为了进一步提升我县教育影响力,打造我校办学特色,这两年我们聚焦校本课程开发,集中一批优秀老师,建设了众多有质量、有特色的校本课程,并作为课改先进被推荐参与我省的展评。但就在去年,由于种种原因,特别是高三有几位高考学科的老师,或生病或生孩子等,导致我们的高考分数没有像往年那样排在第一。于是,领导来'关心',家长来'质疑'甚至老师也'怀疑',其中有一点就是因为我们开设了很多校本拓展、研究型课程,所以导致学生学习上不专心、不刻苦了,老师们不研究高考,不专注于抓分数了。到最后,大家出于'好心'就给我提建议了,'李校长,校本课程表面上搞搞就算了,毕竟它是锦上添花的东西,不是雪中送炭的玩意'。这真的让我很郁闷,我现在也在怀疑,他们说的是不是对的。"

　　相信从第一章的内容，我们可以为这位校长的困惑找到答案，至少是部分的答案。

　　首先，校本课程不等于校本教材。从对课程基本要素的认识，我们至少可以明确，校本课程区别校本教材的一个重要特征，就是它的实施与评价。也就是它不是用来成果展示的，而是用来促进学生学习的，它不是独立于学生学习表现评价可有可无的，而是作为学校学生培养目标达成的重要内容和途径，与其它课程一起进行整体考查的。如果学校把校本课程的开发视为校本特色教材的建设，那么即窄化了校本课程的内涵，也无从发挥校本课程真正的作用，体现其独特的价值。也就是说，如果不能促进学生发展，那么它一定是为学校"锦上添花"，而不是为学生"雪中送炭"。

　　其次，校本课程不等于拓展型、研究（探究）型课程。校本课程从狭义上通常理解为本校教师开发并实施的课程，从广义上可以理解为校本实施的所有课程。因此，学校在进行校本课程开发实施时，不能把校本课程简单地理解为拓展型、研究（探究）型课程，其重要的实践内容应该也必须包括了基础型课程的再开发。通过以课程的方式，在所有三种类型课程上同步进行探索，才能真正提升全体老师的课程意识和专业能力，从而促进学校教育教学的整体改进。否则，一批优秀教师聚焦于在大多数人眼中"花架子"的拓展型、研究（探究）型课程方面的探索，其结果不仅会让这些老师受挫，也很难真正让课程"雪中送炭"。

　　最后，学校课程行动不是一次事件而是一个过程。在基于"课程"而进行的学校改进行动中，很多学校会犯急功近利的毛病。要么对课程行动所带来的一系列困难，特别是专业上的挑战估计不足,导致"虎头蛇尾""不了了之";要么从创建特色、评优评奖角度"大干快上",期待"短平快"的收益。从前面第一部分的内容,我们已经清楚地看到,教师"做课程",无论认识还是方法都会遇到巨大的困难和挑战。因此,从管理来说,一定是充分预估、细致规划、分步实施、全程保障的渐进过程,它不仅需要管理者的耐心,也需要管理者的智慧。但从另外一个角度来说,相比于其他促进教师专业发展的做法,它的作用显然更系统、更全面、更真实,也要深刻得多。因此,即便短期内不一定能见到探索的成效,但从长远甚至不太长远的将来,它一定是学校实现内涵式发展和质量全面提升的最重要的驱动力和催化剂。从这个意义上来说,它实现的是真正的"雪中送炭"。

总之,对校长来说,把一所学校办好,有许多可实现的路径。从校长专业角度,他也可以在很多内容上大有可为。课程教学是一块"硬骨头",要啃下这块"硬骨头",不仅考验校长的能力,也考验校长的耐心。但无论如何,这块"硬骨头"是学校教育和学校发展的核心、关键,它的价值意义和重要性是不言而喻的。

• 教师角色

"来不及教怎么办"

在平时的教育教学中,我们会常常听见某某老师说,"我来不及教了",甚至我们自己也会时常这么说或碰到这样的情况。其实,导致这一问题的一个很重要的原因,在于教育情境的复杂性。比如,相同的教学要求和教学内容,不同批次的学生很有可能会产生"来得及"或是"来不及"两种不同的情况,更不要说不同个体的孩子了。但问题不在于是不是会发生，而在于我们该怎么办。

曾经在一次校本培训中，我对我们老师说过这样一句半带戏谑的话，"每学年开学前的第一次集体备课，你们知道我最害怕听见的是什么话吗，就是那句'校长，你放心，我一个星期的课都备好了'。"我说，"我要的不是你们一起备好一个星期的教案，而是要你们清楚地告诉我本学科本学期一共有多少课时；与上学年相比，这个学年在两学期的总课时分配上有什么不同，你们是怎么考虑的；在有限的课时总量内，你们如何规划新授、复习和考试的课时数；如果两个学期的课时数差异很大，特别是第二学期特别短，你们怎么做推进方案；对新授课，本学期一共需要达成多少教学目标，哪些目标的达成有难度；对复习课，本学期一共安排几次，针对哪些重点目标，以怎样的方式来达成；本学期对于学业基础特别好和特别差的孩子，你们准备怎么提优和补救"，云云。

其实，我们所有老师都明白这样一个事实：一门学科，一个学年的教学目标和教学内容是确定的，一个学年(包括两个学期)一门课程的课时总量也是确定的。有变化的是每年农历新年不一样带来的上下半学期的课时量分配不一样，每届学生的学习情况不一样。

因此，在达成目标与要求一致，课时总量一致的情况下，我们老师需要首先做的，不是预先备好一个星期的教案，而是基于学情，去做好一个学年至少是一个学期的课程实施规划。在这个规划中，基于确定的目标和学生实际，合理调整课时分配，重新组织教学内容，认真制定评价方案。确保在完成教学任务基础上，让每一个学生达成基础学力要求，挖掘和发展不同孩子的学习潜能。本轮课改提出，教师应该"用教材教"而不是"教教材"，其背后一个重要的前提条件就是教师学会课程规划，学会对一定时域内的教学进程进行周密计划。从基于内容的教学走向基于标准和目标的教学，从课时教学视角拓展到课程实施视野，从而真正从经验型教师成长为学科专家。

总之，也许"来不及教"在很多情况下对老师来说是一个事实，但对一名真正优秀的老师，他/她一定知道"怎么办"。

【附 录】

一、双向细目表编制示例

● **数学学科例1**①

认知 / 题型	计算	概念	领会	运用	分析	分值	权重
选择题							
填空题							
简答题							
解答题							
综合题							
分 值							

● **数学学科例2**

知识领域	知识点	权重	题数	目标层次				合计分值
				Ⅰ级	Ⅱ级	Ⅲ级	Ⅳ级	
数与运算								

---

① 此处细目表维度分类参考上海教科院顾泠沅教授、杨玉东博士等的研究.

（续表）

知识领域	知识点	权重	题数	目标层次				合计分值
				I 级	II 级	III 级	IV 级	
方程与代数								
函数与分析								
数据整理和概率统计								
图形几何								
合计								

注：例2表格中 I～IV级的水平划分基于以下表格中的内容描述。下列表格综合参考了"布鲁姆的认知目标分类"和"上海市中小学生学业质量绿色指标分析"的内容。采用认知水平的四级分类，在四级水平中按照上海市绿色评价指标体系的分类，把所要发展学生的三类数学能力，即"知识技能""理解概念""运用规则"三个方面分别归入四级水平中；同时把原本绿色评价中的"描述"，在本张表格中定义为"训练内容"，以此更好地让老师把教材的内容与学生的能力训练方面包括所需达成的学习水平建立紧密的联系，这样就可以对具体的题目进行匹配性分析与定位；最后增加了"典型动词"一列，通过典型动词教师们可以在制定具体目标时，把学生所应表现出来的行动动作与学习内容、学习水平进行匹配性分析，从而更准确地定义目

标,更有利于达成目标。

认知水平	发展能力	训练内容	典型动词
Ⅰ级概念	知识技能（Ⅰ）	在简单或联系或动态的情境中回忆事实性结论和约定;辨别数学对象;运用法则,进行操作或计算;使用简单的工具进行测量;根据给定的条件进行简单的作图。	回忆,说出,辨别,指认,计算,作图
Ⅱ级领会	知识技能（Ⅱ）理解概念（Ⅰ）	在复杂情境中回忆事实性结论和约定;辨识数学对象,用数学语言描述对象的主要特征;选择法则,进行操作或计算;用模型、自然语言、图表、数或字母等多种方式表示概念;利用数学对象对复杂情境中的现象进行解释;识别出复杂情境中的数学概念,根据对象的意义、性质判断对象的属性;根据问题需要确定合理的标准对数学对象进行分类。	选择,举例、列举,解释,说明,比较,概述,辨识单个对象的主要特征,对比,分类,判断
Ⅲ级应用	理解概念（Ⅱ）运用规则（Ⅰ）	利用数学对象对复杂情境中的现象进行多方面的解释;在模型、自然语言、图表、数或字母之间等进行转化;识别出复杂情境中的数学对象,判断与其相关对象之间的联系和区别;根据问题需要用两种或两种以上的标准对数学对象进行分类;在不太复杂的情境中识别解决具体问题所需要的算法、法则和公式等,并通过列式计算、画出图表等解决问题;对结果的意义进行解释,根据意义验证结果的合理性。	使用,多方面解释,转化,识别多对象间的联系与区别,阐明,分类,推导,验证
Ⅳ级分析	运用规则（Ⅱ）	在复杂情境中识别解决具体问题所需要的算法、法则和公式等,并形成相应的模型以解决问题;对结果的意义进行解释,对探究性、开放性的结论验证解决方法或结果的合理性。	区分（辨别、区别集中、选择）,组织（整合、逻辑化、结构化）、用理论、模型归纳,证明,评论

● **语文学科例 1**

项 目 知识点	文言文	现代文	作 文	合 计
默 写				
解释字词				
翻译句子(句意辨析)				
文学常识				
了解文意(辨析拓展)				
说明方法句段作用				
错别字修改				
修辞手法及效果				
命题作文				
总 计				

● **语文学科例 2**

知识板块	题序	主要检测点	学习水平				分值	合计	权重
			Ⅰ级	Ⅱ级	Ⅲ级	Ⅳ级			
古诗文阅读									

（续表）

知识板块	题序	主要检测点	学习水平				分值	合计	权重
			I级	II级	III级	IV级			
现代文阅读（一）									
现代文阅读（二）									
（三）综合运用									
作文									
合计									
权重									

注：此处 I～IV级学习水平的界定,依据每次考试具体题目的不同,对不同的"典型动词"进行说明。例如上述一次考试老师给出的水平定义:I级水平动词——书写、识记、释词;II级水平动词——浅层次理解、简单分析、译句;III级水平动词——深层次理解、复杂分析;IV级水平动词——表达。

● **英语学科例1**

题类		题号	考点内容	分值	目标层次				考点
					识记	理解	运用	综合	
听力部分	听句子选图片		考察获取信息的能力						
	听对话选择		考察获取并筛选信息的能力						
			考察推断隐含意思的能力						
	听短文判断		考查获取并判断信息的能力						
	听短文填词		考查听取并正确记录信息						
词汇语法部分	看音标写单词		识别音标并拼写						
	选择		识别单词中元音字母的发音						
			根据语法规则进行选择						
			根据句意与词意进行选择						
			根据语言功能进行选择						
	选词填空		考察词汇在句中的含义						
	用所给单词适当形式填空		基数词序数词转换						
			动词名词转换						
			形容词副词转换						
			形容词比较级						
			动词变现在分词						
	改写句子		常见句式转换						

（续表）

题类		题号	考点内容	分值	目标层次				考点
					识记	理解	运用	综合	
阅读与写话	阅读选择		语篇理解、上下文推断						
	阅读判断		获取事实信息、逻辑推理、概括						
	阅读选择		获取事实信息、逻辑推理						
	阅读选择		语篇理解、上下文推断						
	阅读理解		获取事实信息逻辑推理						
	阅读理解		获取事实信息作出应答						
	写作		语言组织能力						
			语言表达能力						

- **英语学科例2**

知识模块	题号	学习水平				分值	合计	权重	主要检测点
		Ⅰ级	Ⅱ级	Ⅲ级	Ⅳ级				
听力部分	Ⅰ								
	Ⅱ								
	Ⅲ								
	Ⅳ								
	Ⅴ								

知识模块	题号		学习水平				分值	合计	权重	主要检测点
			I级	II级	III级	IV级				
词汇和语法	VI									
	VII									
	VIII									
	IX									
	X									
阅读	XI	A								
		B								
		C								
		D								
		E								
		F								
写话	XII	内容、语言								
		组织结构								
合计										
权重										

注：学习水平说明

◇ 听力部分学习水平

Ⅰ级水平：小直；Ⅱ级水平：大直；Ⅲ级水平：小非直。

"大小"是指听力内容所包含的信息量，"直与非直"是指听力内容与题目问题之间的直接程度。

◇ 英语词汇和语法

1）选择题

Ⅰ级水平：无生词无干扰；Ⅱ级水平：有生词无干扰；Ⅲ级水平：无生词有干扰

2）选词填空

Ⅰ级水平：简单理解；Ⅱ级水平：简单理解，词形有变化；Ⅲ级水平：复杂理解

3）时态填空

Ⅰ级水平：简单理解（有明确的时间状语）；Ⅱ级水平：复杂理解

4）改写句子

Ⅰ级水平：简单理解；Ⅱ级水平：复杂理解

◇ 阅读与写作

Ⅰ级水平：短、少、简；Ⅱ级水平：长、少、简；短、多、简；短、少、繁；Ⅲ级水平：长、多、简；短、多、繁；长、少、繁；Ⅳ级水平：阅读理解中的长、多、繁；完型题目中的部分小题以及写作中的文采等方面的要求。

"长短"是指语篇的篇幅，"多少"是指语篇中的生词数，"繁简"是指语篇中的句型，在确定阅读理解难度时还适当考虑了题干的难度。

二、导学单示例——易碎古董包装设计大作战[①]

- **探究单**

【学习目标】

① 初步认识竖直方向与水平方向,会运用刻度尺测量高度。

② 了解常见材料的特性,会选择材料来保护鸡蛋。

③ 初步了解结构设计,体会结构的荷载性。

④ 经历产品从确定需求、研究问题、设计制作到评估再设计并最后进行交流的完整过程,体会合作的重要性。

⑤ 通过设计与制作的过程,体会设计需要权衡利弊。

⑥ 会简单地通过图文方式表达你的设计方案及对外宣传你的设计理念。

【任务描述】

假定你们需要为一个古董商运送一批价值连城的古董,但是这些古董非常容易破碎,请你们为这批古董设计并制作一批特殊包装来保护它们,在设计制作时,请在首先保整古董完好的情况下,尽可能设计并制作质量小、体积小、精美且有创意的包装!(假设我们以一只鸡蛋来模拟易碎古董)

① 你准备用哪些材料?

序号	材料名称	选择的原因	材料来源

---

① 本案例由上海市教育学会宝山实验学校王金玲、成洁瑶老师提供.

② 用图文详细说明你的解决方案。

③ 思考如何精确测量2米高度？（用图文表达你的测量方法）

● **合作单**

【活动规则】

在规定时间，完成以下任务（10分钟内）：

➢ 完成小组分工，组长明确每个人的任务，并由组长填写任务分工表；

➢ 小组共同讨论设计方案与高度测量方法，确定小组设计方案与高度测量方法并用图文表达记录；

➢ 设计包装质量记录单；（注：包装质量不包括鸡蛋质量）

➢ 根据小组的设计方案和高度测量的方法，进行包装和高度测量；

① 抗摔测试（5分钟内）：

➢ 进行实验，由记录员记录数据和需要汇报的相关事宜；

➢ 针对在设计过程中遇到的问题思考解决的方法，交流感想，准备汇报；

② 交流与汇报（每组汇报员进行汇报，交流时间限3分钟内）；

③ 裁判根据任务完成情况进行评分；

【评分细则】

① 四个小组分组对抗，每个项目分别计分进入总分，总分最高小组为获胜小组，除实验结果计分标准为：鸡蛋完好无损得4分，鸡蛋碎裂得1分外，其余评分项目为最好的小组得4分，第二名得3分，第三名得2分，第四名得1分；

② 汇报交流需要汇报整个设计任务的过程和结果，汇报者

要求姿态大方得体、声音响亮、表述清晰,交流句式为:

> ➢ 我们小组的设计方案是:
>
> ➢ 在实施过程中我们遇到如下困难或问题:
>
> ➢ 我们是怎样解决问题的:
>
> ➢ 我们组设计包装的结果是:鸡蛋是否碎?
>
> ➢ 如果再进行一次设计,我们会对包装做哪些改进?
>
> ➢ 我们的感想或感受是:

- **评价量表**

序号	项目名称	得分标准				总分
		4分	3分	2分	1分	
1	小组分工	每位成员都有明确的任务且认真填写分工表	每位成员有明确任务但表格未填写分工表	有分工但不够明确,任务表填写不全	任务分工不明确,任务表无填写	
2	高度测量	能准确测量高度,并用图文清楚表达测量方法	能较准确测量高度,但未清楚表达测量方法	能大致测量出高度,缺少测量方法的图文表达	偏离高度值最远,没有测量方法的表达	
3	实验结果	鸡蛋完好无损			鸡蛋壳碎裂	
4	包装质量	四组中包装质量最小	四组中包装质量较小	四组中包装质量较大	四组中包装质量最大	
5	包装体积	四组中包装体积最小	四组中包装体积较小	四组中包装体积较大	四组中包装体积最大	
6	美观创意	由裁判现场选择评委打分,学生交流超时扣1分,获赞最多组得4分,依次递减				
7	汇报交流	由裁判选择评委根据汇报同学的汇报要点和交流表达综合评分获赞最多组得4分,依次递减				
8	其他	根据老师的问题抢答,回答对者加分				

【文献索引】

1. W. H. Schubert. Curriculum：perspective，paradigm，and possibility［M］. Macmillan Publishing Company，1986：169～186.

2. 任长松.课程的反思与重建——我们需要什么样的课程观［M］.北京：北京大学出版社,2002:5.

3. 【美】Peter S. Hlebowitsh.学校课程设计［M］.孙德芳,孙杰,译.北京：中国轻工业出版社,2006:10.

4. 【美】W·迪克,L·凯瑞,J·凯瑞.系统化教学设计(第六版)［M］.庞维国,等,译.皮连生,审校.上海：华东师范大学出版社,2007;"前言"第11页.

5. 【日】佐藤正夫.教学论原理［M］.钟启泉译.北京：人民教育出版社,1996:246～247.

6. 盛群力等编著.教学设计［M］.北京：高等教育出版社,2005:359.

7. 【美】Gary R. Morrison，Steven M. Ross，Jerrold E. Kemp.设计有效教学(第四版)［M］.严玉萍,译；王斌华,审校.北京：中国轻工业出版社,2007.

8. 张华.课程与教学论［M］.上海：上海教育出版社,2000:359.

9. 唐红樱.教师的课程意识与培养［J］.南方论刊,2008(3).

10. 陈宝军,杨改学.试论网络课程的教学交往本质［J］.中国远程教育,2003(1).

11. 庞维国.论学习方式［J］.课程教材教法,2010(5).

12. 吕立杰.课程设计的范式与方法［D］.东北师范大学2004年博士学位论文.

13. 杨明全.论教师参与课程变革［D］.华东师范大学2003年博士学位论文.

14. 赵同友.变异学习理论视角下《品德与社会》主题单元设计研究［D］.东北师范大学2007年硕士学位论文.

15. 胡小勇.问题化教学设计——信息技术促进教学改革［D］.华东师范大学2005届博士论文.

16. 资料来源:林文展(台湾).课程统整［OL/DB］.［2012–03–07］. http://www.doc88.com/p–251201063382.html

第二部分

1+@：学校课程 2.0

前言：自觉——课程价值的发现

学校课程 2.0 是指学校课程的"1 + @"阶段，"1"是指特定的学科课程，"@"是指该课程具体指向的培养目标，即学校课程的建设与实施建立在对各类发展目标，特别是学生培养目标的关注与关切上。在这个阶段，学校的课程领导与课程校本化行动已经有了自觉的意识，能够主动地思考与研究不同领域与类型的课程，在培养和达成学生学力、素养等方面的价值与作用；能够基于学校的发展规划对学校所开设的三类课程进行结构化的组织；能够主动在学校办学理念与课程实施间建立实质性连接，并主动规划和计划学校的课程实施。

第三章　结构化校本课程

　　当教师有了课程标准的意识,能够基于标准(目标)实施教学,当老师们学会了从单元出发规划实施一个中观课程并进而能够开发建设一门特色课程的时候,学校基本建立起了三类课程校本化实施的策略、路径和方法,也迈出了学校变革改进与课程行动的重要一步。事实上,依托中观课程的开发实施,学校有效避免了课程行动集中在个别教师或个别学科,聚焦在拓展型和探究型课程的弊端,让课程校本化真正建立在群体、科学和均衡的实践基础上。然而,在这一阶段却也存在一些不容忽视的问题。首先,基于中观课程开发实施的三类课程聚焦学科标准和特定目标的达成,极易导致学科本位主义;其次,校本特色课程的开发与实施更多基于教师个体(小群体)的志趣与能力,没有学生培养方面理性而宏观的思考,极易导致校本拓展型、探究型课程量的简单累加;最后,课程行动对学校原有的管理带来新的挑战,处理不当,极易导致学校管理者与课程领导者的角色定位模糊,影响课程的深化与课程行动的质量。因此,进一步统一学校课程行动的价值取向和行为标准,从更远处思考实践的方向,从更高处审视实践的内容,是实现学校课程再次进阶的先决条件和重要基础。

1. 让办学理念落地

所谓办学理念，是一所学校在长期的教育实践中，对学校教育使命、办学理想的理性思考与价值追求，是一所学校保持并呈现自身独特个性和特色，对要培养什么样的人，为什么培养这样的人以及怎么去培养的深层次思考的集中体现。这也就意味着，是办学理念指导着学校特色课程的开发与实施，是办学理念而非特色课程集中体现了一所学校的独特个性与学校间的差异。办学理念既是学校构建价值系统、目标系统和行为系统的基石，也是其检验与评价所有学校行为，包括管理行为、教育教学行为的标准。客观来说，伴随本轮课改的推进，越来越多的学校，包括区域教育行政认识到，办学理念在发掘学校办学历史，传承学校优秀文化，彰显学校办学特色以及促进学校整体发展等方面有着极为重要而积极的意义，也纷纷提出（甚至被行政要求）学校的办学理念。然而，由于长期以来（至少是这轮课改之前）我们基层学校对办学理念的形成、传承抑或是践行并没有太多的思考，特别是如何让办学理念"落地"缺乏明确的操作内容与实现路径，从而导致办学理念与学校实际的办学行为存在"两张皮"的现象。事实上，新一轮课改的要求与目标之一，是建构并形成以校为本的"课程结构"和"课程体系"，以适应不同学校和学生个体差异的发展需求。显然，这种要求既为了促进不同学校（学生）更有效达成共性目标（如课程目标），也为了促进不同学校的个性化、特色化优质发展。由此可见，提高学校办学质量与实现学校的特色优质发展其交集就在学校课程体系的构建与完善上，只有聚焦"课程"、依托"课程"才能真正让办学理念"落地"，让学校特色彰显，让教师与学生实现最佳发展。同时，从碎片化的学校课程体系（事实上还谈不上体系）到有内在逻辑的学校课程体系进阶，关键也在于学校开设并实施的每一门课程是否真正与学校的办学理念以及在此基础上形成的培养目标建立清晰而必然的关联。

从理念到目标

办学理念影响着学校教育的决策，为学校的特色发展奠定坚实的思想基础，但理念本身并不具备可操作性，它必须依托具体的可达成和可检测的目标来引领和践行。当前，除了一些有着深厚历史积淀的传统名校之外，一般学校的办学理念的提出都由特定的事件或者特定的人触发产生。无论哪种情况，当一所学校提出特定的办学理念时，它应该同时需要思考并形成特定阶段的至少四个方面的目标，即一定时域内的学校发展目标、教师发展目标、学生发展目标、课程发展目标。即便是那些已经有着鲜明辨识度的名校，也需要思考与时俱进的问题，即在学校发展的不同阶段，如何回应社会变化、教育变革，去持续丰富学校办学理念的内涵，去确立不同阶段以上四个方面的发展目标。

学校发展目标是基于办学理念，在诊断与分析特定阶段学校发展优势、劣势、机遇和挑战（即SWOT分析模型）的前提下，以问题为导向，确立的学校组织发展的可检测的行为和水平。学校发展目标是确定行为策略、路径、内容与标准的基础与前提。对学校而言，确定阶段发展目标与发展策略，常用的方法就是SWOT矩阵分析，即把优势、劣势、机遇和挑战四个要素进行交叉组合，形成四种不同的发展战略思考，即OW（机遇与劣势并存——扭转型战略），OS（机遇与强势并存——开拓型战略），

WT（劣势与挑战并存——防护型战略），ST（强势与挑战并存——觅机型战略）。

教师发展目标是基于学校发展目标，在诊断与分析教师整体以及不同群体甚至个体的优势、劣势基础上，以学校课程行动为聚焦点，确立的涉及教师专业发展的可检测的行为与水平。通常，教师发展目标与特定时域内课程教学的改革发展的重点紧密联系。

学生发展目标是基于学校办学理念，依托课程教学所要发展与达成的特定阶段的知识、技能与品格方面的内容与水平。

课程发展目标是学校发展总体目标为指引，以支撑学生与教师发展目标达成为目标，通过对上级课程计划在结构、内容、进程、实施、评价等方面校本化、系统的建设，所要完成的特定阶段的工作内容和所要达到的水平。通常，课程发展目标与特定阶段学校课程教学改革的重点工作紧密联系。

如上所述，办学理念的形成是一个渐进、漫长并与时俱进、持续丰富的过程。因此，上述四方面的目标也会随着实践和时间的"前行"而不断的调整。实践中我们可以看到，当前随着办学自觉、自主意识的不断提高，我们很多学校为凸显学校办学特色，纷纷提出"××教育"之类的办学口号。这类某某教育有的指向学校教育需要发展的特定领域的某个或某些技能、品格，有的指向公民社会大家普遍认同的某一或某些价值观、价值体系。事实上，提出某某教育并形成与之相适应的学校完整的教育支持系统，至少需要在价值表征、培养目标、课程教学支持、学校管理、师生评价等方面，作出逻辑清晰、结构完整、内容充分、关系紧密的系统表述，并且需要相当的理论支撑与实践积累。也就是说，提出某某教育相比于提出某一办学理念，无论在实践的复杂程度还是管理者或课程领导者的能力要求上，都要高很多。但我们同时可以发现，其中的许多学校似乎既缺乏这方面的认识，更不具备这样的基础和能力。学校改进没有"捷径"可走，它是"积跬步以至千里、积小流以成江海"艰苦探索的过程。让办学理念真正成为并体现为全校师生共同的行为标准和教育价值观，必须依托其向特定目标的转化和具体化。当然，此处所阐述的"从理念到目标"只是基于学校课程行动的第二阶段，充分考虑学校发展的基础与教师、课程领导者的实际能力，因此把各类目标界定在一个相对比较短的特定阶段。尽管从学校课程行动更高阶段或更高要求来说，它还需要从更宽的时域和视域去体系性的建构目标系统。但先学会走路、再学会跑步，学校教育没有也不可能实现"跨越式"发展，学校课程行动也大致如此。

界定关键词

所谓界定关键词，是指聚焦办学理念，基于对特定阶段社会发展、教育改革等的深入研究与思考，结合学校阶段发展目标和问题聚焦，对办学理念中的特定词汇进行概念的重新阐释及分解。对关键词的阐释与界定应该结合不同层面或维度的思考，如学校管理、德育建设、课程教学、学校文化等，为后续各类目标的制定与校本课程体系框架的建立奠定坚实基础。例如，2016年9月13日，教育部委托北京师范大学，由林崇德教授领衔，由国内高校近百位专家共同参与，历时3年完成的《中国学生发展核心素养》研究成果正式发布。该成果以培养"全面发展的人"为核心，从"文化基础、自主发展、社会参与"3个方面，提出了学生在"知识、技能、情感、态度、价值观"等方面应具备的必备品格和关键能力。其中，三大方面又划分为"人文底蕴、科学精神、学会学习、健康生活、责任担当、实践创新"六大素养,并细分为国家认同等 18 个基本要点。事实上,上述对于"全面发展的人"在关键技能与必备品格维度上的分解,就是学校办学理念关键词界定的操作思路,即把特定的概念在不同的维度上做进一步的划分或丰富。再如,东北师范大学附属小学的"小主人教育"(东北师范大学附属小学,1997),其把"小主人"的培养置于"做集体的小主人"、"做学习的小主人"、"做生活的小主人"三大方面,并依次分解出 10 个二级目标,34 个三级目标和98 个四级目标。

上述两个案例只是针对学生培养目标的关键词界定,尽管学生培养目标是从理念到目标的具体化中最关键的目标,但我们同样可以从更多维度来思考关键词的界定。例如,有学校提出的办学理念是"体验创新,引导孩子走向成功"①。在这句话中,有这样几个关键词——"体验、创新、引导、成功"。基于学校特定阶段发展中存在的问题及建设的目标,学校在前一个三年规划中,确定了两个关键词,即"创新、成功"。同时,把"创新"聚焦在发展路径和方式,"成功"界定在对象——学生、教师。前者形成"创新管理"、"创新课程"、"创新课堂"三个维度,后者形成"成功的学生"、"成功的教师"两个方面。由此,不同要素的结合,形成了涵盖"学校管理、教师发展、学生培养、课程建设、教学改革"等的更为具体的目标。

通过界定关键词,帮助学校管理者与课程领导者建立起基于办学理念的特定阶段的学校发展框架,让学校发展的各个要素实现了紧密连接,形成了内在统一的实践内容。它实现了学

---

① 上海市海滨第二中学.

校办学理念的与时俱进与持续丰富,有利于学校办学历史的传承与办学特色的积淀、形成。它同时也实现了让理念真正落地并有效解决了由于主要管理者的更替带来的学校教育继承与发展的问题。

让每一门课程有关联

办学理念的目标具体化以及基于关键词界定所形成的学校阶段发展框架,为学校的课程行为或者教师校本课程的开发与实施指明了方向,并建立起判断的标准。也就是,学校的课程行动将不再是随意的行为,它应该明确指向学校、教师与学生的协调发展,以达成特定阶段这些维度发展目标为依归,致力于学校教育教学行为的持续改进与办学质量的持续提升;教师校本课程的开发与实施不再基于个人的志趣与特长或是个体自发,而是指向发展学生综合素养、提升教师群体专业能力、促进学校可持续发展的自觉行动。

之前"特色校本课程开发"中,要求教师就"课程的意义价值、设计理念、设计思路、课程目标"等进行描述。从某种意义上来说,它也是为了避免教师开发校本课程的随意性,让课程与学校发展,特别是学生发展建立关联。然而,处于"从无到有"第一阶段的学校课程行动,由于没有完整而系统的各类发展目标的确立,即便对教师在规划特色课程方案时提出相关要求,也并不意味着教师会严肃认真地思考"关联"的问题。特别是相关校本课程在整个学校课程体系中的定位,对于达成学校学生培养目标的独特作用,与其他类型或领域的课程之间的关系,等,还缺乏理性和全面思考。

由此,让每一门课程有关联,学校层面至少包含这样一些行为与内容。

首先,学校层面建立起基于办学理念的阶段发展的一致性的目标系统,即至少包含了上述四个方面(学校、学生、教师、课程)的具体化的目标,让每一门课程的开发实施对应明确而具体的目标。

其次,明确学校阶段聚焦解决的问题,特别是基于课程行动力图解决的问题,如学生发展问题、教师发展问题。让每一门课程的开发实施坚持以问题为导向,并与具体的学校教育教学活动相关联。

第三,建立学校基于各类发展目标的评价系统,特别是基于课程行动,教师专业与学生培养方面的行为内容与水平要求,对每一门课程的实施质量与目标达成,进行过程与结果的持续性评估。

第四,建立起学校课程领导与管理的专业群体,制定并实施阶段和年度课程计划,让每一门特色校本课程的开发实施成为一个严肃的学术行为,让每一位教师的课程行为获得支持和保障。

模块化课程

如前所述,让办学理念的落地首先需要目标的转化,然后体现为课程,并依托课程去实现。在学校课程行动的这一阶段,通常我们还没这个基础或能力去建构宏观的、系统的学校各类目标体系,特别是学生培养目标体系。事实上,这也不是这一阶段学校课程发展和建设的重点。从现实出发,学校可以基于上述"关键词"的确定,学会建构一个相对完整的学生培养"目标群",并以此建构模块化的课程或者说结构完整的"课程群"。

所谓"目标群"或"课程群"，是指基于特定阶段学校发展或学生培养的"关键词"，建设形成具有内在逻辑关系，完整、清晰而可操作、可检测的目标集合或课程集合。一般而言，学校对课程进行模块化设计可以采取两条路径：一是"自上而下"，即先从目标群的建立，再到课程群的建设；二是"自下而上"，即先从课程的梳理，再到目标群的完善。

例如，有学校以培养学生的"实践创新素养"为总目标[①]，围绕"实践创新"这一关键词，结合学校现有的智力资源与硬件条件，把实践视角聚焦于"劳动意识、问题解决、技术应用"三个方面的核心素养。同时，又把这三方面的核心素养进一步细化为："尊重劳动，具有积极的劳动态度和良好的劳动习惯；具有动手操作能力，掌握一定的劳动技能；在主动参加的家务劳动、生产劳动、公益活动和社会实践中，具有改进和创新劳动方式、提高劳动效率的意识；具有通过诚实合法劳动创造成功生活的意识和行动"；"善于发现和提出问题，有解决问题的兴趣和热情；能依据特定情境和具体条件，选择制订合理的解决方案；具有在复杂环境中行动的能力"；"理解技术与人类文明的有机联系，具有学习掌握技术的兴趣和意愿；具有工程思维，能将创意和方案转化为有形物品或对已有物品进行改进与优化"等具体目标。在此基础上，学校规划两大课程模块，包括"1+IPA"课程模块和系列特色课程模块。前者中的"1"是指国家课程，"IPA"(innovation practice activities)即为创新实践活动，"1+IPA"即把创新实践活动与国家课程的实施深度融合，并开发建设相关配套

---

① 上海市黄浦区教育学院附属中山学校，"指向实践创新素养的九年一贯制学校特色课程群建设行动研究".

校本教材;后者规划建设并实施包括"科学创新实验室"、"陶艺创新实验室"和"德育项目创意"三大系列的校本特色课程。通过两大模块课程的建设,结合学生综合评价的研究与实施,最终建构形成"指向实践创新素养的九年一贯制学校特色课程群"。

再比如,有学校为进一步整合学校教师智力资源,优化学校课程结构,落实新一轮三年发展规划中有关课程教学改革的举措①,以"成功海二人"培养为总目标,通过对第一阶段建设实施的三十多门校本拓展型、探究型课程进行重新评估与筛选,建立起"求善——品行教育、求真——学科拓展、求实——技能训练、求美——艺术熏陶"四个课程模块并形成相应的课程群。然后,以国家课程纲要和各学科课程标准的研读为基础,建立起"德行优良、一专多能、全面发展"三个维度、九大方面的总体培养目标,再通过进一步筛选梳理或调整丰富,最终形成不同校本课程的具体的课程目标。

上述两种以学校具体情境为基础,以实际问题解决为导向,先易后难、从小到大,让每一门学校开设的课程与学校发展各类目标,特别是学生培养目标建立起实质性联结的方法,是提升学校课程行动质量,实现学校课程进阶,并逐步建构起校本完整的课程体系的重要保障。

2. 从发展规划到课程体系

曾经一位校长向我这样诉苦:"两年前我来到现在的学校,

---

① 上海市海滨第二中学,"海滨二中创新素养培育项目及其支持性课程的规划与研究".

之前是我们地市一所最好的高中的副校长，分管教学。那时真是风光啊，教师水平高，学生生源好。只要自己有想法，工作上就一定能出'亮点'，感觉要什么有什么。而现在的学校，是一所城市边缘的薄弱初中。少数民族学生占50%以上，住校生占三分之一，受各方面因素的影响，学生普遍存在学习欲望不强、学习兴趣不浓、学习态度欠佳、学习方法落后、学习能力不足、学习风气不正等情况。学校管理团队思想僵化，观念陈旧，干群矛盾突出。学校教师专业能力不强，精神面貌萎靡不振，人浮于事，工作低效。用一句话评价就是，要什么没什么。我现在发现，好的学校是各有各的精彩，而差的学校，那是一样的千疮百孔。这两年来，我可以说是殚精竭虑，但教学质量依然未见起色，真的感到很灰心。相反，我当年的同事，另一个德育副校长也在去年调任一所初中校长，而他任职的那所初中是我们那个地区一所很好的学校，你说同样做校长，他的'命'咋就那么好呢?!"

相信这位校长的"苦"也是很多基层校长，特别是那些基础条件不好，办学质量不高的薄弱学校校长们，也包括老师们的"心声"。

办学质量的校长解读

我们让办学理念落地，围绕课程与教学，推进学校改革，实现整体改进的最终目标，是让学生、教师和学校实现同步协调和可持续发展，最可观察的就是学校办学质量的提升。这就带来一个问题，究竟什么是办学质量。作为校长和老师，我们怎么看待学校的办学质量。

一所学校的办学质量就是通常意义上的一所学校的教育质量，而"教育质量事实上是一个人人都可以认识和评论，却很少有人能清晰地表述其准确的内涵的概念"（戚业国，陈玉琨；1997）。也就是说，至今对教育质量一词，还没有一个确切的、统一的概念。"目前，国际上广泛通用的主要有四种教育质量的概念框架模型，分别是学习者中心模型、多元社会互动模式、输入——过程——输出模型和教育系统质量分析框架"（王学男，2017）。

一直以来，对一所学校办学质量的评估，薄弱学校的校长通常会"灰头土脸""灰心丧气"。因为，在大多数人眼里，学校办学质量应该是"反映学生满足明确和隐含需要的特性总和"。用通俗的话来讲，就是"我要的是分数，你就得满足我们分数的要求"，"我要的健康快乐，你得让孩子们快乐成长、愉快学习"。这种把"办学质量"、"教育质量"等同于"产品质量"，而无视过程质量或者变化质量的看法和做法，不仅让校长和教师看不到努力的价值，丧失前进的动力，就如同上面的那位校长，也无助于帮助薄弱或者发展低谷的学校校长和老师们找不到实践改进的方向和内容。

从目标来定义质量。作为校长，如果我们无法改变外部评价者（特别是社会、家长）以"经验的"而不是"科学的"认识来评价一所学校的办学质量的话，那么我们作为专业从业人员，我们需要形成自己的理性思考。正如习总书记说的，对我党来说，关键是"举什么旗、走什么路、以怎样的精神状态"，"只要精神不滑坡，办法总比问题多"。也就是说，校长怎么去理解办学质量直接决定了学校管理团队、教师团队和学生们的精神状态，直接决定了学校是不是"要有所为"以及"怎样为"。《教育大辞典》对"教育质量"有这样的定义，"教育质量是对教育水平高低和效果优劣的评价，最终体现在培养对象的质量上，衡量标准是教育目的和各级各类学校的培养目标。前者规定受培养者的一般质量要求，亦是教育的根本质量要求；后者规定受培养者的具体质量要求，是衡量人才是否合格的质量规格"（顾明远，1990）。其中，微观层面的培养目标，即对具体质量要求的规定，以及达成规定的程度是学校办学质量或教育质量的重要决定性因素。从这个角度来说，如果目标是"输入"，目标达成度是"输出"，那么两者的"离差"就是一所学校的办学质量，至少是管理的质量，而在"输入"和"输出"中间就是我们学校层面校长及其领导的团队的用心"设计、组织和实施"。因此，对校长和老师而言，尽管外部评价多是以最终的"分数"来衡量学校间办学质量的差异，这多少有些让人沮丧和气馁，但至少在我们教育内部，我们必须看到，无论是教育行政还是一线实践者，都越来越重视学校的纵向发展性评价和学校的"生长性"。一个校长应该也必须"有所为"，而"有所为"的起点，就是制定契合学校实际的各类发展目标，包括学生、教师、资源、环境等，让"质量"真正回归到教育的本源——以人的发展为出发点和归宿，让"持续改进"而不是"跨越式发展"成为指导学校设计、组织和实施的首要原则。

　　建立必要的分析框架。2012 年，联合国教科文发布了《教育系统质量分析框架》（UEQAF），从 5 个层面、15 个类目构建了教育质量的内容体系，其"洋葱圈"状的分析框架由外到内依次为"支持机制"（治理、财政、系统有效性）、"核心资源"（课程、学习者、教师、学习环境）、"核心过程"（学习、教学、评价）、"预期成果"（能力、终身学习者）及"发展目标"（关联性/响应性、公平与包容）（UNESCO，2012）。此分析框架为我们校长如何设计、组织和实施学校改进提供了重要的方法论指导。其中包括,确定"发展目标与预期成果"、聚焦"学习、教学与评价"制定改进的具体举措,配套"资源与环境建设",关注"外部协调与机制保障"。从这四项重要内容,我们可以发现,其实它们大致就形成了我们一所学校阶段发展规划的四个要素。

发展目标与预期成果。如同本章第一节中所述的那样,学校发展目标是在学校办学的实际考量基础上,以一定的分析方法,制定并形成的基于学生、教师和学校"最近发展区"的三个层面可达成、可检测的预期成果。

具体改革/改进举措。聚焦"学习、教学与评价",明确行动的策略,然后对学生学习、教师教学以及学校质量评估形成有具体而明确,分步骤又系统的行动内容,同时对这些行为进行过程与结果的评估设计和操作,以考察与目标的匹配程度,检验是否取得预期成果。

资源与环境建设。资源建设包括了与师生发展相关的所有支持性的材料与工具开发、添置,也包括支持学生学习和教师专业发展的时间、空间等的保障;环境建设包括了制度政策的制定、校园文化的设计、教与学的硬件设施设备投入,等。

外部协调与机制保障。与学校发展所有利益关系人的沟通,以寻求对学校发展目标的共识,对改革/改进举措的认可并努力建立共同愿景。这些利益关系人包括内部的师生和外部的上级行政单位、家长、社区,等。与此同时,建立并完善与学校改进相配套的机制体制,特别是那些促进学生发展、教师发展的管理制度。

总之,让办学理念落地,基于办学理念来建设结构化的校本课程,它首先不是一个"技术"问题,而是一个"认识"问题。从理念到目标,从目标到课程模块、课程群,是让学校建设并实施的每一门课程回归其原点,即培养和发展学生。如果我们离开了对"质量"的正确认识,就不可实现对"课程原点"发自内心的真正的关切与坚守。正如本部分序言里所说的,(在这一阶段)"学校课程的建设与实施建立在对各类发展目标,特别是学生培养目标的关注与关切上"。

学校发展规划与校本课程体系

如上所述,学校课程 2.0 建设的目标是让学校业已形成的"碎片化"校本课程,依托模块化、结构化,使之变得"有序"并形成统一的"筛选标准",能够实现让办学理念"落地"以及促进学生、教师与课程自身三方面的协调发展。但是,学校建成课程模块或是课程群并不等于就能实施这些课程,作为推进学校整体改革的重要抓手,它必然是学校整个大系统的有机组成部分。从这个意义上来讲,学校课程 2.0 的"自觉"区别于课程 1.0 的"自发",还在于学校层面开始把课程的发展置于学校整体发展规划的"全面关照"下,加以系统思考,开始对课程的所有要素进行主动而全面的规划和计划,使之与学校发展规划的制定与实施契合和同步。从另一方面来说,学校管理者也开始主动思考学校发展规划如何更好地"落地生根"和"开花结果",逐步清晰学校课程行动对发展规划各类目标达成的核心和支撑性作用。这也正是在学校课程 2.0 阶段,本著增加本节内容的真正原因所在,即课程的进阶应该也必须与学校发展规划建立起实质性连接。之前已经说过,外部对学校发展目标的认可程度是影响学校办学质量评价的关键性因素,因此学校发展规划制定,一个重要的目的是使学校和外部利益相关方产生更好的合作,与他们共同发现甚至寻找学校面临的问题,共同承担学校发展的责任。这也就意味着,如果说校本课程体系的建设与实施主要指向学校内部,以"上下结合"为主要方式与路径,那么学校发展规划的制定与实施则一定既对内也对外,以"上下结合""内外结合"为主要方式和路径。那么,两者怎样实现一致性思考和操作呢?

构筑共同愿景。无论是发展规划的制定还是课程体系的建设,共同愿景的打造,都必须建立在利益关系人对整个行动的认同,也就是"利己性"与"利他性"权衡之后的理性选择。因此,规划或体系的建设首先应该做足、做好调查研究工作,全面了解与掌握各方需求。其次是明确行动要解决的问题、预期的成果以及对所有利益关系人可能的、潜在的意义。最后是以怎样的方式进行组织、实施和评价,这些行为是否具备可操作性,是否可以有效达成目标,如何知道目标正在或者最终被达成。总之,形成共同愿景意味着作为校长来说,需要系统的回答:要办怎么样的学校,培养怎样的学生,发展怎样的老师,提供怎样的课程,实施怎样的课堂,建设怎样的环境,实现怎样的发展,等一系列问题;作为师生,需要系统的回答:我的起点在什么地方,我的薄弱点在什么地方,我的障碍点在什么地方,我的操作点在什么地方,我的突破点在什么地方,我的增长点在什么地方,等一系列问题;作为所有利益相关方,则需要回答:我们现在在什么地方,我们要往哪里去,我们怎么去那里,我们怎么知道我们正在去和已经到了那里,等一系列问题。通过对这些问题进行深入的讨论,达成共识,并以此作为行动的起点,才能让学校成为大家的学校,课程成为大家的课程,每一个人才能真正愿意在行动中贡献与共享智慧。也就是说,无论是发展规划还是课程体系,共同愿景的构筑,是一件工作的两个面,是价值观层面的一致性操

作。对学校发展规划制定而言,课程教学、师生发展是核心内容
和最重要的部分,相关的共识是制定并形成规划的重要基础;对
学校课程体系建设而言,全面的视角、系统的思维和共同的认知
是其方案质量和实施品质的重要保障。

形成转化路径。在对学校发展,特别是目标层面所有利益
相关方达成共识基础上,就是发展规划与课程体系的一致性建
设。从操作的便捷性考虑,可以是先规划,然后再课程。具体来
说,就是把规划中的各模块内容从课程体系建设的角度来进行
匹配性分析和具体化。其中可以分为两个步骤,首先是制定校
本课程实施方案,接着是建设校本课程体系。具体如下图 3.1。

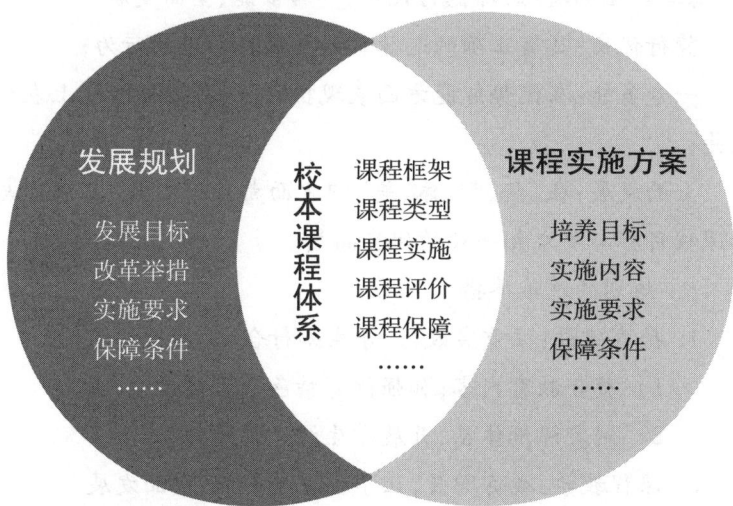

图 3.1 发展规划与课程体系的转化

从实践角度,这样一种校本体系构建途径有效地保证了三
类课程在培养目标、课程内容、课程实施、课程评价与保障措施
上的统一,既贯彻了上级的要求又满足了学校自身发展的需求。

【实践案例】

■ 办学理念:体验创新,把孩子引向成功

➤ 规划的学生目标

切实践行"体验创新,把孩子引向成功"的办学理念,以课程的丰富性支持每一位海二学生发展的可能性,以课堂的问题化实现每一位海二学生学习的个性化,通过创新课程、创新课堂、创新管理,培养"德行优良、一专多能、全面发展"的"成功"海二学生。

➤ 对应的课程目标(学生)

通过丰富的课程,让学生获得积极的学习体验,表现出"成功"海二学生的特征,即德行优良、一转多能、全面发展。

德行优良:具有正确的道德认知与优良的道德行为;

一专多能:在优势智能方面表现出特长,在多项智能上表现优异;

全面发展:在"德、智、体、美"四方面都获得发展,都表现与新课程目标与要求相一致的优良品质。

◇ 规划的改革举措

1. 德育建设:注重实效,让学生知行合一、健康快乐

　　1) 整合教育内容,加强德育特色项目建设

　　2) 制定评价体系,开展学生综合素质评价

2. 课程教学:减负增效,让学生一专多能、全面发展

　　1) 形成清晰的课程实施框架

　　2) 制定明确的课程实施要求

◇ 对应的课程内容

四大模块:即求善——品行教育、求真——学科教学、求实——技能训练、求美——身心修炼;三种类型:基础型课程、拓

展型课程、探究型课程。

坚决贯彻、执行市教委课程方案，同时基于学生学习需求与学校课程培养目标开发建设和实施校本课程。

● 规划实施要求

德育：整合德育内容；改进工作方法；加强特色项目建设；开展综合素质评价。

课程：形成一个体系；强化中观设计；改革教学形态；精细化管理流程。

● 课程实施要求

德业并重，发展"综合"素质；以学定教，实施"精准"教学；以学评教，实施"协商"评价。

制定学校课程计划

本部分的概要中提到，"（学校课程2.0阶段），能够基于学校的发展规划对学校所开设的三类课程进行结构化的组织；能够主动在学校办学理念与课程实施间建立实质性连接，并主动规划和计划学校的课程实施"。它意味着，建设学校的课程方案或课程计划是保障结构化或模块化课程顺利、高质量实施以及课程目标和学校相关规划目标顺达的前提和基础。在上海，每学年学校都必须按照上海市教委公布的市一级中小学课程计划来制定学校学年度的课程计划。但从实现学校可持续发展，有利于学校在各要素上的持续改进角度，研制一定时域（如三年、五年甚至十年）的课程实施方案或课程手册，还是非常有必要的。从理想状态来说，建设并形成体现一所学校中长期战略发展规划的"课程手册"，与阶段发展规划配套实施的"课程方案"以及指向于形成性评估的"学年度课程计划"，是一所学校课程领导和管理能力的集中体现,也是一所学校真正实现内涵式、可持续发展的重要保证。限于篇幅,以下就学校如何编制学年度的课程计划提供实践的借鉴和操作上的基本框架。本框架参考上海市教研室公布的义务教育学校学年度课程计划编制的相关要求,并作调整。

指导思想。阐述学校课程计划制定所贯彻的政策方针和精神要求,特别是坚持的原则、"底线"和总体的价值追求。如,德育为先。坚持立德树人根本任务,深入贯彻实施《上海市学生民族精神教育指导纲要》和《上海市中小学生生命教育指导纲要》(以下简称"两纲"),把培育和践行社会主义核心价值观融入学校教育教学的全过程;减负增效。严格按照市教委有关进一步规范课程教学工作、深入实施素质教育、减轻学生过重课业负担的要求,认真执行市课程计划,强化教育教学过程管理,规范学校课程教学行为,持续提高学校教育教学质量;全面发展。以本市中小学生学业质量绿色指标综合评价为契机,积极探索建立以校为本、基于过程的教育质量综合评价体系,严格执行市教委关于初中阶段学业评价的有关规定和要求,促进学生全面、健康发展。

背景分析。主要就学校上学年度课程计划执行情况进行事实性描述,包括经验优势和存在问题。这部分内容的阐述,尽可能用数据去说明,并且与预期的相关课程教学目标进行匹配性分析,说明结论产生的原因。

课程目标。明确学年度"学生培养"、"教师发展"和"课程建设"的具体目标。如上文中所述,学生培养和教师发展学年度目标的制定应该参考学校配套的发展规划中的相关目标,结合上年度课程计划中相关目标的达成度,综合考虑来确定。

"课程建设"目标至少应该包括这样几个维度：首先是学校课程体系在教与学的方式、所涉及的知识领域以及课程的类型、结构等方面的平衡或均衡度上进行怎样的完善，取得怎样的预期成果；其次是依托学校新一学年在环境、工具等的建设、添置，在课程的内容、资源等方面开展怎样的建设，取得哪些预期的成果；再次，结合课堂教学与课程评估，在课程实施的过程与结果方面进行怎样的改进，取得哪些预期的成果。当然，不同学校基于学校情境，在课程发展方面有着不同的聚焦点，因此学年度的课程发展目标应该不限于上述这三方面的内容。不管是学生、教师还是课程，其学年度目标的制定，依据前面所述的原则，都不应该是课程计划起草者的个人思考，而是建立在事实分析、问卷调查或是师生访谈基础上的集体商议。

课程设置。学校学年度课程设置是在严格执行上级相关规定基础上，学校课程内容与课程实施的具体化。所谓"严格执行"是指，学校对上级规定的"基础型课程的科目、周课时与年级安排"，"拓展型课程类别周课时与年级安排"，"探究型课程的周课时和年级安排"以及"两会（晨会、班会）"、"两操（广播操、眼保健操）"和"每天活动一小时"等进行计划设置。既开足开齐相关课程，又不超过规定的课时数。所谓"具体化"，是指学校按照教师、课程、教室等现有的资源条件，在允许范围内合理调整、配置相关课程。特别就拓展型课程在"学科类与活动类"、"专题教育或班团队活动"、"社区服务与社会实践"三个维度上做进一步的细化和说明。如"学科类与活动类"，需要就"所属模块、课程名称、性质、课程来源（自编/选用）、开设年级、周课时、选学方式（自选/限定）、任课教师"等作出规定；"专题教育或班团队活动"，一方面要把上级规定、指定的内容以主题教育的方式,在不同年级做出规定,同时结合学校特色创建、阶段目标、时政热点、地区特点等,对增加的内容预先做出安排;"社区服务与社会实践",则根据学校学年度工作目标和计划,把一些学校层面大型的集体性教育活动,以"月"方式作出安排。课程设置其实体现的就是学校课程体系的概貌,呈现了学校课程的总体框架、结构(如类型、模块),涵盖了学校所有教育的内容(如课程科目或教育主题),体现了学校在课程实施方面的思考(如课时数、教学方式、学习方式)。因此,编制课程计划,其实也是形成并不断完善学校课程体系的重要载体和举措。

课程实施。学年度"课程实施"就是把学校层面在课堂教学,学生自主、合作、探究学习等方面的要求做全面规定或是说明。一方面,它是把学校发展规划中关于课程教学这一块的改革举措,以课程实施要求的方式进行"落地"和具体化;另一方面是把上学年教师课程实施与学生课程学习中产生或遗留的问题,在新学年如何解决,提出完整的解决办法。一般而言,"课程实施"部分内容的阐述包括横纵两个维度,横向维度包括了"基础型课程"、"拓展型课程"和"探究型课程",纵向维度包括了"教师教"和"学生学"。

课程评价。本部分内容阐述的是学校对课程实施后的预期成果,在"为何、如何"等方面的具体思考,也就是何时、何人、以何种方式或方法,对学生发展目标、教师发展目标、课程建设目标是否达成进行评价。它需要从这样几个维度思考和说明:首先,评价的对象,包括教师教和学生学;其次,评价的内容,包括学业表现评价、综合素质评价;第三,评价的方式,包括教学评价、表现性评价、真实性评价;最后,与评价有关的其他说明,包括什么时候,由谁以怎样的方式、方法进行评价,评价的结果怎么运用,等。

课程保障。所谓"课程保障",是指学校为保障课程的有效实施,在资源配置、机制运行等方面做出的安排和规定。一般而言,它包括"制度保障""技术(资源、环境)保障"和"行动保障",等。"行动保障"是指学校以怎样的方式来确保课程得以顺利实施,并且能够持续性的改进课程实施过程的品质。对学校来说,通常是指"教研训评"四个关键要素上思考和规定。

总之,学校课程2.0的建设,显然已经不再是学校课程数量的简单增加,也不是基础、拓展和探究三类课程在一个独立"闭环"内的操作。它一定是在学校教育大系统内,综合考虑学校历史传承和发展实际,基于学校各类发展目标,真正从促进"人"的发展角度,来建立课程的模块、框架,开发相应的内容和资源,规划和计划课程的实施与评价,从而成为学校整体、系统改进,促进学校内涵式发展、可持续发展的关键举措和重要组成部分。

第四章　转变学校管理方式

当学校的改革与改进聚焦于课程并且以课程为核心展开的时候,学校原有的垂直层级的行政管理模式将面临不小的挑战。首先,就课程的建设与实施而言,教师是学科内容方面的专家,究竟谁来领导和管理特定课程的这些工作,并做出相应的可靠的评估;其次,学校原有的行政管理者同时作为学校课程行动的参与者,他们原有的领导和管理职责是否依然适用于新的角色、新的工作内容;第三,校长在学校课程行动中的角色及其职责又究竟是什么,等等。总之,正如生产力与生产关系之间的矛盾运动一样,在学校课程发展的第二阶段,学校管理者,即整个管理团队,应该开始也必须开始反思新情境下自己的角色与职责,包括学校管理的问题,并勇敢而智慧地做出相应调整。

1. 实施共同领导

美国著名课程论专家布莱德利(Bradley, L. H.)认为,"课程与教学的改进必须靠教育者的自主工作和这一系统中其他承担重任的人共同完成,只把改革重担委以少数人并不会产生特别积极深远的影响,甚至,它将会毫无作用"(Leo H. Bradley, 2007:导言ⅩⅤ)。学校课程从 1.0 到 2.0 的进阶,正是实现了从教师个体到学校群体(甚至全部),从少数人的自发建设到学校的系统规划的重要转变。但也正如此,如何保持不同课程在横向与纵向上的连续性,如何增强不同课程团队的凝聚力,从而唤醒教师的责任感、荣誉感和归属感,如何让不同课程团队基于课程实现"自运转",就成为保障第二阶段课程行动质量,并实现学校课程再次进阶的重要前提和基础。

吉姆·柯林斯(Jim Collins)在其《从优秀到卓越》一书里提到,"拥有训练有素的员工时,你不必在公司设置等级制度;拥有训练有素的思想时,你不需要在公司设置层层科室;拥有训练有素的行为时,你不需要过多的控制"(吉姆·柯林斯,2009)。从中我们似乎可以看到,对学校而言,"训练有素"意味着"专业",学校管理的终极目标,就是让学校拥有专业的教师、专业的思想和专业的行为,从而让管理不再成为"控制",让教师们聚焦学生发展,围绕课程实现自我管理和自由协作。从这个意义讲,在学校课程发展的第二阶段,转变学校原有管理方式,其关键词就是"专业"和"合作"。

课程领导与两个关键词

课程领导是伴随本轮课程改革而出现的一个新名词,在很多时候与课程管理同时出现。对课程领导与课程管理的概念界定,不同学者和专家从不同维度加以阐释,目前依然未形成统一的观点。王利在《课程领导研究述评》一文中就课程领导的功能、领导者的角色、课程领导与课程管理的区别、课程领导作为一种活动或行为来对国内外众多有关课程领导的定义进行了梳理(王利,2006)。韩春梅在其《在校本课程开发背景下中小学校长的课程领导》硕士论文中,也为我们比较详细地引用了当代国内外一些比较有代表性的课程领导研究者们的观点,并指出，"从上述各种观点来看，课程领导应是课程范畴和领导范畴的结合，也就是运用领导的理论、策略和方法来达成课程范畴所要完成的目标内涵。其成效除了主要课程内涵，如课程设计、课程实施、课程评价的达成外，也包括课程理念、课程理解等内在信念的改变。当然，同时也会对团队的凝聚向心力、专业水准、组织气氛、组织结构等行政面向的内涵造成改变。课程领导概念虽有所争议，但课程领导的终极目标是提高学生学习效果"（韩春梅，2005）。有兴趣的读者可以查阅相关文献资料，此处不作赘述。

透过繁杂的研究和定义，在我看来，"课程领导"与"课程管理"的关键词是"课程"，而"课程"是一个教育领域的专业词汇。因此，就学校管理者而言，所谓的两者就是从专业的视角，重新来审视原有的行政"领导"或学校"管理"。如果原有的行为本身就是围绕课程并且充满专业性，那么学校管理者就是专业的领导者和管理者，原有的领导管理行为就是课程领导与课程管理行为。反之，则只是一名行政领导或管理者，实施的只是行政领导与管理的行为，尽管从某种意义上其本身也是一种专业，但并非教育专业或是课程领域的专业。

由此，回到我们上述转变学校管理方式中的两个关键词——"专业"和"合作"。当我们学校领导与管理者发现，自己在课程领域的专业性不够或能力不足时，我们就必须思考在行政领导、管理角色与岗位之外，去设置或配置这样专业的人、专业的岗位；如果我们原有的领导与管理方式还无法能够让教师们基于课程而实现专业合作，那么我们就必须思考通过专业的方式与路径来实现那样一种专业的合作。基于此，我们又可以得出关于学校层面课程领导与管理的以下一些结论。

不应是行政职务。学校管理方式的转变并不意味着通过在原有行政管理团队中增加课程方面的专业人员来实现,而是通过优化组织结构,改变原有行政领导与管理的模式,以"课程"来形成新的结构,以"专业"来形成新的连接,突出组织在横向上的资源配置。在这过程中,原有的行政管理功能依托专业的介入与辅助,得以拓展和提升,而课程领导与管理在行政的支持下,形成更强大的推动力,发挥更为积极的作用。就领导与管理学校课程行动这一交集而言,两者之间的职责边界在于,前者对学校课程的"实然"负责,后者对学校课程的"应然"负责。事实上,具体学校情境中的课程领导与管理,存在着不同的层次和维度,会存在校外专业研究人员、校内普通教师担任或由原行政管理人员兼任的不同的情况。因此,行政职务的思维来设置相关岗位显然也是行不通的。

以专业影响力为基础。一般而言,课程领导者并不对学校行政事务负责,它的角色就是在课程发展中提供专家的见解,协调对话和帮助课程决策的制定。他只需要对学校课程总方案(建构校本课程体系)或特定的课程计划的质量负责,而不用评价实施这个计划的人。同时,如果他是课程专家而非具体某门学科的专家的时候,他也许并不比我们一线教师在学科内容上更专业。因此,课程领导者作用的发挥,更多来自于其课程领域的专业能力而非行政赋予的权力。

聚焦专业协作。教师在开展课程开发与实施的过程中,会遇到大量的问题和困难,并且由于个体基础、能力和理解的不同,即便是同一课程,其问题与困难也并不相同。课程领导者的重要职责就在于如何让"利益相关人"们在认识上达成一致,在行动上保持统一,确保大家把注意力放在课程开发和实施的各个层面，以提升成员的归属感和责任感。也就是说，他并不是通过行政的管理来提升所谓的团队的凝聚力，而是通过专业的引领来建设学习型组织。

总之，课程领导和管理就是通过专业的指导、支持与服务，让围绕课程而展开的行动充满智慧和温度。其中，所有的成员都能并且都需要做出贡献，每个人的观点都受到鼓励和承认，教师随时都有机会发表看法并且即便是分歧也被视为资源，所有的成员都能分享最后的决定并且愿意为之承担相应的责任。从这个意义上来说，聚焦专业和合作的学校管理方式的转变，其最终指向的是基于课程的共同领导。

让教师成为课程领导者

在学校课程建设与发展的不同阶段，我们需要外部多元的智力支持与专业指导，但学校课程体系的不断完善以及教学的持续改进，主要依赖于内部教师们的积极参与、主动行动和团队协作。这也就意味着，学校聘请外部课程专家担任课程领导者或者实施课程领导，只是提升学校课程品质和课程实施质量的途径之一。在专业的支持和帮助下，让教师成为课程领导者，才是积蓄学校发展后劲，实现学校课程持续进阶以及学校可持续发展的根本之道。

把乘客放驾驶座上。激发教师参与课程行动主动性和积极性的最好的办法，莫过于如同把乘客放在驾驶座上那样，让教师成为课程领导者。与课程专家实施课程领导不同，教师作为课程领导者的职责，主要不在于规划或计划学校整体课程方案，他只是基于课程原理和自身的专业背景，规划并推进学科课程的校本化或是基于课程项目组建工作团队，计划、实施与评估该项目。这也就意味着他不仅作为领导者也作为具体的实施者而存在,实现了课程与教学最紧密的联系。教师成为课程领导者,不仅能够提升个体的专业成就感和幸福感,也更利于团队形成"利益相关者"价值与行动共识的形成。需要指出的是,与原本从行政管理出发设置的备课组长与教研组长角色不同。作为课程领导者的教师,他不需要作为行政工作的"传声筒",传达布置相关学科教学工作,而是作为项目负责人拥有课程的决策权、成员的选择权,经费的独立预算与使用权,等。也就是说,他只对课程项目本身的质量负责,而不必对学校行政管理的内容负责。从这个意义上来说,它也倒逼学校行政领导与管理方式的变革。

为课程团队擦亮品牌。无论作为学校管理者还是作为课程领导者的教师都应该明白,一个人的理念、设想和行为固然重要,但更重要的是让它成为一群人的理想、设计和行动,而基于课程,建设、形成团队品牌是实现这一转变并让每一个成员有获得感、归属感的重要举措。对课程领导者而言,形成课程品牌意味着他需要建立并形成团队共同的愿景,规划团队内"智慧"产生和分享的机制,组织与协调本团队与学校其他工作或其他项目团队的关系,对团队的实践进行专业评估,获取外部资源(物质资源、智力资源)的支持,等。也就是说,一个课程团队品牌的建设与建成,一方面依赖于对相关课程的研究与实践,另一方面也依赖于对团队自身建设的研究与实践。通过两方面的深入探索,专业"新知识"不断在内部产生,团队"新价值"持续被外部发现,从而建立起一条从提升实践品质,到形成实践特色,再到确立实践品牌的"品牌生产和加工"链。对于学校管理者而言,必须珍惜与细心呵护团队的这样一种探索,以系统的方式来支持课程团队的发展，包括资源支持、环境建设、技术保障、平台搭建以及媒体推介等，从而为每一个课程团队擦亮品牌，让每一个课程团队从领导者到参与者都感受到幸福和责任。

校长的课程领导

新课改以来，国内关于校长的课程领导或是课程领导力的研究与成果可谓汗牛充栋，之所以有那么多的人去研究，我们通过逆向思考，大致能够明白，是因为校长的相关能力不足。那么校长是不是应该或者必须就是一名课程领导者呢？国内外研究者的意见并不一致。在布莱德利看来，"有时，要校长或其他管理者扮演课程领导者的角色是很困难的。一个能力很强的校长应该擅长于根据当前情境的需要作出决策并采取果断行动，这种说法同样适用于前面提到的那些管理者和其他的行政职员。然而，在课程设计的过程中却不是这样，课程领导是在这样的一个领域中，那就是被领导者对课程内容的知识比领导者还要多，因此，课程领导者需要有一套新的操作原理"（Leo H. Bradley，2007：2）。但我们也必须看到，国内外教育情境不同，对校长专业的要求也不一样。特别从现时中国基础教育发展与改革的现状来看，学校层面的课程管理与课程实施的质量依然不尽如人意，课改目标的实现依然任重而道远。因此，对于学校教育的所有利益相关方而言，对课程领导中校长的角色或者校长在推进课改中的义务职责提出相对更多、更高的要求不仅是合理的，也是一种必须。毕竟，处于这样一个时代大变迁、社会大转型的年代，教育无论作为国家未来发展的基石还是百姓现实生活的需求，校长都应该义不容辞地去承担更多的责任并义无反顾地去推进学校的改进和发展。

换个角度思考校长的课程领导。撇开外部制度、文化和环境等的制约和影响,导致我们校长课程领导力不足的主要因素还是在自身,其中系统的课程论知识的储备不足是关键。那么在我们校长专业素养不够的情况下,如何来确立自身在学校课程改革中的角色,厘清自己的职责呢? 那就需要我们换个角度来思考校长的课程领导。

在《上海市中小学校校长工作意见》中对校长的岗位职责有这样的描述,"全面负责学校教育、教学、科研工作","按照校长负责制有关规定,行使对学校教育教学和行政管理的决策和指挥权","按照议事规则和程序,经过校务会议集体讨论后决策,做到依法决策、科学决策、民主决策","学校重大问题包括:制订和修改学校章程;制订学校发展规划、年度与学期工作计划和课程计划;重大改革措施及规章制度;学校精神文明建设实施方案;校内机构及岗位的设置;中层干部任免及重要人事安排;师资队伍建设实施方案;教职工收入分配和考核奖惩方案;年度经费预算、决算及大额经费支出安排;重大基建项目和校产发展计划;制订校园及师生安全制度;招生和毕业生推荐工作;因公出国(境)访问及涉外校际交流;其他重大问题"[1]。

显然,以上校长的岗位职责告诉我们,校长在一所学校中,最应该做的就是"决策、指挥",最应该承担的角色应该是决策者和指挥者。同时,从那么多校长需要决策和指挥的内容来看,我们也许大致也能理解布莱德利,关于"要校长或其他管理者

---

① 沪教卫党[2010]147号.关于印发《关于进一步完善上海市中小学校校长负责制的若干意见》《上海市中小学校党组织工作意见》《上海市中小学校校长工作意见》《上海市中小学校教职工代表大会工作意见》的通知.

扮演课程领导者的角色是很困难的"的话,也许并非是一种对校长的"宽容"和"仁慈"。

但正如第三章中所阐述的,学校课程体系的建设可以紧密联系学校阶段发展的规划,让规划的各类改革举措的落实以及各类目标的达成,聚焦课程,围绕课程,体现"从课程、在课程、到课程"这样的专业特征,从而真正实现学校的科学发展。事实上,让学校发展规划与学校课程体系并行建设和实施,为校长的课程领导寻找到了中间的桥梁,正如中观课程为教师在课堂与课程间架设了桥梁那样。在专业能力还不够,专业知识还不足的前提下,校长的课程领导力可以首先体现为校长的课改领导力,即校长领导学校推进课改、提高课改实施质量的能力。在此过程中,不断提升行政管理中围绕课程而展开的各种行动内容的专业性,以提升自己的专业素养和专业能力,从而真正实现在游泳中学会游泳。

厘清有所为有所不为的边界。国内研究者对于校长课程领导力的主要成分构成的认识大致相同,包括课程决策力、课程组织力、课程引导力。"课程领导的决策内容主要有课程目标的制定、课程内容的选择和组织、课程的实施与评价以及课程的改革走向。课程领导的组织职能主要是指课程领导者通过建立组织机构,分配课程领域人员及组织的责任和权限,制订课程实施的规章制度,协调课程实施中的各种关系,把各种力量尽可能地组织到实现课程目标的活动上来。课程领导的引导是指领导者对课程建设情况的监督和检查。要求领导者要随时掌握信息,及时发现实施过程中的问题,分析出现问题的原因,采取恰当措施给予引导与矫正,确保课程实施的正常运行"(沈小碚,罗入会;2004)。事实上,对比校长行政岗位职责中的关键词——

"决策、指挥"，两者是非常接近的。但是，一样的词汇，显然内涵是不同的。我们许多学校在推进课改中出现了诸多的问题，很多深层次原因就在于校长以行政的思维与方式来实施课程的领导，或者用行政决策来替代课程决策，用行政权力（影响力）来指挥课程行动。那么校长在课程领导中"为"与"不为"的边界又在哪里呢？我们依然需要回到"课改领导"与"课程领导"两个概念上去。推动与实施学校课程改革，更多时候是行政的意志，体现为行政的决策、组织与指挥，而实施课程领导，则更多时候需要专业的知识和技能。这也就意味着，当校长的专业知识与能力还不足以担负起专业的课程领导者角色的时候，他依然可以也应该有所作为。他的"作为"主要体现为以行政的决策与指挥来保障各项改革举措，特别是课程改革的落实。同时，作为一个共同的参与者，支持与协助其他课程领导者实施专业的领导，特别是为学校课程的"实然"承担责任。他的"不为"，主要体现为尊重专业，尊重专业的判断与评估，不以行政的权力来影响专业的决策、组织与引导。

总之，在课程发展的 2.0 阶段，实现学校管理方式的转变，对校长而言，最关键的就是需要"低下身子"，做回学生。"如果你不想成为一名终身学习者，你也就不能成为一名课程领导者"（Leo H. Bradley，2007:4）。

2. 改建组织结构

以上关于课程领导的阐述，我们可以发现，就其方式而言，它核心的价值取向就是权力共享或者专业影响，即一种区别于行政纵向推动实施的，基于专业协作与共同领导的横向交流、合作与分享。在学校课程发展的2.0阶段，即便不是从课程领导的意义上来理解和实施，管理者都将面临三项重要任务。首先，办学理念转化为各类发展目标，特别是形成清晰的课程目标之后，对第一阶段建设并实施的各校本课程，由谁、怎样做出如保留、改进或停止等的决定；第二，通过怎样的研修机制来保障基于课程的各类目标的达成，让不同课程团队的教师在认识与行动上保持一致；第三，怎样对课程的实施进行评估，由谁来评估，建立怎样的机制。这也就意味着，与之相对应的学校组织结构与管理机制，已经到了必须进行适应性改造的时候。唯有如此，才能保障学校课程行动的顺利推进，也才能保障管理者角色与管理方式的转变、转型。

让学校成为"高铁列车"

我们都知道高铁列车是由一组组独立驱动的车厢连接而成，每一节车厢都成了传统意义上的火车头。如果把学校发展比作一列火车的话，那么我们显然期待它是一趟高铁，因为它动力更足，运行更快速。但我们当然也明白，传统的火车由于依靠一个火车头来驱动，它的系统集成简单，方向、路线和速度都由火车头"决定"，完全不需要考虑车厢的"想法"，而高铁列车显然就不同并且要复杂得多。就我们外行人来看，要让高铁列车平稳快速运行，至少需要两个条件，一是有能保证列车快速安全运行的铁轨，二是有能够保证每一节动车方向一致、动作一致的控制系统。就好比赛龙舟，如果方向、动作不一致，不能团队协作并形成前进的合力，那么龙舟很可能会原地打转，甚至倾覆。

建立非行政的学术组织。时下，当我们订购火车票时，会辨别该趟火车究竟是动车还是高铁。这是因为常识告诉我们，高铁比动车更快,更平稳。其实,高铁是高速铁路的简称,动车是指列车的类型,高铁上运行的也是动车。两者除了设计时速的不同,最主要的区别在于两者运行的铁路线路、轨道不同,前者是在专门建设的客列专用线路和钢轨上运行,而后者是在原有铁路线和钢轨上运行。因此,除了设计性能的差别,即便让同一辆高铁上运行的动车组列车在传统的线路和铁轨上运行,它的速度优势也不可能得到发挥,甚至还会存在巨大的安全隐患。这就告诉我们,当学校课程发展到2.0阶段,当底层的课程"动能"被激发和孕育的时候,我们原有学校管理的"铁轨"必须要考虑改建或重建。当然,就这一阶段的学校而言,也许改建更为"经济"和"安全"。

建立非行政的学术组织,如学术(学科)指导委员会、课程发展委员会,是"改建"的一条路经或是一个好办法。首先,这类学术组织由不同领域并且不局限于校内课程领导者的教育专业人员组成,本身有着强大的"动能",即便没有实际行政职务,也能够发挥积极和重要的影响力,对学校行政管理是一个巨大的补充;其次,这类学术组织能够以专业的视角和方法对教师们的教育教学实践甚至学校行政管理工作进行指导、监测和评估,其决策、组织与引导更让人信服;第三,非行政的色彩,能够让组织内的人际关系更为平等,让组织运行更为民主,当行政管理的工作目标与学术组织的发展目标保持一致的时候,那么学校干群关系更为和谐,学校发展也更为健康。建立非行政的学术组织,本质上就是一种权力分享的行为,就是建立起学校基于专业协作与共同领导的横向交流、合作与分享的机制。一方面,它有效弥补了学校管理者在相关专业领域领导力的不足,另一方面它也有效推进了校内民主的建设。因此,所谓"专家治校"并不意味着不要行政管理,并不等同于赋予专家以实际的行政职务,也并不是要求我们的学校管理者,特别是主要管理者必须是专业领域的专家。"专家治校"更多是学校行政管理者懂得尊重专业和专业人员,让专业人做专业的事。

　　关于如何在学校建立和发展这类学术组织,这些学术组织如何健康运行,有许多的研究和文献资料可供参考借鉴,这里不作赘述。需要指出的是,无论怎么建设和发展学校的学术组织,学校主要管理者都应该是一个平等的对话者,他更应该做的是赋权,而不是把委员会当做自己的"喉舌"。

　　探索项目化管理。让学校成为一列高铁动车组,就必须让教师们组成一个个具有自我发展动力,能够自运转的团队,如同一节节动车车厢那样。而组建不同项目,实施项目化管理,是实现这一转变,达成这一目标的有效途径。这里所谓的"项目",特指基于特定阶段的学校各类发展目标与改革任务,以问题为导向,在一定时间内,满足一系列特定目标而建立并实施的多项相关工作的总称。它包含这样几层含义:首先,它聚焦学校发展中的问题,且以问题解决为最终目标,因此它往往基于特定的背景,有一定的实施要求;其次,它形成一定的组织结构,开展基于目标的自我运作,利用有限资源(人财物等)在规定的时间内完成任务;最后,它需要满足一定质量、数量和标准等的要求。一般而言,学校内的项目主要分为带有前瞻性质的研究(探索)项目以及指向实际问题解决的实践(工作)项目。对学校管理而言,探索项目化管理,就是把学校发展愿景、目标、改革举措等以项目的形式来推进实施,实现各层面常规管理工作在人、财、物等要素上的有机整合、最优化配置。

　　如同课程领导所发挥和所实现的作用那样,项目化管理也是在纵向的行政管理之外,建立横向的各类资源配置与工作协调机制。它可以通过优化配置管理资源,打造愿景共建、责任共担、权利共享的课程教学领导共同体;它可以通过改革原有的科室设置和职责定位,打破部门界限,实现中层管理干部实际工作内容的有效拓展,实现管理能力的全面发展;它可以通过评聘制度的改革与完善,让管理干部实现能上能下,让更多既有专业能力又有管理才干的一线教师走上管理工作岗位。当然,与课程领导者不同,项目管理者通常被赋予行政管理上的权利。即便是一个研究项目,如果该项目指向学校发展的核心目标或一定时限内的核心问题,具有重要而长远或是全局性的价值,则该项目负责人应该成为学校管理团队的重要成员之一。

实施课程发展联席会议。如果说学校学术组织发挥的是专业核心的作用,那么在课程决策、组织与引导中,还需要积极鼓励老师们的参与,需要听取更多一线教师的意见和建议,即让更多的教师对自己的课程有获得感,对自己的课程行为有成就感。如前所述,在课程2.0阶段,学校需要对第一阶段建设并实施的各校本课程做筛选、完善或增补,其评估的标准也许出自相应的学术委员会,但其最终决策,更佳的办法是交由课程发展联席会议来操作。

课程发展联席会议是具有相当广泛群众基础的半行政、半专业的学校专业决策机构。相比于学术委员会,它的专业要求相对较低,相对于项目,它又有特定的专业要求(特别是课程教学领域)。学校管理者、课程领导者与一线教师共同组成了课程发展联席会议的委员会,让专业建议、行政意见与群众想法最终达成统一。

总之,无论是建立学术组织、探索项目化管理还是实施课程发展联席会议,都需要建立与之相适应的一整套的管理与工作制度,明确职权利,从而让管理转型与转变"落地生根",让学校真正成为一列高铁动车。

让"新知识"产生

如果说以上学校组织结构的"改建",解决的是动力问题,那么如何让"动力"源源不断,则还需要解决"燃料"或"电力"支持的问题。支持教师课程行动不断走向高处和深处,并从经验实践走向科学实践、智慧实践,最主要的途径是校本研修,这也就意味着我们还需对学校的研修,从机制到内容进行相应的改建、完善。

建设支持教师发展的"三大系统"。国内著名教育专家顾泠沅教授曾经很形象地把我们许多学校的校本研修比作是"萝卜炒萝卜",即教师间就经验谈实践,没有理性的思考,没有智慧的碰撞,没有"新知识"的产生。当前,我们依然可以看到,很多学校把教育科学研究等同于写论文,很多教师把开展教科研的目的功利化为评职称,从而导致研究与实践脱节,研究流于表面、草率甚至轻佻。研究不仅没有产生新的认识,新的方法以指导问题的解决,引领学校、学科和师生的发展,还在学校内造成不良的影响,误解了老师的认知,误导了老师的实践。正是看到了这些问题,当前在很多学校和区域,提出了"教研训"(教学、研究、培训)一体的学校校本研修或教师专业发展的策略,切实提升教师实践的理性,提高教师实践的成效。那么对学校而言,又如何去实施这一策略呢?

形成知识的生产系统。很多学校的校本研修质量不高,教师参与意愿不强,主要原因在于不能产生"新知识"。那么,怎样让知识产生呢？首先是让教师产生问题。那么问题又从哪里来呢？学校各类发展目标与教师现有实践之间的距离。也就是说，新知识的生产，是以目标为基础，以问题解决为导向。这也就回答了基层学校和一线教师开展教育科学研究的核心价值取向——问题解决，即没有问题就没有课题。在清晰问题或确立课题基础上，遵循这样一条实践路径，我们称之为知识生产链——把想的做出来，把做的说出来，把说的写下来，把写的传播出去。从管理角度，它指向的具体举措包括，课堂实践（如公开课、研究课、示范课等）、反思研究（如教学反思、课例论文的撰写）、论坛交流（如校内研修、校外报告等）、思想凝练（如教育教学专著的编写）、发表出版（通过各类媒体、媒介推介与传播）。也就是让教师个体与群体聚焦实践，能够产生知识、传播知识、链接知识，实现智慧共享，真正从经验型教师走向学科专家。

形成研修的生态系统。一个生态系统的构建，就是通过物质循环、能量流动和信息交换，让其成为一个不可分割的自然整体。因此，无论对整个学校还是某个课程组的学习型组织建设来说，依托研修，让大家有归属感、责任感并成为一个有凝聚力的团队，既是目标也是路径。那么依托校本研修，如何实现"物质循环、能量流动和信息交换"呢？我们可以建设五个小系统，即"教学问题解决"系统、"研究课题探索"系统、"实践成果共享"系统、"教学品牌形成"系统、"个人工作坊推进"系统。在"教学问题解决"系统中，教学问题的产生来自三个方面，即学校（学科）共性问题与共同目标、教师个性问题与个人目标、学生学习问题与学习需求，它的建设借助于课程教学问题共研、课程教学标准共建、课程教学资源共享，等；"研究课题探索"系统的建设,基于一整套严格规范的教育科研管理程序和制度来实现,它包括立项论证、开题论证、中期汇报与结题论证;"实践成果共享"系统的建设,则依托相关实践成果的评审与评奖、研修培训课程的开发与立项、作为培训师的学分认定,等;"教学品牌形成"系统的建设,通过专著的出版、专业资格的认定、各级各类骨干的选拔、工作室的成立,等;"个人工作坊推进",则依托实践示范、智慧分享、团队自运转、精品培训课程输出,等。以上五个子系统又基于"物质循环、能量流动和信息交换"这一途径,实现交叉和连接,在这一过程中,让教师个人的经验成长为集体的智慧,让教师个体的自发成长为群体的自觉,让"人人为我、我为人人"成为教学研修的底线共识,从而构建学校基于教师专业发展的完整的生态系统。

形成发展的支持系统。对教师专业发展的支持,不能依靠校长一个人的认识到位或是借助于某一项工作举措,而是从价值引领、制度建设到资源配置等的系统建设。具体包括组织结构的改造(如上述实施课程领导、项目管理等),制度保障(建设并完善相关制度),资源配置(权利共享,最优化配置人财物等资源),团队建设(建设行政的与非行政的团队,既有合作又有竞争),价值领导(各类专业与非专业的教师培训),权力共享(赋予教师真正的课程权利),时空拓展(让教师拥有学术的自由和规划自我专业发展的权利),等。

让一个人的行为变成一群人的行动。在当前学校的校本研修活动中,除了集体校本培训,通常还有一项重要工作,就是校本教研,而校本教研中的一个重要举措,就是课堂教学展示与评比。通常,一所学校的教学研修周或教学研修月,就是围绕着这项工作来展开。按理来说,课堂教学的展示与评比,能够为教师提供最直观的行为,最鲜活的案例和最直接的经验来提升专业的认知和技能。但它往往并不受教师们的欢迎,也成为学校教学副校长或教导主任的"噩梦"。这是因为,教师们对彼此的教学能力、专业素养都非常熟悉。他们非常清楚,所谓的教学展示,最后总是那几张老面孔,展示的往往是那些老套路,而所谓的教学评比,最后就是那几个"老人"来"瓜分"那几个奖项。而教学副校长或教导主任从一开始就得"求爷爷告奶奶"地去宣传、发动,结果在成效不彰的情况下,只能命令离自己最近的那些人,如教研组长、备课组长等参与展示与评比。这样的问题,学校规模越小,情形越突出。每年周而复始,为了完成上级交代的任务,学校管理者,特别是分管副校长、教导主任苦不堪言。

事实上,导致上述情况发生的原因之一,就是我们许多学校的校本教研是一种"枣核型"的教研,即活动的开展呈现"个体——群体——个体"这样一种形态。一方面管理者没有把行政行为与专业行动建立一致性联系,另一方面没有以问题为导向来思考教师的专业发展需求。如果归结到一句话,就是活动并没有产生新知识,教师没有获得新知识。那么如何让校本教研活动产生或者持续产生新知识呢?我们认为必须转变研修形态,开展"哑铃型"(即群体——个体——群体)的校本教研,让一个人的行为变成一群人的行动。

首先,把活动目的变成活动目标。很多学校在一开始设计教学研修周(月)方案时,总是把促进教师专业发展,提升学科团队凝聚力,提高学科教学质量作为活动的指导思想或活动目标。其实,我们稍微思考一下就能明白,这是开展教学研修活动不变的目的,却不是一次活动的目标。也就是说,每一次活动或者我们每一个管理行为总是指向特定问题的解决或者特定目标的达成。一般而言,学校课程教学条线基于学校发展规划,都会制定每个学期或学年工作计划,会有针对目标或问题解决的分步实施的改革举措。这也就意味着,每学期或学年的教学研修周(月)应该也必须指向这些目标与问题,就是落实那些改革的举措。提升行政管理人员的课程领导力,一条最重要的路径,就是从专业的角度来实施行政的管理。就教学研修周(月)的活动设计而言,让行政管理的目的转化为具体达成的专业目标,就是典型的行为和例子。

其次,把行为评价标准先于活动实施来明确。清晰了活动的目标,从专业角度来思考一次活动所要解决的问题之后,就是制定行为评价的标准,也就是把活动设计者的专业价值取向或管理者的行政意志转化为教师参与活动的评价标准。之前谈到我们很多教师不愿意参与这类活动,一个很重要的原因在于不知道自己该做什么,以怎样的方式去做,做得好与不好的标准是怎样的,由谁来评价行为的质量。在"枣核型"的校本教研活动中,很多时候就是一个老师在"黑暗中摸索",然后让一群不同的学科教研组长对他即时的行为去评价,最后得出一些似是而非的结论或一个难以服众的等第。这样的操作不仅无助于问题的诊断、行为的改进,也会极大地挫伤参与者的热情。

第三,把个人技能的展示变成团队智慧的呈现。在"哑铃型"的校本教研活动设计中,教师个人的专业素养与技能展示与评选不再是重点,而是聚焦于团队集体的行动与智慧呈现。因此,在行为标准的制定中,应该把课程或学科团队的集体行动或合作作为重要内容加以思考和体现。比如,课时教学方案的集体设计、教学资源与工具的集体开发、体现经验分享与智慧碰撞的团队研讨过程记录和描述,等等。也就是说,即便最后由一名教师代表整个团队参与教学展示与评比，它也是在呈现团队的智慧和成果，并且个人即时的表现在最终评估得分中的权重小于对集体行动过程的考察。

最后，把个人的评比变成群体的展示。最终评审小组基于方案评价标准而得出的结论，即奖项等第，主要指向课程团队，特别是体现团队过程的行为质量。同时，评审意见的反馈，也面向整个团队而不是教师个人。

需要指出的是，以上基于"哑铃型"的校本教研活动设计与实施，并非一定是教学副校长或是教导主任的事，特别是活动目标和行为标准的制定，更应该是集体智慧的结果。这也意味着，指向于新知识产生的校本研修机制与活动的改进，本身就是转变学校管理方式的重要举措和集中体现。

让评价可以协商

管理方式的转型，组织结构的改建，并不意味着学校基于课程的改进等同于简单增加管理者和教师的工作量，而是对原有的管理行为与教学行为进行"升级"，并最终体现为教师的实践更有效，学校的管理更科学，办学的品质更优异。在上述对学校校本研修机制与活动的改进中，有一个关键步骤和关键行为——评价，那么它又怎么实现"升级"呢？希尔伯特·迈尔（Hilbert Meyer）对评价做过这样有趣而又深刻的比喻"猪不因多次被称而肥壮"，可见评价与课堂教学质量的提高，教师专业能力的提升并不能简单的画等号。这也就意味着，当我们把学校改进与课程发展的动力来源不再聚焦于校长、专家或是小部分担当重任的教师，而着眼于"底层细胞被激活"时，那么以往自上而下、标准一统，被评价者始终处于被动地位的评价方式也必须加以改变。其中,让被评价者作为一名平等的参与者与建设者,让评价基于"协商",即协商式教学评价,来共同产生新知识,是实现这一改变的行之有效的办法和途径。

所谓协商式教学评价是指评价双方就评价主题、内容和标准事先协商讨论、达成共识,评价者参与被评者教学的全过程(备课、上课与后续跟进),并以共同的价值判断来撰写诊断报告的一种教学评价方式。从其定义我们可以发现,开展协商式教学评价,并不是试图以特定的课堂教学评价体系去规范与测量教师的教学行为,也不是试图建立学校层面统一、系统和科学的教学实践标准,而是从"注重过程、尊重差异、多元发展"这样的价值取向出发,借以"评价",通过"协商",来提升教师对课程教学规律的认识,丰富评价测量方面的知识,增进不同角色的评价双方对彼此实践的了解和理解,最终实现共同发展的专业实践行为。

在课程发展的2.0阶段,学校实施协商式教学评价需要关注这样一些操作要点。

共性和个性。鉴于教师在课堂教学评价方面,专业知识普遍储备不足的情况,学校需要组织教师们开展相关的培训与学习,对影响课堂教学有效的因素与行为形成理性思考,达成基本共识。同时,学校层面可以组织力量研制并为教师提供一份基于共识、表达共性的参考体系(或者选择特定的教学评价体系),作为教师们后续开展评价"协商"的重要参考;而教师根据自身特点、学科特点或阶段发展需求和目标以及团队或个人阶段研究的重点,提出评价的需求、主题,与评价者一起根据上述评价总量表协商制定个性化的评价内容和标准,也就是最终形成共性基础上的个性化评价量表。

定量与定性。所谓定量是对教师的部分课堂教学行为进行数据的统计分析；所谓定性是指通过观察的方式对教学中许多隐性的目标，如情感、态度、价值观等进行描述性评价。一直以来，我们老师在作为评价者参与教学评价的时候，不太关注对特定行为的观察与记录，导致最终的评估和诊断往往缺乏实证，没有说服力。另外，就新教师甚至许多成熟教师而言，在理性认识与实际行为间会存在比较大的落差，这种落差需要我们通过"定量"的记录给予指出，让其能够清晰地知觉到，这样也更有助于其改进行为。事实上，定量的记录和分析，能有效提升教师评价和教学的能力，从而提高课堂教学的有效性。

预设与生成。所谓预设和生成是指考虑到学校提供的参考量表不可能涵盖课堂教学的所有细节和因素以及教师发展需求的特殊性，教师可以在此基础上生成被评价的主题和内容，同时由于协商式课堂教学评价需要评价双方不仅仅评价课时的教学，而是参与教学的全过程，因此实施过程中可以生成、调整评价的内容与标准。

协商式教学评价在操作上，一般有以下三个步骤。

首先，事先协商阶段。①确定被评价者。被评价者的确定依据学校项目研究、校本研修计划以及教师个人发展需求等几方面来最终产生。体现自上而下和自下而上的原则，兼顾学校发展与教师发展需求。被评价者确定之后，由被评价者根据学校评价量表选择评价主题、项目和内容。②成立评价小组。一般由学校学术组织，如学科指导委员会担任。评价小组讨论产生评价组组长，组长与被评价教师协商讨论确定具体评价工作安排。③协商制定评价内容指标。评价小组与被评价老师依据选择内容协商制定更为具体的内容指标，即具体的诊断和观测点。④协商讨论教学设计方案。教师根据协商制定的评价内容指标完成教学设计后，评价双方就教学设计进行协商评价，形成改进方案，最后教师根据协商结果完善教学设计方案。

第二，过程协商阶段。①准备观课。在观课前，评价小组根据协商后的评价内容指标，给小组成员进行任务分解，使每一位成员明确各自的观课重点。②观课诊断。评价小组走进课堂，依据自己的任务对课堂教学活动中的具体观察点进行记录。观课结束之后，形成各自的描述性评价。③协商评价。开展教研活动，评价双方就教学方案的实施情况进行研讨。重点形成教学改进的具体策略和方法。

最后，总结协商阶段。①教师反思。教师根据过程协商阶段的研讨，对自己进行评价，形成反思本文，并根据研讨中指出的问题和改进建议作行动的跟进。②协商总结。评价组长根据过程协商会议纪要中双方的协商内容，进行总结性评价的描述，形成诊断报告。组长与教师就诊断报告的内容进行意见交流，最后签名完成评价的整个活动。

【总　结】

● 领导者事件

"你是不是可以被替代"

一次一位学校的中层干部问我,"怎样做,我才能算是个课程领导者?"其实这个问题不仅困扰我们学校中层管理者,也困扰着我们的校长。也就是说,在课改深化的背景下,我们如何实施管理才更能符合当前教育的要求,学校管理的要求,以及教师对学校管理者的期待。我们原本的管理行为究竟与课程领导行为之间的本质差别在什么地方,我们如何去提升管理者的课程领导力。

在本章中,我们从不同研究者的研究中来辨析和理解"课程领导"的概念和内涵,但很有可能我们依然不得要领,这是因为,具体的管理实践不是简单的理论演绎。就好比看着一个菜谱我们不一定就能做出一个好菜,里面有火候的拿捏和对菜谱中很多的"少许"的个体理解。由此,对于当前学校管理者,特别是校长角色的转变也许我们需要提供两条"路径",一条是基于现有"经验"的改变路径,一条是基于未来"理解"的操作路径。前者是让他从一个从未"做过菜""菜鸟厨师"能够上"灶台"做菜,并且还基本能够炒出一盘不那么难吃的菜;后者是让他在不断的"炒菜"过程中,真正感受到并理解"火候"和"少许"的精要,最终成长为优秀的"厨师"。而后者,也许就是校长真正能够理解"课程领导",并且能够以理论来指导实践的阶段。那么,前者的"路径"是什么,又在哪儿呢?

一个校长或者中层干部也许最感困惑的是,"我作为校长(或分管教学副校长或教导主任)不是每天都在抓质量,每周都在研究教学,每月不是都要参加校本研修,每学期不是都要领导召开质量分析会的,我难道还不是课程教学领导者,我所有这些行为难道还不是课程教学领导行为吗?"事实上,我们知道,这里的行为或角色我们既可以认为是,也可以认为不是。其关键的判断标准是行为或角色在专业意义上的"不可替代性"。换句话来说,如果校长或其他管理者的行为具有可替代性,那么他的行为就不能称为课程教学领导,他的角色也不是课程教学领导者。

我们平时可以发现有这样一些校长或学校管理者。他们实施所谓的课程教学领导,就是开会布置工作。他们行动的起点是上级要求而不是管理者自身基于专业的问题判断和理性思考;他们开展课程教学领导更多出于的是笼统的"目的",而不是清晰的"目标";他们的设计、组织和实施,更多建立在经验的基础上,通过以行政部门和层级的方式自上而下去"贯彻落实";对于围绕课程教学而开展的活动,既没有事先形成专业的实践标准,也没有事后进行科学的评估与分析,更没有可能的改进策略和举措。由此我们可以清晰地发现这样一个有趣的现象,这些领导管理者以及他们所实施的这些行为,具有很强的"可替代性"。我们甚至都可以假设,一个从未做过管理工作和教育工作的人,可以拿着上级的文件,出一份会议通知,集中相关人员,就可以开展各类课程教学活动。

因此,撇开课程教学领域的专业能力和基础不说,判断一名校长或是学校其他管理者是否实施的是专业领导而不是行政领导,其最基本的标准就是行为的不可替代性。从这个角度我们再去看、去理解本章中有关"课程领导"的概念和内涵我们就可以发现,"以专业影响力为基础","聚焦专业协作","课程领导决策","分配课程领域人员及组织的责任和权限","协调课程实施中的各种关系","把各种力量尽可能地组织到实现课程目标的活动上来","采取恰当措施给予引导与矫正,确保课程实施的正常运行",等等。我们校长和其他管理者就一定可以找到自己的角色定位并明确明白我们的专业职责了。

● 教师角色

"优秀是卓越的大敌"

美国著名的管理专家及畅销书作家吉姆·柯林斯(Jim Collins)写过一本书,书名叫《从优秀到卓越》,里面有一句话让人印象深刻——"优秀是卓越的大敌"。其大意是,如果一个组织或个人,认为自己很优秀而丧失持续学习的动力,那么它/他也就是止步于"优秀",甚至很可能最终不再"优秀"。书中他还引用了美国波士顿顾问公司创始人布鲁斯·韩德森(Bruce Handersen)的"经验曲线"(experience curves)又称"学习曲线"的理论来阐述他的观点,即"学习"是让一个组织或个人"从优秀到卓越"进阶的不二法门。所谓经验曲线,是指随着时间的推移,成员对所从事的岗位或工作的熟悉程度、经验积累乃至感情会越来越深，从而有利于改进工作方法，提高工作效率。但是这种经验不会永远增加，随着时间推移，经验的积累也将越来越慢，直至停止。

在我们身边，其实有太多这样"优秀"却"不卓越"的同事。我们会经常听到这样的话，"从高三/初三下来，我发现现在的孩子一届不如一届"，"现在的家长真的一代不如一代"，"想当年，我……我的学生……我们家长……"。这些老师往往都有着丰富的教育教学经验，都很可能在所任学科和班主任岗位上很出色。但为什么他们依然会有这样的抱怨呢？如果撇开了"矫情"，我想那就是他们自身专业的发展没有跟上孩子、家长和社会的变化。他们用"老眼光"去看待新事物和新人物，总是试图用"老经验"去解决新问题。于是，他们就会感慨以上的那些感慨。

事实上，本书的第一部分和第二部分都试图在告诉我们老师一个道理，"经验是宝贵的"，如对教材的分析，对重难点的把握，对学情的预估和判断，对有效教学活动的设计，等。有经验的老教师一定会比新手教师表现得更优秀，一个教研组、备课组的建设，一个中观课程的开发，老教师的作用不可替代，老教师的经验会发挥重要作用。但"经验又是靠不住的"，因为面对变化着学生，面对日益深化的课程教学改革，这些"经验"不仅可能解决不了新问题，还可能成为一个学校推进课程教学改革，影响新教师发展的阻力。因此，只有主动的改变，让个体经验"蜕变"为群体智慧，才能让教师个体从"经验型教师"成长为"学科专家"，让学科群体，真正从优秀走向卓越。

从经验到专业，需要我们从课堂到课程。从课堂到课程的实质,是教师从知识本位走向能力本位,从关注"育分"到聚焦"育人"。曾经一位老师走到我办公室问了这样一个问题,"学生在之前预学的时候提出了一个与考试无关,但从物理学科来讲又是一个很有价值的问题,我该怎么办"。我不教物理,没法直接回答她的问题。我只能从我自己的理解来谈我的观点:"我们每一节课都有需要达成的教学目标,并且对初三学生学习来说,课时本身就很紧张,所以对那些看似'无用'的问题也许我们首先想到的就是放弃。但我在想,对于一个主动提出问题,并且提出了一个非常有价值的问题的学生,我们这样的一种'功利'选择,很可能打击的不仅仅是这个学生现在的学习动力,更有可能会影响他未来的职业选择乃至对学习意义的认知。课时目标的达成,我们会有很多办法去补救,但课程目标的迷失,我们也许失去的是我们孩子的未来和教育的意义"。因此,我们教师在课程行动中,需要改进的不仅是我们的实践,更重要的是要改变我们的价值观。

从经验到专业,需要我们持续的学习。没有学习就不可能形成更多理性的思考,没有学习就只能依靠经验的实践。在教师的课程实践中,一定会涉及"课程论"、"教学论"、"学习论"、"知识论"、"系统论"、"教育评价与测量学"、"教育目标分类学"、"系统化教学设计"等方面的专业知识,没有这些专业理论和知识作基础、作支撑,我们很难想象基础课程的校本化,拓展型、探究型课程的建设与实施,能够遵循科学的规律,能够实现科学的实践,能够真正形成集体的智慧。因此,只有实践加反思加学习,才能走通通往"卓越"的荆棘之路。

从经验到专业,需要我们拥有人文的情怀。苏霍姆林斯基曾经这样说,"教育的一切技巧只有一个字——爱"。这句话深刻地点出了教育这一专业的特点和规律，那就是"道"的认知永远比"法"的掌握更重要。对教育教学的理解，专业上的持续发展，很多时候不一定来自理性的思考或者只需要理性的思考，还来自对学生，对教育发自内心的爱。而学生学习的动力和表现，也不完全来自于有趣的课程内容，积极的学习体验，教师高超的教育教学技巧，很多还来自于专业之外，特别是教师的专业精神、专业境界带来的人格魅力。我们常说，"功夫在诗外"，"无招胜有招"，对教师而言，"情"也许就是"诗外"就是"无招之招"吧。

【附　录】

协商式评价

● 评价框架与内容

所谓评价框架是指协商式课堂教学评价指标体系的框架。它依据的是协商式课堂教学评价所基于的理论基础以及开展教学实践时校本层面的个性化思考(如下表基于的是"问题化学习设计")。事实上,当前国内有众多学者提供了很多很好的课堂教学观察和诊断的量表或指标体系,并且由于研究者研究视角的不同,不同指标体系在对影响教学有效性因素的确定和指标权重的划分上也存在差异。这就为基层学校制定校本层面的评价框架提供了更为全面而系统的参考。协商式课堂教学评价指标体系的建立,目的在于为不同的评价主体,提供可选择和可协商的内容,并且作为学校层面聚焦阶段学校课堂教学共性和突出问题,提供教师实践改进和专业发展的行为指南,它不是用于衡量每一位教师课堂教学的唯一的、必须的和统一的标准。因此,它是动态发展的,而不是固定不变的。它的意义和价值更多的是让不同的教师能够从更系统和全面的角度来看待课堂教学,来反思自己的长处和短板,从而寻找到一条能够实现"扬长补短"的个性化的专业成长之路。

表一：协商式课堂教学评价框架

主　题			目前研究的课题		
课时、类型		时　间		执教班级	
执教者		评价组成员			

类目	项　目	主　题	选择
教学设计	目标制定	学什么对学生是最重要的？	
	内容组织	如何组织内容最助于学生知识的建构？	
	活动设计	怎样计划和组织教学能让尽可能多的学生达成教学目标？	
	评估运用	以怎样的方式让学生清晰学习的成效？	
	一致性处理	怎样确保对应和一致性？	
	协商生成		
教学实施	语言运用	教师怎样的语言（包括肢体语言）运用是恰当的？	
	情境创设	创设怎样的教学情境能更有利于学生学习？	
	问题解决	怎样预设富有层次的、合理的问题以支持学生学习？	
	技术支持	怎样运用丰富、合理的教育技术支持学生学习？	
	过程管理	如何管理过程中的人、时间、环境等要素最有利于提高有效性？	
	过程评估	怎样选择或设计评估工具和程序才能提供学生学习效果的准确信息？	
	个人特点	如何发挥自己的特点、特长以提升课堂品质与实效？	
	协商生成		
后续跟进	学生发展	采取怎样的行为跟进更有利于学生的发展？	
	教师发展	有哪些方面可以调整以优化学习方案、提高课堂实效？	

诊断报告：

评价者＿＿＿＿＿＿＿＿＿＿

教　师＿＿＿＿＿＿＿＿＿＿

表二:协商式课堂教学评价(教师)表

姓　名		主　题			
课时、类型		时　间		执教班级	
项　目	内　容	突破点与期望的关注点			自我评价
整体描述:					

表三:协商式课堂教学评价(评价组)表

评价组组长		组　员	
被评教师		主　题	
时　间	协商主题	具体观测点与标准协商	评价描述(定性与定量)

　　注:表一中的指标体系并不是规范性或确定性的课堂教学指标,它只是一个样例以提供实践借鉴。这一简略版的指

标体系,教学设计部分的项目、主题分类主要依据的是安德森(Anderson, L.W.)等著的《学习、教学与评估的分类学:布卢姆教育目标分类学修订版》(2001年版)中相关论述与思想。如前所述,制定本评价指标体系并不在于试图要素化所有课堂教学评价的内容,它只是提供一种实践视角与价值导向。因此,每一个主题在具体操作时,还需要评价双方协商细化,事实上这也正是协商式评价的重点。因为,这意味着教师可以根据自身的教学特点以及阶段研究、思考的重点通过协商评价这样一个平台与其他教师一起研讨,使开展课堂教学评价的活动真正成为相互间学习、思考、分享与共同成长的过程。

细化的过程与结果体现在表二中,也就是"内容"一列。例如,教师选择被评价的主题是"目标制定",确定观察的内容可能包括:"目标是清晰、具体和可操作的"、"契合了学生的学习需要""与过程、评价保持一致性"。再通过协商形成的标准可能是:"大多数的目标是清晰的,学生的学习行为被表述为可观察、可测量的,动词运用准确";"目标是根据班上学生的已有水平而提出的,所有目标适合班上大多数学生";"目标表述的学习内容与学习水平要求都能从学习过程设计中加以考察,并且有恰当的评价方式加以达成度检测"。每一个类目中都有"协商生成"一栏,它是指教师发现指标框架中没有包含自己期望评价的主题或内容,与评价者协商生成新的内容指标。这种生成体现了本评价表的开放性,从而促使本评价表的不断丰富和完善。

评价表一最后一部分"诊断报告"包括以下几部分内容:首先是对被评价者选择的主题、项目和内容的统计与描述,陈述被评价者的评价意图和专业发展需求,以及协商中评价者给出的意见与建议;其次是双方协商形成的课堂观察点和诊断点的描述;第三是对照事先协商与各部分评价结果进行事实性描述;第四是被评价者的自我评价描述(主要根据反思);最后是评价小组给出的改进建议。

评价表一"选择"列是指教师自主选择期望评价的主题,也正是协商式课堂教学评价的特点所在。教师事先选择主题,然后与评价者协商讨论、具体化为诊断点,使每一份走进课堂的教学评价表都充满了个性特点,体现教师个体的发展需求。

评价表二是教师根据评价表一中的指标体系在经过自主选择后形成的表单,"突破点与希望关注点"一列是教师根据自身研究的课题结合本节课的目标、内容等确定的主要评价内容,也是评价双方协商的重点内容,将直接决定主要诊断和观测点的内容。

评价表三中的"评价描述"(定性与定量)一列是指评价双方通过协商讨论就相关内容指标进行描述性陈述。陈述中包含了对相关诊断点的数据统计和分析,也包括了对一些不可测量的因素的定性分析,同时在描述的最后给予等第的评价,等第可以分为常规的四级:优秀、良好、合格和不合格。

【文献索引】

1. Leo H. Bradley. 课程领导——超越统一的课程标准[M]. 吕立杰,等译. 北京:中国轻工业出版社,2007:导言 XV;2;4.
2. 顾明远主编. 教育大辞典(第一卷)[M]. 上海:上海教育出版社,1990:24.
3. 吉姆·柯林斯. 从优秀到卓越[M]. 北京:中信出版社,2009:14.
4. 戚业国,陈玉琨. 论教育质量观与素质教育[J]. 中国教育学刊,1997(3).
5. 王学男."十三五"时期提升教育质量的概念前提[J]. 河北师范大学学

报／教育科学版第 19 卷第 6 期.2017(11).

6. 王利.课程领导研究述评[J].教育学报,2006(6).

7. 沈小碚,罗入会.课程领导问题探析[J].教育研究,2004(10).

8. 东北师范大学附属小学."小主人教育"整体改革实验——学生培养目标体系的构建与实施[J].教育改革,1997(4).

9. 韩春梅.在校本课程开发背景下中小学校长的课程领导[D].首都师范大学 2005 年硕士学位论文.

10. UNESCO. General Education Quality Analysis／Diagnosis Framework[R]. 2012.

第三部分

X+@：学校课程 3.0

前言：自立——系统建设的实践

　　学校课程3.0是指学校课程的"X＋@"阶段，"X"是指整个重构的学校课程体系，"@"是指指向的发展目标，即学校把政策要求、发展愿景、价值理念、理论基础、课程行动、发展方式等进行全面地考察、有机地整合、系统地设计，第一次真正建立起价值上一致，目标上贯通，标准上统一，行动上自觉的校本课程体系。并且，把学校教育的目标和使命聚焦于学习，聚焦于实现学生全面而有个性的发展，从而真正实现学校内控式、可持续的发展。

第五章　重建学校课程结构

通过课程2.0的建设与发展,学校初步建构起了管理者、教师和学生同步协调发展的机制、体制。无论是管理者还是教师,对课程的认识和理解愈加深刻,实践中理性科学的成分愈加浓厚,课程实施的校本特征愈加明显,课程实施质量也得以持续提升。就课程建设与实施而言,学校能够基于办学理念来思考课程行动,在课程与学校规划、改进的各类发展目标之间建立起了实质性的联结。管理者与一线教师对借以课程来解决哪些问题,实现怎样的发展,从认知到行动基本达成了一致,并且大多数教师专业发展的内驱力得以被激发。尽管如此,我们依然可以发现,在学校课程发展的2.0阶段,受发展起点、知识储备、能力水平、机制体制等的制约,面向协调发展,着眼于夯实基础与形成底层动力的课程行动,学生和学习并不是唯一的聚焦点。对基于课程的各类行为与学校办学理念联结的思考,只是停留在如何对已有的行为或课程进行基于理念的解释和筛选。校本课程体系的建构更多是在现有框架基础上,基于关键词(关键句)进行模块化组织,甚至"拼装",还缺乏更为宏观,特别是真正"系统"意义上的融合。更为重要的,学校基于办学理念建构形成的目标体系,更多基于的是"行政领导",着眼于学校整体改进的管理思维,而非"课程领导"或聚焦于学生全面发展的专业思考。

1. 构建完整的学生培养目标体系

真正围绕学生核心素养发展，展开校本课程体系建设，就必须建立学校新的发展逻辑，即不再是依托学校的系统改进来支持和促进学生发展，而是从学生发展的目标和要求出发，来思考整个支持系统的改进。这也正是课程3.0阶段区别于前两个阶段的最大的不同，即学校的发展始终并真正聚焦于学生培养，聚焦于学生核心素养的发展。通俗来讲，无论是管理者还是教师都将是学生发展的"背景"，学生才是学校发展这个"大舞台"上的"靓丽风景"，学校改进不再是"我要做什么"，而是"学生需要我做什么"。这就意味着，到这一阶段，思考和解决"我们要培养怎样的学生，他们究竟需要具备怎样的关键技能和必备品格"成为学校课程行动的起点和关键，也就是必须让学校的办学理念具体化为完整的学生培养目标体系，从而超越统一的课程，建构真正意义上的校本课程体系。

建立必要的分析框架

通常，一所学校学生培养目标体系的建构，需要考虑国家教育领域的大政方针、中国学生发展的核心素养、区域的社会人文特点、学校的办学理念、不同阶段各类课程的培养目标、特定学段学生的认知与身心发展规律，等。正是这么多需要考虑的因素或内容，导致我们很多学校在建构校本学生培养目标体系时，觉得"无从下手"。回归校本学生培养目标体系的称谓，我们可以明确：既称之为"校本"，那么它应该基于学校情境，体现学校理念；既称之为"体系"，那么所有目标都应该相互联系，并成为有机整体;既称之为"学生培养目标",那么它指向学生的学习结果。由此,对一所学校而言,校本的目标体系的构建应该基于这样几个关键词,即国家意志、校本思考、专业要求和有机整体,来建立基本分析框架,从而以科学的方法来解决专业的问题。

内容维度的分析。所谓内容,就"国家意志"来说,就是发展学生哪些方面的核心素养。从"专业要求"来说,就是体现为哪样一些学习结果。从"校本思考"来说,就是在"国家意志、专业要求"的普遍目标下,聚焦并凸显哪样一些技能或品格。

就我们本轮基础教育课程改革而言,在教育部颁布的《基础教育课程改革纲要(试行)》中明确指出,"国家课程标准'应体现国家对不同阶段的学生在知识与技能、过程与方法、情感态度与价值等方面的基本要求'"。也就是说,本轮课改把我们课程实施所要实现的目标大致分为上述三方面内容或三个维度。这样一种划分与教育目标分类学关于学习结果的分类相一致。事实上,从教育目标分类学理论诞生伊始,西方心理学家们就开始对课程教学活动所要及所能实现的整体目标分为不同领域。其中,最具代表性、影响最大的是布卢姆的"认知、情感与心理运动"分类,加涅的"言语信息、智力技能、认知策略、动作技能与态度"分类以及马扎诺的"动机系统、元认知系统与认知系统"的分类。

在2016年发布的"中国学生发展核心素养"总体框架中,课题组以"全面发展的人"为核心,把中国学生应具备的,能够适应终身发展和社会发展需要的必备品格和关键能力分为"文化基础、自主发展、社会参与"三大方面,综合表现为"人文底蕴、科学精神、学会学习、健康生活、责任担当、实践创新"六大素养,具体细化为人文积淀、批判质疑、乐学善学、国家认同等十八个基本要点。而这十八个基本要点，从学习结果分类角度，也就是综合达成学生在认知领域、动作技能领域与心理运动领域的更为具体的目标。

从核心素养到学习结果，我们可以基本得出校本目标体系的内容维度的分类分析的方法。

直接从学习结果切入的分类分析。依据上述目标分类学理论或是本轮课改纲要的指导思想，把学校办学理念的具体化或是校本目标体系的"内容"划分，直接体现为"认知、技能、情感"等方面的综合素养与表现。如著者所在的上海市教育学会宝山实验学校，提出培养"面向未来的问题化学习者"，其目标体系的内容分类，主要依据的就是学习结果的分类，划分为"有德性、有知识、会学习、善应对、能合作、爱创造"六大关键技能和必备品格，并进而再细分为14个基本要点。

从素养界定到学习结果转化的分类分析。依据学校特定的办学理念，或者从发展并凝练学校办学特色出发，首先形成具有内在联系的核心素养模块，然后在此基础上形成多方面的技能与品格等的要求。如前面第三章中提到的东北师范大学附属小学的"小主人教育"。他们把"小主人"的培养置于"做集体的小主人"、"做学习的小主人"、"做生活的小主人"三大方面，然后依次分解二级、三级目标，最后再具体到对学生学习结果的具体描述。

上述两种内容维度分析与建构的方法，从基层学校实践的角度，并不是孤立的，它们应该同时发生于校本目标体系的整个构建过程中，只有这样才能让我们的实践一方面能够更好地体现校本的特色，另一方面也能更好地遵循科学的原理，把握教育的规律。

　　层次维度的分析。就教育领域而言，我们存在着"教育目的、教育目标、课程与教学目标"三个层面的目标，三者存在着从上位到下位、从宏观到微观的层次上的差异。前两者体现为"目的"与"目标"的差异，即教育目的是对教育最宏观、最普遍的价值的哲学思考，而教育目标是对不同阶段（如基础教育阶段，高中、大学教育阶段）、不同性质（如职业教育、成人教育）等的受教育者在经过教育之后应该具备并且可以表现出的行为、能力和素养的思考。课程教学目标显然更下位与具体，它是体现在课程与教学中的具体的学生认知、技能与情意上的要求。如果说学校办学理念更多对应的是上述的"目的"而非"目标"，那么校本目标体系的构建就是把学校的"教育目的"转化为具体的学校"教育目标"。由此，在完成内容维度的分析解构基础上，还需要形成"层次"维度的分析框架。

　　基于"身心成长与认知发展"的分析与分解。这种分析的方法主要考虑不同年龄阶段学生的身心成长与认知发展的规律，即对同一内容目标，在认知、技能、情感等方面基于时间维度，提出不同的发展水平的要求或不同行为表现的判定标准。比如上海市学习科学研究所的"中小学生学会学习研究"。在其"义务教育阶段学生'学会学习'目标序列"中，把"学会学习"的综合表现分为"好学——积极主动地学、范学——认真规范地学、勤学——终身勤奋地学、巧学——高效创造地学"四个一级指标，具体化为"求知欲望、基本规范、自信心、策略方法"等20个二级指标。同时，结合不同年段学生身心与认知的特点，确定不同指标在不同层次水平上的具体表现和要求。如"求知欲望"：1~2年级为"爱观察、好提问题"，3~4年级为"喜欢观察周围事物，并能联想提问"，5~6年级为"喜欢观察周围事务,能提有趣的问题,有较强的学习欲望",初中阶段为"对动植物或大自然物理化学现象有强烈的观察兴趣,能提出有趣的问题"(徐崇文,姚仲明,魏耀发;2001)。

基于"学力要求"的分析与分解。这种分析的方法主要考虑同一年龄段的学生,在不同领域的课程学习中,可能的知识、能力、兴趣、倾向等个体差异,对同一内容目标作出不同学力要求与达成目标的划分。例如北京八一学校对"人文素养"的发展与培养,分为基础性、发展性和挑战性三个层次,对应不同科目的分层课程,形成不同层次的、具体的课程培养目标。

当然,与"内容"维度的分类分析方法一样,上述两个基于"层次"的维度分类分析在实践中,也需要综合考核或是结合运用,从而在提高目标体系的完整性和系统性的同时,提高目标体系建构过程与结果的质量。

校本的筛选与确认

目标体系的校本筛选与确认,是一所学校对特定阶段各类普遍性要求的目标进行研究,基于学校办学理念进行比较、梳理并凝练,从而让学生培养目标体系体现出校本特色的行为与过程。它需要关注以下几个问题。

首先,坚持"方针"。我们是社会主义国家,我们培养的是社会主义事业的合格建设者和可靠接班人,这既是我们每一所公办学校办学的政策要求也是我们每一个教育者自觉的目标追求。一所学校办学的理念和目标,不能因为追求和凸显所谓的特色与个性,而背离国家的意志与我们教育的底线。"立德树人"和"德育为先"应该是建构校本培养目标体系的首要思考。学校的独特性更多体现为目标实现的策略、路径与方法,而不是

"语不惊人死不休"的口号。

其次，关注"大势"。教育是培养未来的人，因此研究中外社会变革和教育发展的大趋势，关注未来社会对人才知识、技能与品格等标准和要求的变化，是建构校本培养目标体系的重要任务。我们很多学校在呈现学校价值系统，建构目标体系的过程中，喜欢从中国古代教育或古代哲学中寻找"灵感"或文化符号，并建立当下学校教育与之的"连接"，这本身并没有问题。但教育不仅仅意味着继承，也意味着发展，也就是说校本目标体系的构建不是去"复古"某种思想，而是去不断发展自身的思考。

最后，聚焦"本原"。教育是"树人"的事业，"人"的发展是教育的目标和归宿。《国家中长期教育改革和发展规划纲要（2010～2020）》中指出，"全面加强和改进德育、智育、体育、美育。坚持文化知识学习与思想品德修养的统一、理论学习与社会实践的统一、全面发展与个性发展的统一"。从而第一次明确提出了让学生实现"全面而有个性地发展"的战略主题。这也就意味着，学校目标体系的构建应该首先关注的是学生，而不是教师或学校，应该实现的全面发展，而不是片面发展，应该尊重和体现有个性的发展，而不是实现千人一面的发展。

可参考的方法

不同学校构建校本学生培养目标体系的实践基础不一定相同，也就是说能够制定课程教学目标到能够梳理并建构学校培养目标体系，并不是一个线性的自然"能够"的过程，或者说并不是相同的问题相同的解决方法的问题。因此，对于学校目标体系的构建，我们可以采取以下方法，逐步提升我们的顶层设计能力。

要素分析。所谓要素分析（因素分析），是指把一组反映事物性质、状态、特点等的变量简化为少数几个能够反映出事物内在联系的、固有的、决定事物本质特征的因素。比如，中国学生发展核心素养研究，把"核心素养"简化为"文化基础、自主发展、社会参与"三个关键因素，再把如"文化基础"分解为"人文底蕴、科学精神"，而"人文底蕴"又分解为"人文积淀"（重点是具有古今中外人文领域基本知识和成果的积累；能理解和掌握人文思想中所蕴含的认识方法和实践方法等）；"人文情怀"（重点是具有以人为本的意识，尊重、维护人的尊严和价值；能关切人的生存、发展和幸福等）和"审美情趣"（重点是具有艺术知识、技能与方法的积累；能理解和尊重文化艺术的多样性，具有发现、感知、欣赏、评价美的意识和基本能力；具有健康的审美价值取向；具有艺术表达和创意表现的兴趣和意识，能在生活中拓展和升华美等）。这种层层因素或要素化的分析，能够使问题"去粗取精、去伪存真"，能使课题"由表及里、由此及彼"，从而大大简化问题解决或课题研究的复杂性。再如，由著名校长刘京海创立的"成功教育"，其核心理念是"发展即成功"，也就是学生在原有基础上的不断进步，体现为个体缓慢社会化的表征和结果。进而，又把"发展"界定在"知识的发展、能力的发展和人格的发展"三个维度，从而形成"成功教育"基本的目标分析框架。总之，运用要素分析的方法来建构校本目标体系，就是让"理念"变成可分析、可操作、可检测的具体内容和目标，在体现校本特色的同时，让学校的价值系统与行为系统实现真正的连接与有机地统整。

从小到大。正如第一部分教师的课程行动那样，依托中观层面基于主题/知识单元的开发、设计与实施，我们能够有效地帮助教师在课程与课堂间建立实践的"桥梁"，从而实现教师专业能力的持续提升和课程实施质量的不断提高。同样，就学校目标体系建构而言，能够一次性完整地架构高质量的校本目标体系固然可喜，但从小到大、从易到难、逐步完善可能对大多数学校的实践来说是更为可取的策略和方法。所谓从小到大，是指学校建构一个完整的目标体系从实践角度，可以先从建构一个相对完整的"目标群"开始。"目标群"是指基于特定内容维度或学习结果维度，依托要素分析的方法，建设形成具有内在逻辑关系，完整、清晰而可操作、可检测的目标集合。如第三章所呈现的上海市黄浦区教育学院附属中山学校的那个实践案例，它最终研究建设的"课程群"，是从建设一个相对独立和完整的"目标"群开始的。这种以学校具体情境为基础，以实际问题解决为导向，先探索实践"目标群"的构建，进而从小到大，从局部到整体，建构起学校整个目标体系的方法、路径是非常值得借鉴的。

自下而上。相对而言，自上而下通过顶层设计建构起的学校目标体系，具有结构完整、逻辑严密等特征和优势，但对学校管理者或是课程教学领导者的能力要求也相对更高。实践中，自下而上，充分发挥学科教师的个体经验和集体智慧，通过团队协商、共同领导的方式来建构学校目标体系也不失为一条现实可行的行动策略。例如，许多学校确立以"礼"为内核的办学理念。实践上，会存在两种不同的行动路径：一种是自上而下，通过要素分析法，建立起基本的维度分析框架，如从"知行合一"的视角分类为"知礼、学礼、行礼"，并进而建构聚焦于"礼"的内涵的"知识、技能与情感态度价值观"目标体系或是目标群，这种操作方法最后形成的往往是特定的拓展型课程的开发与实践;另一种是自下而上,即通过对"礼"的历史与时代内涵、外延的解读,让教师基于当前不同学科课程的培养目标来寻找实践的结合点,再通过集体的交叉对比、筛选确认来形成"三维"上的培养目标体系。比如,结合修订中的"普通高中课程标准"关于核心素养的学科课程重点培养目标:语文课程——审美鉴赏与创造、文化传承与理解;历史课程——家国情怀;地理——区域认知;思想政治——公共参与;信息技术——信息社会责任;物理——科学态度与社会责任;音乐美术——审美判断、创意实践和文化理解,创造性地开发建设并实施与"礼"相关的课程内容,从而让基于"礼"的培养目标的达成渗透在所有或者说大部分的基础型课程中。从以上两条不同的目标体系构建和实施路径我们的大致可以看出,"自下而上"的方式,一方面可以有效弥补学校管理者或课程领导者顶层设计能力的不足,另一方面可以大大拓展学校课程行动的深度与广度,真正让每一位教师成为学校课程教学变革与改进的主体。

总之,学校学生培养目标体系的构建是一种基于学校情境的实践探索,它的行动目标在于让学校的办学理念具体化和可践行,也为进一步构建学校的课程体系奠定坚实基础。

2. 构建真正校本的课程体系

课程是学生在校学习经验的总和,学生培养目标的达成依赖课程的系统支持。当我们真正围绕着校本的学生培养目标体系去思考学校课程支持的问题的时候,那么我们已经超越了以课程去解释学校的各类办学行为,以课程来证明我们教师和管理者能力的阶段。我们也会发现，如果真正基于学校情境，基于为学习者提供适合的、充分的教育支持，那么我们原有的课程体系，包括内容组织、实施方式、评价方法等，变得不再适应。这也就意味着，到这一阶段我们需要重新审视现有的课程框架，需要重新认识"系统"在课程建设中的要义，从而建设真正意义上的校本的课程体系，让学校从外控式发展真正走向内涵式的发展。

"系统"的要义

一般而言，系统是指由相互作用、相互依赖的若干组成部分结合而成的，具有特定功能的有机整体。同时，系统又是一个相对概念，即作为一个有机整体的系统又有可能作为一个子系统从属于一个更大的系统，或者说与其他相互作用、相互依赖的系统组成一个更大系统。这也就意味着，从建设或架构一个系统的角度，我们至少需要考虑两个因素，一是组成部分，而是连接（即作用或依赖）的方式。

在课程的2.0阶段，我们从学校管理的要素来思考校本课程体系建设的关键点，从学校的阶段发展规划来思考学校课程体系的建设。从这个角度来说，我们构建的校本课程体系更多指向的是学校发展这个大系统，或者说作为学校发展这个大系统的子系统，校本课程体系的建构并没有从其自身的组成部分或者连接的方式来思考其特定的功能，或者并不完全考虑课程系统是否是一个整体，特别是否是一个有机的整体。从理想的状态来看，一所学校的发展是一个大系统，组成这个大系统的应该是一个个彼此关联、相互作用的高质量的、生态的子系统。也就是说，学校作为一个大系统的质量，一方面来自于其不同子系统自身的质量，另一方面来自于子系统之间连接的质量。显然，在课程2.0阶段,结构化、模块化的校本课程还不能称之为系统,因为它至少还未能从"系统"的角度,运用系统的方法来梳理出真正指向学校学生培养目标体系的"部分",并思考其相互"作用"和"依赖"的方式。由此,到课程3.0阶段,校本课程体系的建设应该从其自身作为一个子系统,来全面思考其部分的组成与连接的方式,这也正是本章所说的"真正的"校本课程体系的含义所在。

"部分"的组成

那么就校本课程体系的构建而言,我们应该思考和关注哪些组成"部分"呢?

领域。此处的"领域",是指校本课程体系构建中,基于办学理念和学生培养目标,按照人才标准以及知识或技能门类,形成的相对独立又内在统一的学生学习内容或活动的范围总称。构建校本课程体系,就"领域"的划分或界定,既需要思考学生素养发展的构成要素,又需要思考它所依托的学科门类。事实上,这也正是当前我们学校建构校本课程体系在"领域"上的两种主要操作思路和表现方式。如,之前所述的北京八一学校,他们把学校课程体系中基础型课程的领域划分为"品德修养"、"人文底蕴"、"科学智慧"、"审美追求"、"全球视野"。显然,它既考虑了学校的办学理念与学生培养目标,也兼顾了国家的教育方针以及当前热议的中国学生发展核心素养。而北京十一学校,其基础型课程的领域划分,直接界定在(为)"学习领域",包括了"语言与文学"、"数学"、"人文与社会"、"科学"、"技术与艺术"、"体育与健康"、"综合实践活动"等。需要指出的是,校本体系构建中对"领域"的思考与划分是一个不可或缺的行为或步骤,因为它既是实现培养目标体系与具体课程连接的中间桥梁,也是实现校本课程体系结构合理、逻辑清晰、框架简约、内容均衡的自身建设目标的重要保障。

时域。所谓"时域"是指校本课程体系实施的时限。由于体系内不同的课程有着相对独立的不同的规划方案,包括不同的建设背景、课程定位、课程目标、课程内容、课程实施与评价,等,特别是不同课程有其自身迭代改进的计划。因此,校本课程体系实施的"时限"是一个相对概念而不是一个绝对概念。尽管如此,就课程领导而言,无论是校本课程体系最顶层的设计者还是构成体系的一门门独立课程的建设者,在课程(体系)规划建设的初始阶段就应该考虑"时域"的问题。首先,一个校本的课程体系或者一个校本的课程方案适用多长时间,在这段时间内如何进行调整和完善;其次,一轮实施结束,如何对其进行迭代升级,预设的路径和生长点究竟有哪些。尽管体系的完善和设计的迭代是一个基于过程中问题的发生、发展与解决的动态过程,也是课程领导者与实施者自身认识与能力不断进阶的过程,但对"时域"的关注,既可以有效地提升初始课程体系或方案的质量,避免实施中由于教师个体认知的差异,对课程目标内容等的随意变更,也可以提升管理者包括教师对学校发展、课程发展、自身发展、学生发展规律的认知,从而确立以问题为导向,以持续改进为策略的学校改革、变革之路。

类型。所谓"类型"是指构成校本课程体系的课程种类。由于不同学校对课程种类的划分所基于的视角不同,其对课程类型的界定也不同。例如,本轮课改基于国家教育方针,学生基础学力达成、个性潜能发展与品德养成要求等目标,把中小学课程划分为基础型、拓展型和探究型三种类型;有学校基于"学习结果",把学校课程分为认知课程、技能课程、情感价值课程;有学校基于"选择方式",把学校课程分为基础共修课程、差异必选课程、拓展自选课程、特殊个性课程;有学校基于"内容组织",把学校课程分为分科课程和综合课程;有学校基于"能力要求",把学校课程分为基础课程、发展课程和挑战课程;有学校基于"活动方式",把学校课程分为学科学习课程、活动实践课程、自主发展课程,等。事实上,上述的这些课程分类,如果单纯从一个维度或视角来梳理并架构学校整个的校本课程体系是非常困难的。这是因为就狭义的课程概念而言,其基本构成要素就包括了目标、内容、进程、实施和评价,而每一个要素又都包含了诸多子要素或下位分类,这些子要素从实践出发又并非独立存在,它与其他要素或其他要素的子要素构成更为复杂的组合关系,从而导致无论从哪个维度来界定实践的而非学术的课程类型,并形成一致性的课程分类框架,都会存在概念边界不清,实践指导不够的问题。因此,就学校构建校本课程体系而言,一个现实而可取的办法就是建构基于多维视角的课程类型的分类框架。如先从课程领域出发,建构起"品德修养"、"人文底蕴"、"科学精神"等诸如此类的课程模块,然后从"能力要求"出发,对其进行"基础、发展与挑战"的课程分层,接着从"选择方式"出发,对这些课程进行"共修、必选、自选"等的课程分类;其次,从教师课程建设角度,要求教师基于"学习方式"、"实施方式"、"评价方式"等对上述分领域、分类、分层课程进行进一步的细化、具体化或整合、融合,从而建构起多维立体的校本课程体系。实践中,许多学校基于具体情境,建设基于课程群的校本课程体系,为避免一维分类而导致的实践困难和描述尴尬寻找到了很好操作路径。

层次。所谓"层次"，是指校本课程体系中，基于不同学生不同的学习能力与需求，对同一课程领域的不同课程或同一课程在目标、内容等方面提出不同的学习要求，并进行与之相应的课程设计与实施。关注不同学力学生的学习需求以及为之提供适合的课程，赋予学生课程选择的权利，既是课程校本化实施的重要内容，也是校本课程体系"校本"二字的重要体现。在构建校本课程体系过程中，对课程的"层次"的关注以及最终的内容呈现，就国家学科课程而言，意味着学校课程领导者和学科教师需要对学科课程标准进行深入的解读，对学校不同年段学生的学情进行科学的分析，对分层课程在目标、内容、实施和评价的设计上有理性而系统的思考与操作；就自我开发并实施的不同类型课程而言，与前者相比则对教师的相关能力提出更高的要求。因此，一般而言，课程的分层主要聚焦于基础型课程，基于既有的国家课程教材，即改变之前垂直线性的单线索课程支持方式，对同年段学生在同时段内，实现纵横双向并有差异的课程个性化推送。

"连接"的方式

所谓"连接"是指校本课程体系中单一课程在纵向上的联系以及不同课程在横向上的联系，体现在目标、内容、进程与评价等不同要素方面。例如，"学生学会称量"作为科学或技术课程的目标，需要考虑在整个九年的义务教育阶段，如何"复现"学习的内容并有螺旋上升的目标要求。再比如，"学生具备初步的非连续性文本阅读的能力，能够解读分析并绘制不同功用的简单的图表或图画"。这一目标显然不应该只是语文课程的目标，它应该成为包括数学、科学、美术等在内其他课程的共同目标。要达成这一目标,就需要对与之相关的不同课程的内容组织与呈现、实施方式与进程、评价的方法与要求等,进行交叉分析与通盘考虑,即怎样在不同的课程间,基于此目标进行"连接"。总体上,对课程"连接"方式的考量,就单一校本课程建设而言,主要是在课程的目标制定、内容组织、进程安排以及评价实施方面,形成纵向上逻辑清晰、联系紧密、支持一致的设计;就整个校本课程体系建设而言,主要是从更为有效地、系统地达成学生培养目标,即如何让不同课程的实施产生一加一大于二的角度,再造学校课程的结构。这也就意味着,校本课程体系的建设是在单一和整体,在中微观和宏观,在要素和整体之间,基于"连接"的,持续碰撞、调整和完善的过程。

课程结构的思考

如果我们从实现学生全面而有个性的发展出发,来审视当前的中小学课程,可以发现它至少存在这样三个突出的问题:首先,科学世界与生活世界脱节,导致学生在面对真实的新问题时,解决能力严重偏弱;其次,非智力发展与元认知能力培养等被忽视,导致学生普遍的学习方式不佳、学习动力不足、高阶思维能力不强;第三,认知发展与身心成长没有实现最佳吻合,过早的分科学习一定程度上制约了学生学习兴趣、内驱的激发与持久保持。再加上班级授课在学生学习的主动性、独立性、创造性、实践性培养,特别是学生个体的差异性发展等方面的先天不足,如果我们无所作为,特别是学校层面不能基于情境进行必要的行动的话,今天我们的课程与课堂,完全无法支持我们教育改革目标的实现。那么,以学习者出发的理想课程应该是怎样的呢?

　　以"学习为中心"。学习先发生，教育才产生。学习是连接起学校教育所有要素的核心节点，而学习者（包括学生、教师、家长、管理者，等）学习能力发展是形成并推动学校这一大系统生态、科学发展的最重要动力。就学生作为学习者而言，其构建的课程子系统，也一定不是以教材中心、以教师为中心或者完全以学生为中心，而是指向以学习为中心，即从学习的主动发生机制来重构课程，让学习主动发生，并让学习主动持续发生与主动交互发生。在这一前提下，课程应该是能够让学生有学习知情权并学习自我判断，让学生有学习选择权并学习自我发现，让学生有学习决定权并学习自我规划。同时，课程能够实现学生"多元个性发展"，即通过个别化学习诊断来发现每一个不一样的学习者，通过个性化的课程支持来成就不一样的学习者。

　　建设课程"连续体"。所谓课程连续体，是指基于上述对当前课程的反思，以非智力、智力等学生身心发展规律为前提，从不同维度思考并构建的连续的课程体系。首先，让科学世界与生活世界紧密连接的学校课程连续体。学校提供的课程应该是让学生通过科学世界的学习来更深刻地认识、理解并探索自己的生活世界，以及在自己的生活世界里感受科学世界的次序与美感。这就意味着，我们需要对课程的内容，课程连接的方式，课程实施的方法，课程的评价等进行必要的更新、改进乃至全面的重建，真正从知识本位转向能力本位，突出综合学习（包括综合课程、跨学科课程）在整个课程体系中的比重。其次，让基础学力与个性潜能紧密连接的学校课程连续体。在"有教无类"的基础上，真正尊重每一个独特个体的差异，为每一个学生的个性化成长提供丰富与可选择的课程。它意味着，我们需要将课程模块化，将模块层级化，通过共修、选修、个别化支持等不同的学习方式选择,建构起属于学生自己的最适切的学习方案,让优势得以加强,让短板得以弥补,让兴趣得以舒展,让学习得以持续。第三,让身心成长与认知发展紧密连接的学校课程连续体。无论是皮亚杰、加涅还是柯尔伯格,众多的心理学家为我们阐述了作为发展着的人的认知、道德发展与身心成长之间的关系和变化规律。这就意味着,学校课程体系的建构与实施,在尊重国家课程计划基础上,对其结构做必要的适应性调整,如小学阶段综合课程的学习比重,基于真实问题探究与解决的长周期课程,分层分类课程选择性随年龄的逐步提高等等。

　　总之,即便我们不能一下子建构完全以学习为中心的课程体系,不能一下子建成并为学习者提供理想的课程,但我们必须明白,不能真正从学习者出发,没有从专业的视角来理性思考目前学校课程存在的不足,那么我们就不可能重建学校课程结构,也不可能实现对课程2.0的超越。

可参考的文本框架

　　与课程2.0阶段不同,学校的课程体系不再是一份阶段课程实施方案或学年度课程计划中的三类课程内容和模块的描述,它需要系统完整地阐述学校为何、如何建设课程体系以及校本课程体系体现为怎样的内容。一般而言,校本课程体系的描述分为两个层次或者两大方面。第一个层次/方面是学校课程体系的总体描述,第二层次/方面是下位不同课程的具体实施方案。前者可以参考以下结构框架,而后者可以参考特色校本课程开发中有关一门课程的规划。学校课程体系的总体描述至少应该包括这样几个部分。

　　前言。系统描述学校课程建设所基于的核心理念或价值取

向,即学校构建校本课程体系是在怎样的社会、教育和学校发展
背景下,学校课程体系的构建主要解决哪样或哪些问题,校本课
程体系构建的基本逻辑(框架)是什么,校本课程体系体现出哪
样的特点,等等。

到这一阶段,学校课程体系的建设有了更为明确的目标指
向,即基于办学理念的学生培养目标体系。然而,校本学生培养
目标体系并不等同于校本课程体系,就如同学校发展规划并不
等同于校本课程体系一样,虽然都需要回答为什么、是什么和怎
么样,但它们基于的视角不一样,聚焦的问题不一样,解决的策
略方法也不一样。比如,建构学生培养目标体系,需要回答为什
么学校要培养这样的人,它基于的是对学校历史传承与办学使
命、当前人才标准以及未来社会发展对人的知识、技能或德行要
求等的对比分析与理性思考;而建构学校课程体系,在同样需要
回答为什么的时候,它应该基于的是课程的内涵、本质,国内外
课程的沿革,当前国家课程体系的价值理念与目标内容以及学
校情境的适应性,当前学校发展的现实基础与问题聚焦等的系
统思考。也就是说,学校办学理念指引着学校课程体系的建设,
但办学理念本身并不等同于课程理念。

明确课程理念,也就是系统而完整地描述学校课程体系建
设所基于的问题思考、价值取向、内在逻辑、路径方法、行动策
略、特征特点、环境技术,等。总而言之,就是系统地回答培养怎
样的人,提供怎样的课程,以怎样的方式,而这样系统的课程支
持能够确保培养出这样的人。明确课程理念对建构高质量校本
课程体系至关重要。一方面,共同的价值取向是学校基于课程
的各类教育变革、改进行动得以顺利推进,形成合力的前提与保
证;另一方面,共同的理念系统也是指导各门课程制定各自课程

方案的认识前提、理论基础与行为判断标准。

课程目标。结合学校学生培养目标体系,从课程角度系统阐述学校依托课程要发展的学生关键技能和必备品格。详细阐述不同课程领域、不同课程科目重点发展的学科技能和品格。概要描述不同课程在实施方式、组织形式、评价方法等方面对达成课程目标的作用,即为什么要采用这样的策略、方式和方法。

如前所述,学校学生培养目标是校本课程体系建设的原点,因此课程的目标应该,也总是与学生培养目标是一致或者是相匹配的。当然,这种一致性或匹配并不是完全的一一对应关系,如同中国学生发展核心素养具体落实课程的时候,需要根据不同课程优势发展或者优先发展的技能与品格目标来分析、分解和设计。同时,目标的层次性也决定了课程体系建设中,需要在不同层面确定和描述不同的目标,越往下,目标就越具体,目标的可检测性和界说的明确性就越高。

课程结构。分项目(维度)描述校本课程体系的不同构成要素,如课程类型、课程领域、课程科目、选修方式、课程来源,等等。这些分项目(维度)的构成形态往往体现为横向、纵向或纵深上的,具有内在关联,外在统一的完整的课程图谱。例如要素一——课程类型,学校确立哪些类型的课程(如,基础型、拓展型、探究型或是分科课程、综合课程、实践课程);要素二——课程领域,不同类型课程包含了哪些学习领域(如,品德修养、人文底蕴、科学精神、审美情趣或是社会科学、自然科学、艺术审美、德行修养);要素三——课程科目,基于课程领域开设哪些科目的课程(如,语文、数学、英语、科技探索、艺术);要素四——实施方式,学生学习不同课程的要求(如,共修、必修、选修);要素五——课程层次,同一科目的不同学习水平要求(如,语文Ⅰ、语文Ⅱ,数学Ⅰ、数学Ⅱ);要素六——教学形式,不同课程的教学实施形式(如,行政班教学、包班教学、走班教学);要素七——实施进程,不同课程实施的年段、课时量等(如,学期、学段、教学周、课时),等等。

不同的要素有时还需要进一步分解,如分科课程中可以进一步分解为分层分科、分类分科课程;综合课程中可以进一步分解为生活主题综合、知识领域综合课程,等。同时,尽管在课程框架建设的初始阶段还无法确定不同课程评价的方式,但到确定具体的课程科目的时候,课程如何评价将是必须考虑的维度或是要素之一。需要指出的是,上述的课程结构或图谱的呈现,并非所有要素都必须在一个图表框架中加以全部考虑或呈现,特别是当学校的课程体系规模相对比较大的时候,课程体系更多以诸多课程群的方式来描述与呈现。这时,不同课程群的课程结构框架往往组合的要素并不相同。因此,理念与目标的不同带来课程结构的不同,不同规模、不同形制、不同要素组合的课程框架就形成一个个真正体现"校本"的课程体系。

进程设置。从时间维度,描述不同类型、领域、科目等的课程在不同学段上的安排,具体到学期、学段、教学周数与课时数等。它是对上述课程结构的进一步补充。

评价方式。概要描述学生学习不同类型、领域、科目等的课程,可能的评价方式和方法,对不同评价方式、方法进行概念的界定。如采取具有校本特色的过程性、表现性、真实性评价,则需加以具体说明。

课程实施。阐述实施本课程体系的总体要求或行为标准。包括:①核心理念——学校以怎样的价值观来看待课程并实施课程,总的纲领是什么;②教学设计——不同课程在教学设计上需贯彻怎样的要求和标准，理念到实践，课程到课堂怎样实现连接和转化；③教学组织——对不同选修方式、不同教学组织形式采取哪样一些基本的策略，贯彻哪样一些标准和要求；教学实施——学校以怎样的价值观来看待教学，教师需贯彻怎样的一些要求和标准；教学评价——教学时可以并应该采取怎样的匹配性的教学评价以获取学生准确的学习信息，教学评价如何指导教与学的改进；作业辅导——教师就作业辅导，应贯彻怎样的要求与标准，等。

课程管理。阐述学校实施课程管理的部门、层次、运行机制，不同层面课程管理者的权利、义务，不同层面开展校本研修的主要形式、内容、要求，等。

环境资源。阐述学校支持学生课程学习，建设怎样的物理和心理环境以及怎样开发、拓展和优化课程资源，包括各类资源教室、场馆，还包括外部智力资源如何支持与满足学生个性化学习和发展。

技术支持。阐述课程体系实施中，如何让新技术服务与支持学生的学习、教师的发展与学校的管理。

总之，校本课程体系构建是一个由点及面，从简单到复杂，从技术到理念系统规划、系统推进的过程。它涉及学校层面的顶层设计，涉及教师层面的实践操作，是国家课程校本化行动的集中体现。它有现实可行的路径、方式和方法，但也需要学校各层面实践者的智慧、勇气与坚持！

第六章　重构学校发展方式

德国著名哲学家卡尔·雅斯贝尔斯（Karl Jaspers）认为，教育的本质意味着一棵树摇动一棵树，一朵云推动一朵云，一个灵魂唤醒一个灵魂。所有外在强迫都不具有教育作用，只有导向教育的自我强迫，才会对教育产生效用。以学生与学习为中心的学校课程3.0，意味着没有一门现行统一课程框架内的课程是不需要"改造"就可以直接实施的，这是因为不一样的学习者有不一样的需求，而不一样的需求就需要我们提供不一样的课程。这时候，对教师而言，课程实施的质量已经不仅仅取决于自身课程能力的持续提升，也取决于学生学习动力的充分激发，以及课程团队内外各类教育教学信息的及时、充分交换与基于问题解决的专业协作。对管理者而言，课程领导的品质已经不仅仅取决于自身角色的转化、专业能力的提升，也取决于教师个体工作内驱的持续增强，以及群体间基于专业的"连接"方式与"运行"的流畅。也就是说，学校发展的品质将更多取决于上述雅斯贝尔斯所说的"自我强迫"的激发与产生，学校发展的方式将转向如前面序言中的所说的，"连接"而非"控制"。

1. 组织体系的重构

就学习而言，通常我们认为有三大系统决定了学习者知识与技能的获得成效,即动机系统、元认知系统和认知系统。以学生和学习为中心并不意味着简单地改变"认知系统",即从组织管理来说的具体的"行为",而是视学校管理为一个大的系统,对学校组织进行体系性的重构。

设计"操作系统"

从课程1.0到课程3.0,我们聚焦课程,梳理了学校课程进阶的路径,包括如何提升教师的课程意识与能力,如何实现培养目标与学校课程的校本系统化,如何基于课程行动来转变管理的方式。然而,正如当前我们使用的手机被分成苹果系统和安卓系统两大阵营那样,区别学校独特性或差异性的,首先是"操作系统",然后才是"应用软件"或是硬件配置。也就是说,我们之前的目标体系也好,校本课程体系,都还只是一个小系统或者说是基于某一系统平台来运行的一个"应用软件",要真正让小系统发挥作用,让"应用软件"真正运行流畅,则需要建设学校新的"操作系统"。这是因为,从课堂到课程,解决的是教师从育分到育人的转变,从关注教到关注学,实现是学校从知识本位向教育本原的回归。这也就意味着,以学生与学习为中心,是学校整个管理系统"底层代码"的重构与重写,它不再只是局部管理方式的转变,而是学校整个发展方式的变革。

那么,对学校组织而言,设计"操作系统"又究竟意味着什么?

首先,明确学校的发展战略与规划。即学校管理者,也包括所有教职工,需要系统地回答和完整地阐述这样一个问题系统,即办怎样的学校,实施怎样的管理,培养怎样的人,提供怎样的课程,开展怎样的教学,需要怎样的老师,实现怎样的发展,等。它是对学校所有利益相关人,包括上级行政、兄弟学校、共建单位、家长、学生等的关切的回应,也是建立现代学校制度,实施依法治校,实现内控式、内涵式发展的重要保证和前提条件。

其次,制定学校的办学章程。即把价值理念、战略思考与规划,"物化"为明确而具体的发展机制与管理办法,特别是诸如"管理机制"、"组织运行"和"课程管理"这样一些核心内容。就"管理机制"而言,它应该是系统阐述一所学校在组织管理上的结构、形态或模式,集中体现出学校管理者的管理理念与价值观,它是一所学校区别于另一所学校的管理文化的外显特征。再有"组织运行"和"课程管理"。"组织运行"是集中阐述学校建立了哪样一些决策议事、仪式教育、专业发展、专项推进等的机制与制度,即如何让依法治校,依规行政不仅成为可能也可以落到实处;"课程管理"是全面呈现学校在贯彻国家意志,落实上级要求的前提下,如何创造性地开展课程校本化实施,即如何让学校办学理念、学生培养目标,依托校本的课程行动,包括系统地设计、组织、实施与评价来加以"落地"和全面达成。事实上,对"课程"实施校本管理,既是新课改赋予学校的权利,也是学校实现创新、特色、优质发展的重要路径,更是学校管理者贯彻党的教育方针,落实课改要求的义不容辞的责任。关于"管理机制""组织运行""课程管理"的案例描述,可参阅本部分后面附录"上海市教育学会宝山实验学校《章程》节选"。

总之,学校《章程》如同一所学校的"操作系统",它基于学校的战略思考,是学校整个价值系统的"物化"和具体化。从某种意义上来讲,《章程》又如同一个国家的宪法,是一所学校的

根本大法。是"操作系统",意味着学校所有管理者与教职工的
行为都必须基于此平台来"运行";是"宪法",意味着所有下位
的制度都只是作为"方法论"层面的思考,去解决实际的问题,
并且不能与最高的"意志"相抵触。今天,我们很多学校的管理
充斥着的"人治"的色彩,很多办学行为随意、简单和粗暴。管
理者一方面在大谈教育的理念与理想,另一方面又以"务实"为
借口,违背教育规律,阳奉阴违。也有很多学校的管理者把学校
文化建设等同于校园环境布置,忽略了机制、制度本身所内涵的
价值取向,既窄化了校园文化的深刻意涵与对学校发展的重要
意义,也缺乏对文化或价值进行"物化"或外显的路径的严肃思
考和探索。因此,办学《章程》作为构建现代学校制度的重要实
践内容,既是一所学校实现依法办学、自主管理、民主监督、社会
参与的重要保障,也是一所学校办学理念、价值追求、文化特征、
办学特色等的集中体现。

开发"应用软件"

很多时候,在我们的一些学校中,管理者把制度的建设和完
善,视作个人意志的延伸,即通过所谓的"正义"的程序,让自己
的想法转化为对教职工一系列行为的规定和控制。甚至在极端
情形下,又以"程序正义"的名义来惩戒或处罚那些让自己"不
舒服"的教职工。虽然从学校管理来说,校长作为许多工作的
"第一责任人",对上、对己和对学校负责,通过制度让国家的意
志、自己的想法落到实处,避免无谓的误解和纷争,本身并没有
什么错误。然而,如果我们视《章程》为宪法和操作系统的话,
那么制度就不仅仅是一种规定,它也是学校教育教学实践中,针
对问题解决的操作程序和办法,即如基于某一操作系统来运行

的具有特定功能的"应用软件"，它也许更是不同群体间开展专业的协作的心理和行为契约。

　　价值取向的三条线。对于运行在"操作系统"上的"应用软件"，就价值取向而言，应该有三条清晰的线，即"红线"（底线）、"标准线"、"高标线"。"红线"规定的所有教职工包括管理者在内，哪样一些行为是"禁忌"性的行为；"标准线"规定的是每一位教职工包括管理者必须履行的岗位职责或是必须承担的义务；"高标线"是从职责道德、专业伦理、道德和精神等角度出发，倡导的行为。"三条线"事实上给出的，就是如何让学校所有的教育和管理行为，在各项教育的方针、政策，法律法规的范围内实施，如何让学校的价值理念转化为具体的、统一的行为标准等这样一些问题。例如，在课程3.0阶段，学校发展聚焦在学生和学习，那么一切与学生或学习有关的教育和管理行为一定是"红线"的行为，任何侵害学生发展和学习权利的行为都将可能受到最严厉的处罚。事实上，无论在课程建设的哪个阶段，我们都可以认为上述与学生、学习有关的行为是底线行为或红线行为。但在现实学校教育中，与之相悖的行为却依然比比皆是。究其原因，依然是"应用软件"和"操作系统"的关系问题，即制度的形成是否真正建立在底层的共识基础上。事实上，"软件"能否顺畅运行并发挥作用，一方面依赖于自身的质量，二方面依赖于系统的保障。它不能独立于学校系统之外，强加于的教师身上，用"师德修养"培训的方式来说教，而是依托共同的目标和愿景，让教师发自内心地接受并成为检验自己日常实践的标准。从这个意义上来讲，课程的持续进阶正发挥着这样一种作用，即依托实践让学校共识与共同愿景逐步形成，然后制定共同遵守的行为契约。另外，在当前学校管理中还存在这样两种现象。首先,"看在你的面子上我做事"。管理者与教职工并没有把岗位职责或专业义务看作是彼此协作的基石,模糊了"情分"和"名分"之间的边界,忘却了职业与专业的伦理,更把学校教育的根本——一切为了学生的发展,抛于脑后。其次,管理者的"道德洁癖"。许多管理者也许自己拥有高远的教育追求,却不能站在他人的立场来思考问题,不能从"发展人"或是"立人"的角度来解决问题。以自我为中心,树立模糊的、内隐的"道德标准",而不是从管理实际来形成可执行的、外显的"行为规范"。上述两种情形,最终导致管理上既无原则也无底线,并进而形成并逐步积淀"恶质"的校园文化。

"软件"的三种类型。基于"三条线"的边界划分,在所形成的执行制度中应该包括这样三种类型的文本。首先是基础性制度文本,一般包括学校作为组织的各类运行机制、让各类法律法规或政策落地的各类内部管理办法以及学校内包括管理者在内的所有人员的岗位职责。以"组织运行"为例,它应该包括:学校管理的组织结构与职能分配,各内设机构的职责定位、运行机制、管理内容、执行的上位文件等。需要指出的是,"执行的上位文件"在基础性制度的建设与执行中起着至关重要的作用,它既是学校各项内部管理制度制定的政策依据,能够有效地提升制度形成过程中所有相关人的法制意识和政策水平,也是对不同管理者的权力约束,确保每一个管理行为的公开透明与公平公正。另外,"岗位职责"的阐述,可以包括这样几个部分:岗位设立与职责确定的法律或政策依据、岗位的性质与履职目标、职责的内容与要求、执行的相关上位的法律法规与内部管理制度。它既明确了不同岗位人员履职目标与内容的政策依据,也明确了对不同岗位人员进行绩效考核的内容与标准。其次是程序性制度文本,涉及学校所有内设机构全部的管理内容,如行政服务类、课程教学类、学生发展类、人力资源类、后勤保障类、年级管理类,等。程序性制度文本阐述的是中观管理层面,某项工作开展的目的或目标、执行的标准与要求、工作的内容与流程、岗位的设定与人员安排、资源的支持与保障、所需的支持性文件,等。程序性制度有效保证了学校各种管理行为的有序与精细,是学校制度建设与完善的主体部分,也是提升中层管理人员管理能力,发挥其主动性、创造性,确保不同条线过程管理品质的重要抓手。第三种类型是支持性制度文本,它是支持上述两种制度具体实施的各类表单、台账,等。在我们许多学校的管理中,许多的管理行为粗糙、随意,一旦出问题,无法从管理的全过程去反思、检查问题的症结,或者无法拿出更为具体而可信的原始记录来呈现决策的依据,程序的可靠,从而导致责任无法追究,改进缺少抓手,说明缺乏依据,决策做不到透明。当前很多校长一方面抱怨上级检查太多,另一方面又不重视支持性文本的持续完善和常态化建设,所以一到检查就补做台账,就加班加点做材料。这不仅无助于管理品质的改善,还导致教师对管理团队失去信心和信任,从而降低管理行为实施的成效。总之,学校三种“应用软件”,就其实现的主要目标来说,基础性制度文本主要在于统一标准、规范行为,形成心理与行为契约,程序性制度文本主要在于统一流程、精细过程,提升过程管理品质,支持性制度文本主要是为了建立台账、留下痕迹,提供行为改进的事实依据。事实上,有关三种类型的“应用软件”的开发,华师大赵中建教授有关“ISO9000”标准与学校教育管理体系建设的研究与实践具有重要的指导意义和借鉴价值。

2. 行为体系的重建

有人在总结华为总裁任正非的用人原则时,用了很形象的四个比喻,即"砍掉高层的手脚、中层的屁股、基层的脑袋、全身的赘肉"。所谓"砍掉高层的手和脚",是指高层干部的主要职责在于指挥好团队作战,关键在于动脑而不是动手。不能整天扎在事务性的工作中,自己卷着袖子和裤脚,下地埋头干活,用手脚的勤快掩盖思想上的懒惰。所谓"砍掉中层干部的屁股",是指中层干部要打破部门本位主义,走出办公室,下现场和市场,实行走动管理。要把眼睛盯着客户和市场,屁股对着老板,而不是把眼睛盯着老板,揣摩"圣意",把屁股对着客户,不理不睬。所谓"砍掉基层员工的脑袋",是指组织内部不管是谁,都必须遵守公司的流程制度和规则。一线员工首先要服从组织纪律,然后是从改善组织流程,改进业务规则的角度建言献策,而不是"只破不立"、"大鸣大放"。所谓"砍掉赘肉",就是要砍掉不劳而获的幻想,砍掉居功自满的思想,砍掉封闭狭隘的理想。虽然学校与企业之间有着很大的差异,管理学校这样的"小舢板"与管理华为这样的"航空母舰"更是不可同日而语,但任总对不同层面员工的岗位特性与行为要求的思考,对学校作为一个组织的健康发展依然有着积极的借鉴意义。

在课程3.0阶段,学校通过目标体系、课程体系与组织体系的重建、重构,确立了以"学生"和"学习"为中心的课程体系,形成了以"激活"和"连接"为内核的组织体系。然而,如何真正让课程体系实现目标,让组织体系发挥作用,则其动力来源和检验标准的关键,还是在每一位教职工包括管理者的行动、行为。正如上述任总对于华为用人、管理的思考最后具体化为不同层面员工的可见的行为那样。

中层管理者的中观管理

学校中层管理者是学校发展的中坚力量，称之为中坚力量，不仅仅是因为他们肩负着上听下达，带领团队具体落实学校各项改革举措的管理重任，也在于他们通常都是从一线最优秀的教师群体中脱颖而出走上管理岗位，需要也必须继续发挥课程教学专业引领的作用。但事实上，学校管理与课程教学并不是同一门专业，一个优秀的学科老师并不意味着同样也是一个优秀的中层乃至校级管理者。对学校中层管理者（也包括副校级干部）来说，如果说"砍掉屁股"还不能完全代表他们实施专业管理的要义或者行为上体现专业特性的话，那么学校管理中的中观管理应该可以成为他们工作上的指南。

所谓中观管理，也就是遵循学校价值系统，基于部门条线工作特点，面向学生与教师发展中的问题，以部门内团队合作和部门间专业协作为主要工作策略和方法，规划、设计、组织和实施部门教育教学活动的行为。如果说，"领导"指向"改变"，"管理"指向"稳定"，那么对中观管理来说，它既需要做"改变"的事，也需要做"稳定"的事，它既需要身先士卒去做事，又不替代他人去做所有的事。正如第二部分"总结"部分里说的，作为中层管理者，其行为和角色必须体现出的是不可替代性。那么中观管理怎样清晰"改变""稳定"和"不替代"三者之间的边界，然后让行为具备不可替代性呢？

解决认识问题。学校中层管理者通常会犯的错误的是——"校长怎么说我就怎么做"，似乎把校长交代的事情办好，就是执行力强的表现,就是自己作为中层管理者的全部角色定位。但事实是,这样的思维和行为的结果往往会让他们很受挫。一方面,校长可能会对他们一次的行为或踏实的作风感到满意,但对他们整个的管理能力会提出质疑,因为他们有了校长需要的"手脚"而没有校长期待的"脑袋"。另一方面,一线老师们可能认为他们是"好人"、"老实人"、"勤快人",但对他们的工作能力却始终持保留态度,因为他们有一线老师认为的可贵品质,即一起"下地干活",甚至主动干"苦活脏活",但他们没有一线老师期待的重要能力,即带头"唱着歌、举着旗、昂首阔步向前进",他们总是显得"勤奋但不聪明"。所以,我们的中层管理者始终觉得自己是"三夹板",是"风箱里的耗子",觉得左右为难,两头不讨好。那么我们怎样去摆脱这样的窘境呢? 首先,我们得思考以下四个问题,解决认识问题。

第一,中层管理者贯彻的是校长意志还是学校价值观;第二,中层管理者执行的是校长交办的事情还是与大家一起研究制订的方案;第三,中层管理者是与老师一起埋头苦干还是首先与老师一起研究"我们可以怎么做";第四,作为一个团队,是中层管理者带头干"苦活脏活"重要还是一线老师抢着干"苦活脏活"更重要。第一个问题告诉我们中层管理者,我们也许记不住(事实上也没必要记住)校长说的每一句话,但必须记住学校的价值观。它不仅仅是因为校长的意志也是学校价值体系的体现,自己在贯彻学校价值理念的同时就是在贯彻校长的意志,也因为有时当校长的话与学校价值理念不一致的时候,自己能够找到行动的方向和行为的标准。事实上,第二种情况是我们中层管理者最常有的苦恼。通常碰到的情况是,如果一开始听了校长的话去做,结果很有可能带来更多后续管理上的问题,如果一开始不听校长的话去做,结果很可能是"得罪"校长。但无论从对校长真正的负责还是更重要的对学校发展负责,坚持学校价值观依然是中层管理者行事的底线,而那份"坚持"相信也会最终赢得校长的理解、尊重和肯定。当然,理念价值的坚持和坚守并不意味着性格上的固执和行事上的"一根筋"。对学校事务而言,除了少部分政策性的刚性要求之外,大多不存在"非黑即白"的问题。也就是说,在校长的"言"和自己的"行"之间,有许多可以"为"的空间,特别是与校长之间的充分沟通和自身创造性的实践,而自身的"为"就是"能"的表现。第二个问题告诉我们中层管理者,校长交办的事情并不总是表现为目标和结果间的一条线段。对校长而言,对中层管理管理者"交办的事情"通常针对的是条线而不是具体哪一个人。他/她也许对此事怎么做有自己的想法,但不是期待中层管理者只是做一个简单的执行者。他们更愿意的是中层管理者能够在体现他们想法的基础上,形成更为完善的条线操作方案。也就是让一个人的设想变成一群人的设计,一个人的行为变成一群人的行动,从而让校长的想要做的事,变成大家想要做的事。因此,对于"校长交办的事",中层管理者不是去"用心揣摩"校长的意图,也不是简单地按照校长的想法去执行,而是与团队成员共同研究制订实施方案,然后按照方案的要求与步骤去操作执行。第三、第四个问题,是中层管理者条线工作团队建设的问题,是对自己及团队伙伴角色的认知与定位的问题。对于一线老师而言,他们一方面希望中层管理者能够身先士卒,一起"撸起袖子加油干",另一方面也希望他们作为团队的领导者,还能够设计、组织、实施和评价具体的工作,而不是校长的一个"传声筒"和"哨子"。实践中,我们常常听到一线老师对中层管理者们的抱怨,"我不怕做事苦,就怕不知道为什么要这么做","不怕领导不能干,就怕领导'不聪明'还特别勤奋"。因此,对中层管理者而言,也许最糟糕的工作方式和内容是组织开会,以落实上级交代的事情;而最最糟糕的工作方式和内容一定是简单粗暴地要求团队成员把大家都认为无意义甚至是错误的事情做精细!另外,一个团队凝聚力和战斗力的形成,领导者的道德感召力固然重要,但让团队的每一个成员都有存在感、成就感、获得感、幸福感才更具生命力和持久力。这也就意味着,中层管理者作为一个专业团队中的"平等首席",他/她更应该做的是发展人、"达人",也就是让团队中每一个独特的个体都能在具体的专业活动中成为"领导",才是他/她最重要的职责。只有这样,一个团队和组织发展的内驱动力才能真正形成,自己的管理能力也才能随着团队的发展持续提高。综上所述,中层管理者实施中观管理,应该明确"自己是谁"——学校工作的重要设计者、组织者和实施者而不是"传声筒"和"哨子",应该明确"自己为谁"——为学校而不是为校长,为他人而不是自己;应该知道"做什么"——贯彻学校价值理念,丰富完善条线工作方案,带领团队伙伴攻坚克难,应该知道"怎么做"——专业引领、科学实践、成就他人。

解决方法问题。从上述对中层管理者角色和管理内容的认识,我们基本可以得出中观管理在方法层面的三个要素,即价值、元素和活动。所谓中观管理的价值要素,是指中层管理者所有管理活动的设计、组织与实施,首先考虑行动或行为所基于或所体现的学校理念价值和重要观点,也就是管理行为的目的。价值要素至少在以下两方面发挥重要作用:首先,部门的计划/规划。通常情况下,中层管理者学期或学年度的部门计划/规划是在学校层面相应的计划/规划基础上来制定的,它所包含的管理活动一般是基于条线的实际，具体化校长的思考，从而落实学校层面的目标。但这并不意味着中观管理只需要考虑目标而不需要目的。这是因为，首先中观管理作为校长领导、管理工作的延伸和具体化，并不是复制和粘贴校长工作计划或学校发展规划的相关内容。它需要结合部门的实际情境，聚焦部门的阶段工作重点，创造性地丰富与完善各类行动的方案，而这种创造性又需要做到内在的逻辑统一，这条逻辑就是"价值"，就是"目的"。它既解释了所有中观管理行为"为什么要这么做"的问题，又确保了条线工作的计划/规划成为一个有机地整体，避免了内容和行为的碎片化。事实上，以"价值"来引领部门计划/规划的制定，既避免了中层管理者成为校长的"传声筒"和"哨子"，也避免了中层管理者为体现所谓的管理能力而随意地"折腾"老师和学生。其次，条线活动的设计。中层管理者作为条线的领导，需要设计或至少是参与设计各类活动。通常，一次活动总会有明确的目标，也就是为什么要组织这次活动，这次活动要解决哪些问题或者取得哪些预期的效果，然后是活动内容、活动组织、活动评价或反思总结。但这种貌似全面的设计思考，却存在一个巨大的问题，就是活动背后设计者是不是有确定的价值思考。对学校而言，就是中层管理者在设计一次教育教学活动之前，是否有确定的价值主线，并且是对学校价值理念的贯彻与坚持。例如，有学校提出"一切为了学生、为了学生一切、为了一切学生"的办学理念，也就是把孩子的事看作是天大的事，把每一个孩子看作是学校最重要人。按理说，它应该成为学校所有教育教学活动设计与实施的确定的价值观。但学校学生处在组织实施学校开学典礼时却是另外一副场景："最重要的人"——学生们肃立在学校大操场，"不那么重要的人"——领导们一溜地在主席台就座；首先是校长汇报上年度学校办学业绩，领导给年度优秀师生颁奖，接着是优秀师生代表发言，然后是学生才艺表演，再后来是最大领导讲话，最后是放飞气球……等等。显然，从一次活动来说，目标不可谓不清晰，如呈现办学业绩、鼓舞师生士气、展示素质教育成果、提升学校办学声誉；内容不可谓不丰富，如校长汇报、领导讲话、师生发言、才艺表演、放飞梦想；也许从组织上也无可挑剔，学生严肃认真，教师各就各位，活动井然有序，领导接待周全……但问题是，背离了学校的价值观，这样的活动设计、组织与实施即便形式再丰富，发言再精彩，组织再有序又如何呢？

所谓中观管理的元素要素，是指中层管理者在设计、组织与实施不同教育教学活动时，要考虑体现学校价值理念与活动主题的那些本质特征或关键操作，如活动的主体、结构、流程、场景、内容、形式，等。元素通常包括两种类型，一种是固定元素，即所有同类活动能够体现学校价值理念的那些相同的特征或操作。第二种是活动元素，即同类活动体现不同主题的那些特征或操作。中观层面一次活动的设计、组织与实施通常是两种元素的叠加或融合。依然以上述案例为例。解读"一切为了学生、为了学生一切、为了一切学生"的办学理念，我们至少可以得出以下一些思考："一切为了学生"——开学典礼为学生而办，学生是活动的主体，因此活动应该遵循学生的身心特点，关注学生的兴趣爱好和需求，让学生参与活动的设计、组织与实施，活动既是一次庄重的仪式教育，又是一次快乐的教育嘉年华；"为了学生一切"——"学生的一切"至少包括了学习和生活两大场景。就学习而言至少是德、智、体、美这样四大领域，就生活而言至少是家庭生活、学校生活和社会生活三大方面，因此活动应该紧扣时代主题,连接不同场景,拓展学生视野,丰富学习经验,激发进步动力;"为了一切学生"——"一切学生"自然包括了学校中的每一个学生,因此活动应该尽可能让每一个学生都参与,让每一个学生都获得教益。由此,遵循上述理念的开学典礼至少应该包括这样一些元素:学生为主体——活动前可能的学生调研访谈以获取需求信息,学生参与活动方案的设计,学生全方位参与活动筹备,学生主持活动等;具有仪式感——师生的着装,环境的布置,隆重的升旗仪式,具有激励和鼓舞作用的讲话(尽可能是学生而不是领导),可能的表彰活动等;一个快乐的嘉年华——有符合学生身心特点,呈现师生风采的表演,有全体师生都可以甚至应该参与的快乐集体活动等;体现时代特征——不同学年的开学典礼,活动主题总是与学生生活、社会发展紧密联系。其中,第四个固定元素又生发出若干活动元素。如一次开学典礼的活动主题定位"科技——遇见未来",那么活动元素可能包括当代前沿科技展示、未来科技发展展望、今天的"我"如何应对明天的挑战,等。当然,一次活动的设计、组织与实施会受到多方面因素的影响,如时间、场地、天气、资源等,因此,上述案例中的元素不可能在每次开学典礼中都能全面呈现,这就需要中层管理者在不同情境下配合具体的活动内容和表现形式加以灵活组合和处理。

所谓中观管理的活动要素,是指中层管理者基于价值要素和元素要素,需要对与之相适应的具体的活动内容、形式、步骤等实施管理。对活动要素的管理,并不意味着中层管理者自己"下地干活",而是充分调动学校资源,特别是人力资源,对组成一次活动的不同内容进行"众筹"。他/她此时的角色非常类似于一台综艺晚会的总导演,在完成了总体设计之后,对各类能够体现、表现晚会价值、元素的节目进行甄别和选择,但他/她本身并不参与演出,更不会不限制演员的创造性劳动。这也就意味着,对于中观管理中活动要素的操作,中层管理者努力要做的是充分激发"底层"的动力和活力,鼓励创新、充分"放手",通过诸如项目招标的方式,让更多的师生参与活动的设计与实施,只有这样才能让一个人干"脏活累活"变成大家抢着干"脏活累活"。

综上所述,中观管理的三要素如同一个三层的金字塔,塔尖是"价值",中间是"元素",塔底是"活动",它让我们中层管理者既避免了动手不动脑的"伙计"的角色,又避免了动嘴不动手的"掌柜"的角色,既能充分发挥中层管理者的领导管理能力,又能充分调动团队教师们的主观能动性和创造力,从而让学校管理中坚力量的行为方式和内容发生真正转变,实现了学校发展方式的实质性转型。

规则照耀下的野蛮生长

前文已述,到课程3.0阶段,要真正发挥学校课程体系在促进学生、教师和学校和谐发展的作用和效能,学校发展方式必须重构。就组织体系而言,它基于实现学校"自运转"而进行设计,把程序与规则的建立作为组织运行的保障,把实现师生主动发展的动机系统的充分激发作为机制完善的思考和实践起点;就管理行为而言,它通过中层管理者认知和方法的"升级"来保障学校发展方式的转型。由此,对教师而言,有了规则,有了程序,有了保障,那就是实现自我的"野蛮生长"。

打破边界、自由穿梭。课程3.0的价值核心就是以学生为主体、以学习为中心,通过建构科学世界与生活世界,基础学力和个性潜能,身心成长与认知发展紧密联结的课程连续体,让学习充分展开，让学生全面而个性发展。由此，教师依托课程所要实现的不再是简单的学科知识掌握，而是更为重要的，学生良好的德行修养、学习方式、学习习惯、学习兴趣、学习动机、高阶思维能力等的养成与发展，而后者，需要我们教师打破学科壁垒、年段边界，摆脱学科本位、知识本位，从而让学生超越课程的藩篱去学习，让自己实现在不同的课程领域自由穿梭。具体而言，可以有这样两条主要的实践和实现途径。首先，基于综合课程的专业合作。在3.0的校本课程体系中，综合课程将占有很大的比例。无论哪一个专业学科的教师都不应视综合课程的开发实施为特定个体或特定群体教师的职责，而是全体教师以综合素养发展为目标，以学生学习为中心，展开深度专业合作，实现智慧共享、专业提升的重要载体。教师将第一次全方位地接触所有学生学习的分科课程，第一次全面地了解所有学科课程的课程标准和内容，第一次从学生学习而不是学科知识出发来确定主题和目标，选择内容与方法，设计活动与进程，开展教与学的评价；也很可能将第一次尝试去合作备课、协同教学，第一次认识到每一门课程对学生发展的意义，第一次知道用专业去说服他人，用专业去帮助他人，第一次从专业的视角去理解他人，甚至妥协。事实上，所有的第一次将会让自己觉得每天行走在能力的边缘，而这些都将会深刻改变自己的实践方式，甚至对教育的理解。其次，摆脱学科本位的专业研修。聚焦于学生培养目标系统而综合的达成，聚焦于学生包括方式、习惯、兴趣、动机、高阶思维能力等在内的多维度优秀学习品质的养成与发展，让我们寻找到了除学科知识获得之外的更多的共同研修内容。这是因为，所有这些优秀学习品质的培养和发展，依赖于所有课程老师以同样的实践标准和要求，以持续而共同的努力来最终达成的。反过来,学生这些优秀学习品质的发展与养成,又会"反哺"于我们每一门课程的实施,能够大大提高学生学习的效率以及课堂教学的品质。由此,聚焦多维学习品质,形成跨学科、跨学段共同(并不是指完全一致)的课程实践内容和评价标准,教师参与跨学科和跨学段的专业研修,不仅成为一种可能,也成为一种必须,教师将第一次理解学习在让自己从优秀教师成为卓越教师中的深刻意义,也将第一次真正找到从经验型教师成长为学科和课程专家的实现路径。

让新知识生长出来。本节标题中的"野蛮生长",包含了两层含义,一是让每一位教师成就属于他/她自己的不可复制的优秀;二是这种优秀是依靠他/她自己新知识的源源不断的产生来实现。细胞被"激活"依靠的是"刺激",教师从"点燃"到"自燃"依靠的是交往、被尊重和自我实现等需求的满足。因此,教师行为系统的转变需要机制和保障。首先,建立教师新知识的生产系统,即聚焦课堂与课程,让每一个教师把想的做出来,把做的说出来,把说的写出来,把写的传播出去(发表出来)让更多人知道,以形成学习共同体与朋友圈。这样的一种知识生产系统,确保了每一个教师实践上独特性和思考上的系统性,让每一位教师具有鲜明的辨识度,从而最终形成个人的教学品牌,也就是成就属于个人的不可复制的优秀。其次,建立教师成长的支持系统。在知识生产的不同环节都建立起支持与保障系统,如"把想的做出来"以及"说的写出来",需要建立的是学校教研训一体的专业智力支持机制,如专业培训教师如何把教学问题变成研究课题,把研究课题变成实践的成果,把实践的成果变成研修的课程共同体,或者如何撰写规范的课例和论文,等;把"做的说出来",需要建立的是学校经验分享或智慧共享的研修机制和多种交流平台，在这样一些平台上，教师个体或课程团队可以分享实践的经验和困惑，可以呈现个人的特色和团队的风采，这种分享哪怕是微小的，哪怕是不成熟的，都被尊重，都被肯定；再如"把写的传播出去"，需要建立的各种媒介、媒体的发布、发表与推广的渠道，以帮助教师把理性的思考和智慧的实践以成果的形式记录下来，传播开来。它可以是各类教育期刊，可以是学校校刊，可以自媒体，可以是朋友圈，可以是学术论坛，等。被誉为"可穿戴设备之父"的阿莱克斯·彭特兰（Alex Pentland）说过，"拥有最好想法的并不是最聪明的人，而是那些最擅长从别人那里获取想法的人；推动变革的并不是最坚定的人，而是那些最能和志同道合者相处的人；最能激发人的并不是财富和声望，而是来自同伴的尊重和帮助"。只有建立"没有失败者"的文化，让每个教师都深度卷入，让每个教师都有存在感，让每个老师在团队中找到自己的兴奋点，让每个人都在实现自己的理想，那么教师行为系统才能发生改变，也才能真正改变。

【总　结】

• 领导者事件

"信条"的力量

被《福布斯》评为 20 世纪最具影响力工商书籍第一名的《追求卓越》的作者,托马斯·彼得斯和罗伯特·沃特曼,在书中有以下的论述。

"假设我们现在需要找出一条适用于各种情况的管理建议,一条从对优秀公司的研究中精选出来的真理,我们很可能会这样回答:'设计出你的价值体系。决定你的公司应该代表什么,你的公司能给每个人带来的最值得骄傲的东西是什么;在未来 10 年或 20 年后,你最希望看到什么'"。

"我们把优秀公司的第五个属性叫作'传导机制,价值驱动'。我们被它们对价值体系的明确关注所震惊,被领导层通过个人注意、长久坚持和直接介入来创造一个振奋人心的工作环境时所采用的自上而下的方式所震惊"。

同时,书中作者们还引用了小托马斯·沃森的《一个企业和它的信条》中的话,"我们可以详细认真地思索一下影响一个企业进步或退步的各种原因,技术、偏好的变化、时尚的变化……它们都起了一定的作用,没有人能够反驳它们的重要性。但是我怀疑它们本身是否真能起决定性的作用。我认为一个企业成功和失败之间的差距经常可以归咎于这样一个问题,即这个组织是否完全调动了其员工的聪明才智和工作激情。它做了什么来让员工们找到共同的目标事业? 在经历一次次的变动时,它是如何长期保持这一共同的目标和方向感的呢? 分析任何一家存在了多年的大企业,我相信你都会发现它的适应性不是归功于组织形式或管理技巧,而是归功于我们称之为'信条'的力量以及它们所产生的对员工的巨大凝聚力。这就是我的理论:我坚持认为,为了生存和取得成功,任何一个企业首先要建立一套完整的信条作为所有政策和行动的前提。接下来,我认为企业取得成功的最重要的单一因素就是要忠诚地拥护这些信条。最后,我认为为了面对世界变化所带来的挑战,企业要做好准备,调整除了这些信条以外的任何东西,但对这些信条则要终其生地坚持。换言之,比起技术或经济资源、组织结构、创新和调配来说,一个公司的基本生活观、精神活力和驱动力与它的成功有着更密切的关系。技术等因素对成功也起很大的作用,但我认为,公司员工是如何坚决拥护和忠诚执行公司的基本信条要比它们都更重要。"①

　　在本部分,我们详细探讨了在课程3.0阶段,在课程结构和发展方式两大方面,作为校长和管理团队需要做的努力。同时,也再一次突出强调了行动的两大基石——认识与方法,即首先基于怎样的认识,然后基于这样的认识所采取的方法。事实上,

---

① [美]托马斯·彼得斯,罗伯特·沃特曼.追求卓越[M].北京:中央编译出版社,2004:261~262.

"认识"就是价值观,学校改进所基于的一系列的"认识",就是一个学校的"价值系统"。在学校长期的教育教学实践中,所有成员对"价值系统"的坚守和自觉践行,就形成了学校的文化。所以,从这个角度来说,我们很多学校所谓"打造"学校文化的提法,无论在学理还是行为上都是说不通的。尽管如此,从"认识"到最终形成"文化",我们又可以发现,虽然它是一个过程,并最终它返回"价值",且多以内隐的"信念"的方式去影响成员的行为。但在一开始,如果没有清晰表述的"价值系统"做基础,那我们很难相信一个组织的所有成员会最终形成一致的"信念"。由此,对于一所有着一定办学岁月的学校,我们不能说这样的学校没有或没形成学校"文化",但这种"文化"显然并不是"信念"。这也正是上述托马斯·彼得斯、罗伯特·沃特曼或是小托马斯·沃森,他们认为的设计一个组织的"价值系统"的重要性的根本原因。

设计学校的"价值体系"是一项共同的行动。学校的课程行动需要整个系统去支持和保障,即便是课程行动本身,也是一个复杂的子系统。因此,指导具体行为和实践背后的认知或是价值取向,一定不是单一、割裂的,而是一系列的、系统的,在逻辑上自洽,在表述上一致。同时,让价值观最终成为"信念",在设计或形成的起始阶段一定需要共识,即便校长在其中扮演着关键角色。因为"共识"是"共事"的基础,当校长一个人的理念变成一群人的理想的时候,"价值体系"践行的过程,就成为了"信念"推动下的自觉行动。

对学校"价值体系"的坚守和践行需要制度做保障。制度首先是组织内成员共同的心理和行为"契约",而这种"契约"更多体现的是共同的价值取向。所以,制度也是学校"价值"外显的主要载体，学校制度系统就是整个"价值体系"的集中体现。由此，要让"价值""落地"为行为并最终成为个体和组织的"信念"，中间环节就是"制度"。如果校长试图要"打造"学校优质"校园文化"的话，他也许更应该做的不是去"设计环境"，而是去设计出"价值体系"并转化为一致性的"制度体系"。

"价值体系"与"行为体系"必须进行对接。正如办学理念必须依托课程行动加以"落地"一样，"价值体系"的"落地"一定依赖于并体现在行动。这也正是本部分强调的，学校围绕课程而展开的行动，必须首先回答"为什么这么做"，然后才是"怎么做"的原因所在。如上所述，"价值"成为"信念"是一个过程，并且依赖于所有成员过程中的坚持和坚守。因此，学校的持续改进，课程的持续进阶，其要义在于价值层面的始终如一，以及在价值"照耀下"的行动上的与时俱进。

一致的"价值观"并不代表一样的"发展步骤和路径"。不同教师有着不同的专业基础与能力。"价值观"代表的往往是行动的"方向"，"制度"代表的往往是行动的"标准"，但在"方向一致""标准统一"的前提下，我们必须考虑教师间专业发展上的差异。由此，让教师去规划自己发展的步骤和路径，让教师最终形成自己的"教育主张"，是一所学校保持"生长性"和持久凝聚力的重要基础。这也正是本部分内容所提出的，学校应该为每一位教师"擦亮品牌"。

总之，我们常说，"想得多远，才能走得多远"，"思想高度决定行动深度"。从这个意义上来讲，一所学校"价值体系"的建设，校长不仅要有强烈的使命感，还要有对教育的专业认识和理性思考。

● **教师角色**

以学习为中心

小威廉姆·多尔(William E. Doll)在其《后现代课程观》中说过这样一段话,"20 世纪 70 年代开始,西方教育科学领域发生了重要的'范式转换':开始由探究普适性的教育规律转向寻求情境化的教育意义。这种'范式转换'在课程与教学研究领域有突出表现。课程研究领域开始超越以'泰勒原理'为代表的具有理性主义性格的'课程开发范式',走向'课程理解范式'——把课程作为一种'多元文本'来理解的研究范式。教学研究领域则走出仅作为教育心理学之应用学科的狭隘视域,开始运用多学科的话语来解读教学的无尽意义"。同样,日本著名教育家佐藤学在其《静悄悄的革命》中也有这样一句话,"(教师)不是听学生发言的内容,而是听其发言中所包含着的心情、想法,与他们心心相印。应当追求的不是'发言热闹的教室',而是'用心地相互倾听的教室'"。

一直以来,我们教师都是作为课程执行者的角色而存在,再加上我们自身的教育经历和专业背景,我们对课程的理解往往都从领域的内容或是学科的知识体系出发,而非课程的意义角度;对课堂教学要素——"学生、教师、教材和教学环境"的组织与处理,也基本首先从教材和教师自身来考虑,而非基于不同学习者的学习。在本部分内容中,我们突出强调了课程的"连接"和"连续"。这是因为,如果我们要让课程真正成为学生成长的"通道"而不是竞争的"赛道"。学校也好,教师也好就必须摆脱

"知识本位"和"学科本位"，更加关注课程的意义而非学科的知识。从研究"教"转向研究"学"，突出学生在教学要素中的作用。让学生回归教学的主体，让学习回归课堂的中心。

以学习为中心，意味着我们老师必须更新对课程的理解。为什么要学习一门课程，答案一定不是为了功利的目标，如考试、升学，而是让学习者通过学习，获得该门课程的语言、思维，理解该门课程背后所蕴含的价值和力量，让学习者获得可持续学习的动力和方法。因此，对一门课程而言，发展学生积极的情感和学科的思维一定更为重要。例如，语文课程最终给予孩子的，一定不是那些所谓的加点字的注释或是描写手法，而是他们一生对于文学发自内心的喜爱；数学课程最终给予孩子的，也一定不是那些定理与公式，而是他们生活中自然而然"流淌"出的逻辑思辨能力和科学的态度。这也正是佐藤学先生所说的，"听其发言中所包含着的心情、想法"的原因所在。

以学习为中心，意味着我们的教学需要多维对话。学校教育与家庭教育一个显著性的差别在于，学校教育能够为孩子提供一个更为多维的交往和对话的时空。在这一过程中，学生能够获得更多的学习反馈，更丰富的学习体验。同时，依托于对话和交往，学生们也学会了参与、领导、倾听、表达，懂得了尊重、同理心甚至妥协。曾经不止一次听到老师说，课堂上明明可以用两三分钟讲授就可以完成的学习任务，为什么要浪费三十分钟让学生们讨论和合作呢？显然，这些老师并没有真正理解合作学习的目的和价值，也没有真正掌握开展合作学习应基于的情境要求，所需的程序与规则，以及所要达成的目标。从另外一个角度来说，让教育的过程更加公平，师生间单一维度的对话不仅无法实现这一目标，也会让更多的孩子成为学习上的"路人甲"。

以学习为中心,意味着我们需要实现课程的关联。我们常常可以观察到师生间的这样一种对话,"你的问题很好,不过我们时间有限,就把这个问题放到课后再讨论吧"。姑且不论课后老师是否还真会就那个问题与学生展开讨论,就算是,由于这些问题通常比较棘手,一个老师也常常无法应对。这也正是当前我们以分科课程为绝对主体的学校课程设置的一个重大缺陷,因为这样的一种设置,一定程度上让我们学生知识和技能的获得,思维的发展,学习的迁移受到了限制,尽管它提升了学习的效率。正因为这样,才更需要我们在学校层面、在教师层面有所作为,就是让课程实现更多的关联。让学生学到更加综合性的知识,让学生和老师一起"编织"更加完整的知识文化结构网络,以此来赋予不同的分科课程以更为丰富的意义。

总之,就如佐藤学在《静悄悄的革命》中还说到的那样,"要实施以'学'为中心的教学,应当以在教室里构筑一种新型的关系为出发点,即让每一个儿童都有自己的课题,相互探究,相互交流,相互启发,我将之称为'活动的、合作的、反思的学习',即是让那种与物与教材对话,与学生与教师的对话,与自我与自身对话的学习成为教学的中心。具体地说,就是组织和指导有任务的学习,有小组活动的学习,有学生将自己理解的东西用作品表现出来与同伴共享、相互欣赏的活动的学习。也可以说,就是从个体出发,经过与同伴的合作,又再返回到个体的学习。"

【附　录】

上海市教育学会宝山实验学校《章程(节选)》

● 管理机制

第一条：学校实行校长负责制。校长是学校的法人代表，对外代表学校，对内按照《上海市中小学校校长工作意见》*所赋予的职权以及所规定的职责，依照学校章程实施管理。

第二条：学校在上级党委领导下成立党支部，党支部书记是组织的带头人，党支部按照《上海市中小学校党组织工作意见》**所规定的权责开展工作。

第三条：学校在上级党委和教育工会领导下，成立工会委员会，工会主席是委员会的负责人。工会委员会依据《上海市中小学校教职工代表大会工作意见》***所赋予的职权以及所规定义务开展工作。

第四条：学校设立课程发展中心、学生发展中心、行政服务中心、人力资源中心和年级管理部(四个)共八个主要职能部门。

课程发展中心设置主任一名，副主任与干事若干名。中心

---

　* 沪教卫党[2010]147号文.
　** 沪教卫党[2010]147号文.
***　沪教卫党[2010]147号文.

接受校长直接领导,具体负责学校课程总体规划、开发、实施、评估与反馈;负责学校层面专业研修活动的规划、计划、组织与实施;负责学校教育科研的管理,等。课程发展中心对学校课程实施质量与学生全面发展负责。

学生发展中心设置主任一名,副主任一名,共青团与少先队设立专管员各一名。专管员兼任共青团总支书记与少先队总辅导员,共青团总支书记同时兼任教工团书记。中心接受校长与党支部书记领导,具体负责学校德育、共青团、少先队工作的总体规划、计划、实施与评估,等;负责德育队伍发展的总体规划、培训与考核,等。学生发展中心对学校德育工作的质量负责。

行政服务中心设置主任一名,副主任一名。中心接受校长直接领导,具体负责学校行政与总务工作,包括内部行政事务管理、总务管理、财务管理、对外接待、媒体宣传,等。行政服务中心对学校安全有序运行以及财物的优化配置与高效使用负责。

人力资源中心设置主任一名,副主任一名。原则上由工会主席兼任,中心接受校长与党支部书记领导,具体负责学校工会,教师专业发展,人事,人才,师德建设,和谐校园等工作的规划、组织、实施、评估与反馈,等。人力资源中心对学校人力资源管理、和谐校园创建以及师德建设与考评负责。

年级管理部设置主任四名,分别是小学一、二年级一名;小学三至五年级一名;初中六、七年级一名;初中八、九年级一名。级部接受校长直接领导,具体负责分年级的课程实施、活动组织、学生评价与反馈,级部的项目规划、管理、运作、评估与反馈,等。年级管理部对级部内的师生发展及教育教学质量负责。

四个中心的主任与副主任采取任期制,任期3年;四个级部的主任采取任期与动态调整相结合的管理办法,即视年级调整或级部主任自身课务调整来动态选任。主任与副主任的选任坚持优进拙退、动态管理的原则,采取组织推荐与竞聘上岗相结合的办法,执行校务中心组会议讨论、全体教职工民主评议与校长聘任的工作流程。

第五条：学校设立课程教学项目组。按照学校课程分类,分为小学语文、初中语文、小学数学、初中数学、小学外语、初中外语、中小学自然科学(包括理、化、生、劳、科、信息)、初中社会科学(政、史、地、品社)、中小学艺术、中小学体育、中小学综合课程。每一个课程项目组设置首席课程领导者(Chief Curriculum Leader,即 CCL)一名,CCL接受课程发展中心主任的直接领导,负责本项目课程的领导与管理。具体包括领导项目成员共同完成项目课程的规划、开发、实施、评估与反馈;项目组内的研修,等。CCL对项目课程实施质量总负责。

第六条：学校设立级部课程研修组。按照级部课程设置与分类,分为语文、数学、外语、自然科学、社会科学,综合课程等,视学校与级部发展增减。每一个课程研修组设置级部课程带头人(Grade Curriculum Leader,即 GCL)一名(视学校与学科发展的需求可作适当调整)。GCL接受 CCL 和级部主任的领导,负责级部内相关分类课程的领导与管理。具体包括领导组员依据相关课程的方案,制定级部相关课程的实施计划,开展级部研修组的研修,等。GCL对对级部相关课程实施质量负责。

第七条：学校设立共青团、少先队组织和退休教职工管理委员会、关心下一代工作委员会。共青团与少先队设立专管员一名,接受学生发展中心主任的直接领导,退休教职工管理委员会和关心下一代工作委员会,不设专管员,由工会主席或党支部书记兼任。

● 组织运行

第八条：学校建立教职工代表大会制度。教职工代表大会（简称教代会）依据《上海市中小学校教职工代表大会工作意见》*所规定的程序和要求产生代表，教代会代表依据《意见》所赋予的职权以及所规定义务开展，按照组织制度开展工作。学校工会委员会是教代会的工作机构，负责教代会的日常工作。

第九条：学校建立校务联席会议制度。校务联席会议是由校务委员参与的学校日常事务管理的商议与决策机构。校务委员由三类人员担任，分别为：第一类，常任校务委员，他们是校长（包括组织任命的副校长）、书记（包括组织任命的副书记）、工会主席和各中心正职主任及级部主任；第二类，荣誉校务委员，他们是学校重点与重大教育教学项目主持人；第三类，选任校务委员，他们由全体教职工按照学校教职工总数的6%民主选举产生，荣誉与选任校务委员可以兼任，总数占校务委员总数的51%或以上。校务联席会议采取例会制，每月召开一次。校长有权视学校管理的实际需求，提议召开临时校务联席会议。校务联席会议中的事项决策遵循民主集中制原则。

第十条：学校建立党政中心组会议制度。党政中心组会议是学校重大决策、重要人事任免和大额度资金运作等问题的商讨和决策机构。对于涉及全体教职工利益的重大决策，在党政中心组会议做出初步决定之后，最终以书面议案的方式提交教代会审议。党政中心组成员为正副校长、党支部正副书记和工会主席，会议由校长主持。党政中心组会议由校长或党支部书记提议召开，会议中的事项决策遵循民主集中制原则。

---

* 沪教卫党[2010]147号文。

第十一条：学校建立教职工集体学习制度。教职工集体学习的内容主要包括学校发展管理、时事政治、师德师风、专业发展等方面的通报、学习与培训。教职工集体学习由全体教职工参加，党支部书记主持。教职工参与集体学习的情况，纳入个人日常工作考勤与年度考评。

第十二条：学校建立校本研修制度。校本研修分为学校组织、中心组织与级部组织三大类。学校组织的校本研修活动，依据学校发展规划与计划所提出的目标、任务，由校务联席会议商讨制定具体学期工作方案，由课程发展中心具体负责组织、实施与评估；中心组织的校本研修活动，依据各中心工作计划所提出的目标、任务，由各中心主任依据学校相关工作重点，结合各自特点与工作实际，在集体商议基础上制定具体学期工作方案，由中心主任负责组织、实施与评估；级部组织的校本研修活动，由级部主任依据学校相关工作重点，结合各自特点与工作实际，在集体商议基础上制定具体学期工作方案，由级部主任负责组织、实施与评估。教师参与校本研修的情况，纳入个人日常工作考勤与年度考评。

第十三条：学校建立各类仪式教育制度。学校各类仪式教育活动是指学校重大庆典、庆祝，重要主题教育等活动，包括校庆、开学典礼、毕业休业典礼、重要表彰活动、升旗仪式、紧急疏散演练，等。师生必须身着正装，参与各类仪式教育活动，教职工参与活动的情况，纳入个人日常工作考勤与年度考评。

第十四条：学校建立学术休假制度。学术休假包括三类情形：一类是教师作为课程教学或学校管理专家，被邀请作为嘉宾参与各类学术活动；第二类是作为入校指导专家，由学校（或研究所）委派赴姊妹学校、实验基地学校实地指导；第三类是学校着力培养的品牌教师,积极申报特级教师或正高级职称。前两类情形,依据邀请函与学校(或研究所)任务书所规定的行程,以正常上班予以考勤,但教师必须自己安排好外出期内的教育教学工作;第三类情形,由该教师本人提前一学年向校长提出申请,经党政中心组会议集体讨论通过,予以总时间最多不超过一年的带薪休假时间,休假期间遵守学校日常考勤制度,承担部分研究所的工作任务。薪水标准参照上一年度学校高级教师的平均实发数执行。

第十五条:学校依据上级行政部门的要求,成立其它专项工作小组,包括行风建设工作领导小组、安全工作领导小组、校务公开工作领导小组等,校长视学校发展的需要,可组建临时性专项工作领导小组。

第十六条:贯彻落实依法治校、以德立校的办学方针,学校依据章程编制《上海市教育学会宝山实验学校管理手册》,具体化相关基础性制度与程序性文件。

第十七条:学校参照执行教育部《义务教育学校管理标准(试行)》并接受政府、行政与业务部门的督导评估,接受财政、物价、发改、纪检、卫生、纠风办、文明办等部门的检查和社会的监督。

● **课程管理**

第十八条:学校以《国家中长期教育改革与发展规划纲要(2010～2020年)》和《基础教育课程改革纲要(试行)》为指导,贯彻执行上海市中小学校学年度课程计划,结合学校实际,积极推进国家课程校本化,坚持德育为先,坚持能力为重,坚持全面发展。

第十九条:学校以"培养面向未来的问题化学习者"为基

本目标,以"三性(丰富性、选择性、延展性)、三化(问题化、学程化、个性化)"为基本特征,逐步丰富、持续改进、不断完善,最终建成能够让学习实现"持续主动发生",让学生实现"多元个性发展",让学校实现"自主高效适应"的九年贯通的课程体系。

第二十条：学校建设"分科、综合和特殊潜能课程"三类课程。基于学科知识体系与遵循学生身心成长规律,学校课程体系的规划、建设、实施与评价,采取一体设计、分段实施的策略。整个九年义务教育课程实施将分为一、二年级,三至五年级,六、七年级和八、九年级四个段(课程管理上成立这四个级部),采取"低年段包班为主、中年段行政班为主和高年段走班为主"相结合的授课方式以及小学阶段等级制为主、初中阶段学分制为主的学业评价方法。

第二十一条：按照上海市义务教育阶段课程实施的要求,小学阶段单课时授课时间为35分钟,初中阶段单课时授课时间为40分钟。按照学校课程体系中不同类型课程实施与评价的需要,每个学年的每个学期分为三个学习时段,大致为大学段8~9周,小学段2~3周。学期学段结构为大学段/小学段/大学段,设置时间分别为：第一大学段(第一周到第八/九周),小学段(第九/十周到第十/十一周),第二大学段(第十一/十二周到第二十周)。

第二十二条：学校依据章程,编制阶段的《上海市教育学会宝山实验学校课程手册》。

第四部分

X+△：学校课程 4.0

前言：自省——课程生态的追求

学校课程4.0是指学校课程的"X＋△"阶段，"X"是指学校的课程体系，"△"是指学生各种学习变量，即学校在课程3.0的基础上，依托现代信息技术、智慧校园环境支持，把学生的学习需求、学习障碍等各类学习信息进行事实分析、系统整合，让学生全面参与到学校课程的开发、实施与评价以及学校课程体系的完善，从而建立起学校课程建设与课程体系完善的全新实践逻辑。让学生和学习成为学校课程发展和变革的主要驱动力，让技术成为学校课程持续迭代升级的支撑力，从而实现学校课程的"自生长"和学校教育的"自适应"。

第七章 构建新的课程实施逻辑

荷马史诗中有个大英雄叫阿喀琉斯,是凡人泊琉斯和美貌仙女忒提斯的儿子,神勇无比。在刚出生时,他母亲忒提斯就将其倒提着浸进冥河,以使他变得刀枪不入。遗憾的是,因冥河水流湍急,母亲捏着他的脚后跟不敢松手,因此脚后跟就没有被完全浸没于水中,由此留下了全身惟一一处"死穴"——脚踵。而恰恰是这处软肋,后来在战争中被太阳神阿波罗一箭射中,于是英雄轰然倒地。这就是流传至今的著名谚语"阿喀琉斯之踵"的来历和故事,寓意任何一个强者都会有自己的致命弱点。相信,对于学校教育的意义,我们用多华丽的词汇去褒奖都不为过,正如对阿喀琉斯的赞美。然而,学校教育似乎也有着它的"阿喀琉斯之踵"——用昨天的知识培养明天的人才。泰戈尔说过,"永远不要以自己的学识去限制下一代人的发展,因为我们身处不同的时代"。事实上,如果说泰戈尔身处的时代是农耕时代向工业时代转变的时代,那么我们今天身处的时代已经是信息时代向智能时代快速迈进的时代。即便是泰戈尔所说的"学识",在今天也已经被重新定义,而泰戈尔所说的"学识"的"限制",其负面意义也许已经大大超过了他说这句话时的认知。从现代学校教育产生开始,学校一直作为人类知识生产、智慧传承的重要场所而存在,学校如同"粮仓"、"货仓",学生在学校学习的过程更多的是如同驾驶着拖拉机,开着空车进来然后装着满车的货物出去,然后就是期待让"货物"(所谓的知识)"变现"。也就是说,学校教育更多的是一种面向已知的教育,面向现时和现实的教育。然而,今天我们身处的是一个异常VUCA 的世界(美国军队术语,易变:volatility;难以预测:uncertainty;复杂:complexity;模糊:ambiguity),未来从未像现在这样变得不可预测,身处这个时代的每一个包括我们教育者自身都将面对太多不可预测的变化的挑战,那我们的孩子,他们应该在学校学什么,学校教育提供的又应该是怎样的一种教育呢? 哈佛大学教育研究生院资深教授戴维·帕金斯(David N. Perkins)在其《为未知而教,为未来而学》中这样说道,"也许,我们需要一种更具有'未来智慧'的教育视角,在复杂而多变的世界努力培养人的好奇心、启发人的智慧、增进人的自主性和责任感,引导学生积极地、广泛地、有远见地追寻有意义的学习"(David N. Perkins,2015)。也就是说,今天的学校教育也许应该提供的是一种面向未来和未知的教育,而这也许就是消除教育的"阿喀琉斯之踵"的最终之道吧。

1. 发现不一样的学习

国际著名生物学家和科学认识论研究专家,安德烈·焦耳当(Adrè Giordan)在其《学习的本质》一书中指出,"人们总是把重点放在'教'上面,'应该教什么知识'是今天欧洲教育部长们最重视的问题。学习被放在了一边,以后再谈!""学校出现的时间并不长,只有一百年出头的历史,它自始至终都没能让学生爱上学习,然而它的首要目标恰恰是引导学生愿意学习"。他进而对"学习"给出了他的定义,"我们把它放在个人或社会炼制知识和调用知识的动力学中来考虑。我们关心的不仅仅是描述学习者所记忆的东西或知道的操作程序,而是解释学习者如何理解、记忆、重建知识,特别是解释个体用所学的知识能够做的事。只有当学习这种能力给个体带来更多的东西,特别是当个体能够利用其所学时,我们才对这样的学习感兴趣"(安德烈·焦耳当,2015:引言3~4)。焦耳当教授对学习的阐述至少给我们这样一些启示:首先,教育中,"学习"才是我们的聚焦点或中心;其次,教育或教学的首要任务是让学习者喜欢学习或者愿意学习;第三,学习不是一种按照某一固定的程序或模式进行的,知识的获取不是自动实现的,是个体复杂的多重机制协同作用的结果,即他所谓的"炼制"的结果;最后,对教育者来说,只有当学习对学习者产生意义,即体现为应对问题挑战的能力时(也就是利用所学),我们的教育或教学的目的才算达成。上述四点让我们得出这样一个结论,即学习应该是学习者主动发生的行为,经过学习,学习者不仅是经验,还有倾向,都应该发生持久而恒定的变化,并且这种变化能够赋予学习者以积极的意义,能够帮助学习者具有主动适应现实和未来挑战的能力。

学习起点:不一样的动机

一次听一节语文课,语文老师设计的其中一个教学活动是小组合作学习。老师先是在黑板上板书了四个问题,然后指定了第一、二小组完成第一个问题的讨论和解答,第三第四小组完成第二个问题,以此类推。于是课堂上叽叽喳喳煞是热闹,学生们似乎讨论很热烈。几分钟后,老师要求每个小组依次派代表回答小组所要解答的问题。在学生"学习"期间,我偷偷地问身边第四小组的孩子，"你们最希望讨论并解答的是哪个问题"。
他们最后给我的答案并非是老师指定的第二个问题，而是第四
个问题。这就给我们带来一个最为现实的问题，即如果学习内
容或任务并不是学习者感兴趣或需要的，学习本身还会真实发
生吗？如果学习没有真实发生，那么所谓的小组合作学习，其组
织形式或学习方式还有价值吗？如果"小组合作学习"这样的
活动变得没有价值，那么这样的课堂教学还有意义吗？这就让
我们不得不思考教学的起点问题。通过上述案例，结合焦耳当
教授关于学习的观点，我们大致可以得出课堂教学设计与实施
的这样的一条逻辑主线，即如果说教是为了学，那么课堂必然是
以"学习"为中心；如果说课堂以"学习"为中心，那么学生一定
在课堂中占据首要位置；如果说学生是教学中最重要的人，那么
如何让学习者的学习行为主动发生又成为关键；如果主动发生
学习行为是教学的关键，那么思考如何激发学习者的学习动机
就成为了教师教学的起点。

　　罗伯特·马扎诺（Robert. J. Marzano）在其《教育目标的新
分类学》（The New Taxonomy of Educational Objectives）一书中为
我们阐释了学习者学习的三个主要系统，即自我系统、元认知系
统和认知系统。他认为学习者面对一个新的学习任务时，首先
是自我系统，即学习动机发生作用，只有当学习者在判断任务的
意义并决定投入到新任务中去的时候，才能最终产生良好的学
习结果，包括获取新知识、提高学习动机、更新元认知体系以及
发展认知技能等。他把动机与认知（也就是非智力与智力因
素）置于同一个维度上去分类，帮助我们一线教师实现从学习
的心理机制到具体教学方法之间实践鸿沟的跨越，这是非常有
意义的。毕竟，研究学习的心理学家更"热衷"的是怎么"打别

人的脸"①,而对老师们具体怎么做的问题显然并不太感兴趣。那么不同学习者有着不同的经验和概念表征,在相同的任务下,从方法层面,动机系统又如何被有效激发呢?

动机的激发首先取决于需求。我们一直说孩子并不是像一张白纸那样走进课堂,然后教师可以根据教学任务随便"涂抹"的。这句话的实质是指学生是带着自己的"经验"(也就是概念表征)走进课堂的,学习的效率与效益取决于学生经验与新任务之间的交互与联结。这句话同样给我们以这样的启示,学习者已有的"经验"对新学习来说既有可能是一种有利因素,但还很可能是一种抑制因素。"经验"少很可能会影响学习的成效,但也很可能学习者的学习动机更容易被激发,动机水平更高,反之亦然。这至少从某个角度回答了为什么儿童往往比成年人更爱学习,更有兴趣学习的原因所在了。因此,对于学习动机的激发,我们首先得考虑学生的"经验",然后再是考虑如何让"经验"转化成为一种积极因素。如果说我们要尽最大可能让课堂中的每一个孩子的动机系统都被激发的话,那么不同学习者的经验被重视和"发现"并寻找到现实可行的操作方法,就变得异常重要了。那么"经验"怎么被发现呢?问题!也就是通过让不同学习者学习中的问题充分"暴露"出来,并成为教与学活动的起点;那"动机"如何被激发呢?需求!也就是让不同学习者真正感受到,课堂是解决他们自己的问题而展开的,教师和身边的同学是一齐解决自己的问题的合作伙伴,自己也是解决他人问题的参与者和贡献者!事实上,在很多时候,我们老师很容易

---

① 学术界对心理学和自然科学的发展有两句戏谑的话,即心理学的发展是踩在别人的脸上进行的,而自然科学的发展是站在巨大的肩膀上进行的.

把兴趣和动机混为一谈,把课堂导入的功能看作是单纯的学生学习兴趣的激发。但他们常常会遭受挫折,这是因为许多学生在一开始被课堂导入所吸引,所谓的"兴趣"被激发,但这种"兴趣"并没有转化为"需求",也就是能够让学生维持着将一堂课进行到底所必需的持久的注意力和参与度。因此,动机的激发不仅仅取决于即刻的兴趣被"点燃",也取决于甚至更取决于"需求"的真正的产生。

动机的激发还取决于任务对个体的价值。马扎诺的新教育目标分类法阐述的自我系统涉及四个相关因素:重要性检查、效能检查、情绪反应检查和动机检查。其中重要性检查包括分析一个具体主题或实践对学生来说有多么重要,为什么重要或不重要。也就是学习者问这样的问题:"我现在的行动可能的结果是什么? 这是我所想要的吗?"因此,在马扎诺看来,动机是一种决策而不是一种反应。他给我们这样一种启示,即动机的激发不能建立在学生个体基于兴趣的自然反应,而要发展学生有意识的控制能力。这种控制能力的发展对教师而言,首先就是让学生对学习任务建立起个体价值和意义的判断、思考。一般而言,对学生来说,学习任务对个体的价值大致有两个方面,一个是切近价值,一个长远价值。所谓切近价值就是通过学习任务所获得的知识和技能,对解决当下学科问题并最终能够在这一门学科的学习中取得良好学业表现具有价值;所谓长远价值就是学习任务所代表的这门学科(课程)对自己长远的发展包括未来职业规划具有价值。当然,对于学习任务的意义和价值进行判断、思考,不同年龄的学生所表现出的意识与能力是不一样的,同时也会受到学生所处的群体,学习的环境等的各类其他因素的深刻影响。越是年龄小的学生其对后者价值的思考能力就越弱,同时受班集体、身边伙伴的影响越大。因此,如何采取与不同年龄学生的身心特点相匹配的策略、方法来激发学习者的学习动机,并让这种动机得以维持,恰恰是我们教师实践的重点和难点。

动机的激发还与元认知有着密切的关系。元认知(meta-cognition)的概念由美国发展心理学家约翰·弗拉维尔(John. H. Flavell)最先提出。弗拉维尔认为,元认知是个体对自己认知状态和过程的意识和调节,也就是对认知的认知,故称"元认知"。从这个定义我们可以发现,就心理学来讲,"意识"即觉察,因此个体对"认知状态与过程"的意识,就一定包括了对影响认知任务完成的自身心理状态、能力、策略、方法等各种复杂因素的主动觉察;"调节"是一个生理学词汇,是指人体感知到环境因素的变化,通过相应地改变人体各种生理功能,以适应这种变化的活动或能力,因此个体对"认知状态与过程"的调节,就意味着在"觉察"上述各种变化的基础上,对上述变化进行适时改变,以改善认知状态和过程,获得更好的认知体验,产生更好的认知结果。由此,我们可以发现,学习者对自身参与认知活动,可能的状态、过程、结果等的主动觉察意识与觉察能力是元认知能力的基础。其中,对认知结果的觉察既包括了事前,也包括了事中,它与学习任务的意义和价值的判断、思考有着密切的联系。这也就意味着,学生元认知水平与学习的动机水平直接相关。关于这点,安德烈·焦耳当教授持相同的看法。他认为,"一个人是否有动机进行一项活动,取决于他对这项活动、对自身能力的认识,以及他认为在行动中可以进行何种程度的调节"(安德烈·焦耳当,2015:59)。从这个角度来讲,学习的动机水平决定学习的结果,而学习的动机水平又与元认知水平直接相关。因此,要提高学生的学业表现,促进学生主动地学习,在教育教学中,丰富学生的元认知知识、改善学生的元认知体验,提高学生元认知的监控能力,既是教师实践的重要内容,也是提升教与学成效的重要途径。在以往我们的实践中,鲜有老师或者学校把发展学生的元认知作为重要内容或者重要目标加以提出,也很少有教师或学校为我们呈现在实现更为有效的教学探索中,学生元认知训练和发展的具体策略、方法和路径,这是非常遗憾的。而这也许正是马扎诺的教育目标新分类学给我们的重要启示和重要贡献,也是我们学校和教师在未来的课程建设与实施,包括学生评价中,需要高度重视,并努力补上的一个实践空白。

学习过程:不一样的学路

曾经用微信通过对话的方式做过这样一个有趣的小调查。调查的对象有三个,分别是我儿子毛毛、外甥豆豆以及儿子的朋友宝宝。三个孩子目前两个在国内的一流大学上学,一个在日本的一所一流大学上学,我儿子和外甥都是工程专业,儿子的朋友是经济专业。我提出的问题是"如果你要学习广义相对论,你要搞清楚哪些问题?"毛毛的回答是:为什么要提出广义相对论的理论;之前的理论有哪些不自洽;然后就思考从哪里入手。豆豆的回答是:相对论把时间作为一个维度,那么广义相对论中这一维度与之前的三维有什么区别与联系,在这个基础上以前的一些结论能不能适用,或者说哪些适用哪些需要改变,变成什么样了,为什么。宝宝的回答是:为什么要学习相对论。这里有许多深层次的心理学意义上的问题可以探讨,但这里有一个显而易见的结论,那就是,三个孩子在面对同样的学习任务时,他

们的学习路径甚至对学习意义的理解都不一样，而这种不一样
显然并没有影响孩子本身在学习方面所体现出来的不同的优
秀。那么是什么导致不同学习者会有不一样的学路呢？

　　一个复杂的系统。上述案例至少从一个角度给我们呈现了
这样的一个道理，即学习不可能有一样的模式，因为不同学习者
已有的概念表征决定了知识与技能获得的路径一定会有不同，
特别是程序性知识与策略性知识的获得更不是教师认知图式、
方式方法的简单"复制"，再加上更多复杂的非智力和环境等因
素的影响，我们只能认为学习一定是学习者自己的事情，并且知
识建构与能力发展也一定依赖于学习者自己主动的解构与建
构，这也正是焦耳当教授认为的，学习是知识的"炼制"，知识的
获取是个体复杂的多重机制协同作用的结果。那么，学习的多
重机制究竟包括哪样一些东西呢？就我们粗浅而经验的认识来
看，至少包括以下一些因素：①智力因素。学习者的智力因素与
学习的结果直接相关。有研究表明，学习不良儿童与优等生在
智力水平上有十分显著差异，优等生的平均智商为120.1，学习
不良儿童的平均智商为97.4；优等生在操作分量表与语言分量
表上的得分比较均匀，但学习不良儿童的操作智商显著优于语
言智商；优等生与学习不良儿童在智力结构上也不尽相同，优等
生在词汇、积木、类同等分测试上的得分高，在算数、背数、排列
等分测验上的得分较低；学习不良儿童在拼图、译码、填图、词汇
等分测验上的得分较高，在常识、算术、背数等上的得分较低
（徐芬，俞磊，陈德毅；1995）。还有一些研究者调查了184名临
床诊断为学习不良儿童的主要行为特征，运用因素分析方法获
得了七个因素的简单结构。这七个因素分别被命名为：视知觉
能力、语言能力、社交能力、理解能力、行为问题、运动能力和感

觉——动作能力。研究者认为,基本学习能力的不足和行为问题是导致产生学习不良的主要原因(张雨青,林薇,张霞;1995)。因此,学习者的学习表现是一系列认知行为参与下的综合活动的结果,受到不同学习者在注意、记忆、观察、思维、想象等多方面的品质差异的影响。同时,学习结果虽然受学习者先天的智力条件影响,但由于不同学习者的智力结构并不相同,优势智能又为不同学习者在不同任务上同样优异的表现提供了可能。同时,学习结果还与心理技能,诸如应激控制、唤醒水平控制、目标设置、表象技能等有着直接的关系。②非智力因素。上节中已经指出,学习者的学习动机和动力是影响学习结果的重要因素。其中,兴趣、喜好是影响动机系统激发的重要因素,对于学生来说,课堂环境中,对授课老师的喜欢和对学习内容感兴趣往往决定学习是否会主动发生,并且决定注意延续的时间;在自主学习环境下,任务的价值往往也能激发兴趣,对内容的喜欢往往能产生学习的动力。当然,不同学生不同的智能优势会在一定程度上影响对任务的选择或者内容的偏好。同时,学习者的个性特征,如稳定性、兴奋性、有恒性、自律性、焦虑水平,学习者的自我概念、意志品质等也会深刻地影响学习的过程,进而影响学习的结果。③环境因素。环境主要包括资源、空间、工具、人际关系,等。就人际关系,包括了校内师生、生生的情感关系和校外家庭的情感关系。环境影响学习者的学习动机和学习表现,无论从理论还是经验上我们一线教师都有所认识。值得一提的是,在互联网加教育的今天,我们提倡学习者的自主学习和合作学习。就合作学习而言,无论是传统课堂环境下还是网络环境下,人际关系会直接影响合作的质量与学习的成效。在这方面,社会心理学家麦克米兰和查韦斯(McMillan & Chavis)

关于社群意识四要素的阐释最具影响力，并开创了相关研究的领域先锋。他们将社群意识分为四个，即会员关系（Membership）、影响力（Influence）、整合与满足需求（Integration and fulfillment of needs）和分享情感（Shared emotional connections）。其中，会员关系中的边界（Boundaries）、情感安全（Emotional safety）、个人投入（Personal investment）、归属感与认同感（Sense of belonging and identification）和共有的象征体系（A common symbol system）直接决定着群体的凝聚力和归属感，并进而决定社群的质量[①]。事实上，无论是社群意识的四个方面还是会员关系中的5个子要素，我们都可以从当前各种互联网教育产品和应用，以及网络游戏找到它们的"影子"。不管我们教育者或家长怎么样诟病网络游戏对学生和孩子学习的负面影响，我们都必须承认这样一个事实，即这些产品为什么这么吸引我们的孩子，我们是不是需要反思我们自己，我们是不是也像这些游戏或教育产品开发者一样去深入研究学生学习的心理，并为孩子提供能够让他们同样愿意学习的环境、内容、技术等支持，让学习者有足够的积极的学习体验，让学习本身产生足够的"粘着度"。

教路顺应学路。学习的复杂性让我们不得不思考这样一个

[①]　McMillan & Chavis 认为的社会关系中的边界（Boundaries）是指，透过象征（譬如语言、穿着、仪式）作为成员或非成员的辨识方法。当社群的边界愈明显时，非社群成员会较不受到尊重并且容易受到指责及处罚。情感安全（Emotional safety）是指，当边界确立后，成员知觉在社群中的活动与互动是安全的，进而提高个人参与。个人投入（Personal investment）是指，成员在金钱以及劳力上的贡献，进而为促进会员关系，增强社群意识。归属感与认同感（Sense of belonging and identification）是指，成员感觉自己属于社群，并且接受社群的价值与象征。共有的象征体系（A common symbol system）是指，社群的名字、logo、语言、穿着，以及仪式等，这些象征可促成员间的团结感。显得尤为重要而言，家庭包括需要、兴趣、动机、情感、意志、性格等方面。

问题,我们作为教师应该怎么理解我们在学生学习中的作用,我们教师的教究竟应该怎么进行。例如,我们有时候会发现,我们通过"努力",让学生记住了某一概念或是掌握了某一方法,但学生并不总是会主动调用已知的这一概念去解决问题,或是把掌握的方法迁移到新的学习任务和情境下去运用。再比如,我们老师认真设计了一份教案,但结果发现我们孩子并没有顺着我们的教一路往下走,而是在某一个环节或者活动上,"偏离"了"轨道",导致时间来不及,目标无法达成。这里有个案例。有一次,我们一位刚入职的年轻语文教师,在教授"百合花开"这一课时,她设计了三个主要活动,其中第一个活动是在老师带领下集体解读文本的第一个段落,第二个活动是小组合作,品析文本的第二段并归纳得出主旨思想。然而课堂上,在实施第一个活动时,面对一个关键问题,学生无法顺着教师预设的问题解决路径来思考和解决,于是面对"僵局",鉴于有限的教学时间,她只能把这个问题留在课外让孩子再去思考和解决。在环节过度时,她说,"接下来我们看本文的第二段,在品析文本第二段时,老师希望我们通过小组合作学习的方式来进行,大家注意 ppt 上小组合作学习的内容、程序和要求……"事后,我和这位老师探讨的时候再次提到了我们学校的课程观——让学习充分展开、让问题系统解决,以此来判断面对当时那个"僵局",我们老师处理方法的恰当性。同时,我也指出,课堂中,正是因为学生个体无法建构起问题解决的通路,才需要合作,而这种基于真实并且共性问题解决基础上的小组合作学习,学习才会真实发生。从整节课来说,恰恰是第一个段落的那个问题,及时调整并开展小组合作学习才是最佳的选择,而不是老师预设的第二活动。也就是说,教学设计不是撰写一份简单的教案,课堂教学不是为了完成教学任务或者能够顺利执行这份教案。教学设计只能是一种准备，而不是一种当然，只有教路顺着学路走，策略与方法才能发挥其应有的价值。同时，教路顺着学路走，还意味着，教不能替代学，学科知识与技能的获得，依托是学生自主问题系统的建构以及问题解决路径的获得来实现，而不是教师单纯的讲授。不一样的学习意味着不一样的问题，不一样的问题意味着不一样的策略与方法。高效的达成教学目标，不仅仅需要充分的预估与预设，更需要教师从学习出发，随机、动态地调整与采用恰当的策略和方法。

学习结果：不一样的发现

学习者与知识的"相遇"不是自然而然发生的，它受制于很多内外部的因素并需要这些因素的协同作用。上文中，"不一样的学路"只是对学习者不同学习路径一个因素的描述，探索中我们发现，还有很多因素深刻影响着学习者的学习结果，包括了环境、情绪、认知等。从学习心理学意义上来说，这些影响因素都可以归入学习风格的范畴。

所谓学习风格，一般是指学习者相对稳定的学习方式和学习倾向。对学习风格的要素，中外学者从不同的角度进行分析形成了不同的观点。如 Dunn 夫妇将学习风格要素分为五大类：一是环境类，包括对学习环境静闹、光线强弱等的偏爱；二是情绪类，包括动机、学习坚持性、学习责任性等；三是社会类，包括独立学习、结伴学习等；四是生理类，包括对听觉、视觉等刺激的爱好等；五是心理类，包括分析与综合、对大脑左右两半球的偏爱、沉思与冲动等。Keefe 对学习风格的要素则作了如下划分：一是认知风格，包括接受风格、概念化与保持风格等；二是情感风格,包括注意风格、期望与动机风格;三是生理风格,包括时间节律、活动性、环境因素等。我国学者谭顶良则认为,由于人具有心理、生理、社会的特性,学习活动既有认知的参与,又有情感和意志行动的参与。所以,学习这三个方面的特征就以意志行动的特征为核心相互交叉,形成学习风格的三个层面的五个要素部分——认知要素,情感要素,意志行动要素,生理性要素和社会性要素(张瑶,2007)。尽管如此,截至目前,对于学习风格,学术界并没有一致的概念定义以及统一的理论框架。由此,我们从实践案例出发来看学生的学习究竟有哪些不一样。

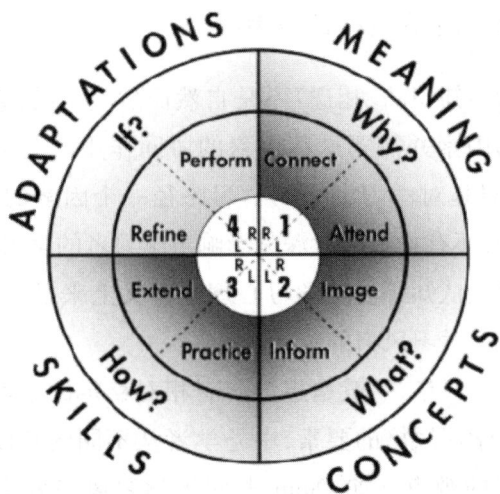

图 7.1

不一样的视角。初中九年级数学课程有一个学习内容——"黄金分割"。在老师让学生们的自由提问中,有孩子提出的学习问题是"什么是黄金分割",有的提出"怎样找到黄金分割点",有的是"为何要进行黄金分割",有的是"为什么0.618就能给人以美感"，还有的是"假如不是用勾股定理来验证黄金分割点的位置，还有其他的方法吗"。我们细细品味这些不同的问题会发现，提出"什么是黄金分割"的学生关注的是"概念"，而提出"怎样找到黄金分割点"和"为何要进行黄金分割"关注的是"应用"，至于"为什么0.618就能给人以美感"，则更关注意义，最后一个问题的提出者则聚焦在"创造"。还有如初中八年级语文有一篇作品——《雁》，学生关于"为什么死"的问题上，出现三个不同的问题，"大雁为什么最终选择死亡"，"为什么母雁在第一次落单后没有选择死亡"，"后来，为什么两只大雁头颈相交死去"。在课后反思学生为什么会提出这三个问题时，我们老师发现了学生不一样的问题视角或聚焦点，有的是学生"感兴趣的问题"，有的是"真正困惑的问题"，也有的是学生"认为有探讨价值的问题"。这些不同的学习和问题视角不仅决定了课堂学习中，学生对不同学习活动的参与度和问题解决的积极程度，也决定了不同学生最终的学习结果。对此，美国西北大学教育心理学博士伯尼斯·麦卡锡（Bernice McCarthy）在其"自然学习设计"（也称四元学习圈，4MAT Learning Cycle）中，提出了四种不同类型的学习偏好（见图7.1）。第一类学习者好问"为什么"，他称之为想象型学习者，他们往往关注学习材料的意义或学习材料如何与自身生活建立直接联系；第二类学习者好问"是什么"，他称之为分析型学习者，这样的学习者往往关注课程内容，致力以整合方式传递信息；第三类是常识型学习者，他们好问"应怎样"，侧重所学知识对自己生活的有用性，包括校内和校外生活，强调所学知识迁移到真实生活；第四类是创新型学习者，好问"该是否"，喜欢追寻如何以创新、独特的方式将所学知识融入到原有知识中，即自身主体的相融。他在此基础上,给出了学习的四个象限和八个步骤,并认为当这四个象限·结合在一起时就形成了一个完整的学习循环圈,一个从主观认知到客观认知,再到"融会贯通"(integrated knowing)的过程(盛群力,陈彩红;2013)。结合麦卡锡的理论与实践模型,对学生不一样的学习视角或者说认知偏好的发现,有助于我们教师认识与调整自己的教学风格,同时预设更为结构化的教学内容与教学流程,以适应不同学习者的学习兴趣与学习需求。

不一样的层次。小学二年级(下)数学学科有个学习的内容——"位值图上的游戏"。老师要引导孩子解决两个关键问题,"在个、十、百三个数位上,如果添加一个小圆片,会变成几;如果取走一个小圆片,会变成几"和"如果移动一个小圆片,会变成几"。老师在引导学生回答这两个问题时,让学生去自由提问。于是,出现了这样两种主要的状况。一种是,有些学生没有问题或提不出问题,有些学生提出的是与上述两个关键问题没有关系的问题;第二种情况是,有学生顺畅地提出并能够清晰地表达他的疑惑,而有的孩子却小脸憋得通红,结结巴巴说不清他想要提的问题。当然,通过老师极富技巧地引导,学生最终自己形成了这样两个极有价值的问题系统:"百位上添加,会是几;十位上添加,会是几;个位上添加,又会是几"以及"移动一个小圆片,可以得到几个新的三位数,这些数分别是什么;怎么移才能不遗漏、不重复地找到所有的三位数;怎么移得到最大的数,最大数是几,怎么移得到最小的数,最小数是几;为什么添上(或拿掉)一个小圆片,只能得到三个新的数,而移动一个小圆片,却可以得到6个新的数;是不是所有的三位数移动一个小圆片,都能得到6个新的三位数"。从这个案例我们可以发现,对于学生课堂中的问题,大致可以分为三个层次,即"学生能够意识并能清晰表达的问题","学生能够意识却不能清晰表达的问题","学生意识不到的问题"。这三个层次的问题既可能与内容的学习水平要求有关,也可能与学生个体的学习能力差异有关;既可能与学生的信息加工类型,如直觉型或序列型有关,也可能有学生的情感风格有关,如冒险型或谨慎型有关。但无论是哪种影响因素,从对学生不一样层次的问题出发,我们必须关注这样三个关键的学习问题,即"如果这个教学环节学生没有问题,学习也许就没有真正发生","如果我们活动的设计没有引发学生学科的思考,就不是学科问题","并不是课堂上的问题就是相关学科的问题"。

不一样的倾向。在我们开展小组合作学习时,我们通常会发现这样一些情况:有的学生很安静,似乎更愿意自己一个人思考或操作,而有的学生很积极也很容易受伙伴的影响,更愿意分享自己的观点或作品,即便观点或作品都很粗糙;有的学生喜欢"语不惊人死不休",固执己见,而有的学生却显得"唯唯诺诺",没有自己的主张;有的学生面对动手或者视听的学习任务格外投入,而有的学生更喜欢解决书面的习题或者阅读文本的材料;有的学生参与讨论似乎总是有很多想法却梳理不出自己核心的观点,而有的学生似乎并没有说很多话,却能把小组的各种观点最终做很好的概括。事实上,所有上述的这些状况或行为,在一般情况下并不是学生有意为之,它更多的是不同学生不同的学习倾向或风格、方式。就上述情况来说,它们涉及不同学生不同的知觉风格(如场依存型、场独立型)、感官通道(如视觉型、听觉型、动觉型)、问题解决方式(功能固着型、变通型)、思维方式(分析型、综合型)等等。通常,不同的学习倾向没有优劣之分,但面对特定的学习任务和要求,它通常会深刻影响学习的结果。

因此,对教师来说,发现不同学生不一样的学习倾向、方式或风格是非常重要的,它对于教学任务、教学策略、组织方式的设计、选择与实施乃至合作学习中的学生分组或是角色扮演等,都起着极为关键作用。要让教路顺应学路,其起点就是教师去发现每一个孩子的不一样,因为只有这样,才能做到充分支持不一样学生的学习。

2. 问题优化认知过程

2017 年 11 月,微信公众号"新校长传媒"转载了华东师范大学终身教授钟启泉先生的文章——"学校课堂转型的三个指标性特征"。钟教授在文中指出,"面向 21 世纪的教学,应当是从'教师中心'转向'学习者中心'的教学。它是超越了传递教科书知识目标的能动教学,旨在发现每一个人学习的兴趣以及掌握学习的方式"。他所谓的能动教学,是指"教学的过程不是单纯识记的过程,而是借助集体思维,在多样的分析与综合活动中形成思考力、判断力、表达力的过程"。"教师联系儿童的回答、反复追问使其意识到自身回答的角度、视点和根据,从而让儿童发现新的关系与关联、产生新的课题,才是真正能动的学习"。钟教授的这些话内含着这样几层意思:首先,教学并不是为了单纯的识记,而是为了提升学生思考、判断和表达等方面的综合能力;其次,教学是为了发现;最后,教学需要让孩子产生深度学习。为此,他提出了基于深度学习的教学设计,包括如下三个条件:其一,"问题产生",有"激疑"机制,有某种来自学习者疑问的机制,使得每一个学习者思考方式的"差异"可视化;其二,"问题分享",通过问题分享,使得每一个学习者的才能形成协同的问题解决,即形成"我的学习"与"我们的学习";其三,"问题深化",借以"分享",进一步深化问题、产生新的可能,形成可持续学习的问题。结合钟教授前文观点,他基于"问题产生"、"问题分享"和"问题深化"的深度学习设计,至少给我们一个启示并提供了这样一种视角。首先,"差异"是教学的重要资源,我们必须努力使其可视化;其次,"问题"是促进学生深度学习以及教师基于深度学习进行设计与实施的重要载体。

　　把差异作为一种资源

　　美国著名的脑科学研究专家戴维·索萨(David A. Sousa)和差异化教学专家卡萝·汤姆林森(Carol Ann Tomlinson),在他们《差异化与脑》(DIFFERENTIATION and THE BRAIN)一书中,有这样的一段话。"回想 19 世纪晚期和 20 世纪早期那种只有一间教室的学校,一个老师必须在一间教室,同时教育不同年龄和不同年级水平的孩子。那位教师必须熟练地在课程内容、教学策略和评价技术方面进行差异化地操作。而他的教学资源也非常有限——粉笔、石板和一些书本——学生学习识字、算术、书写和良好行为习惯。在这种环境下,学生和老师经常在一起好几年,所以他们必须非常了解彼此。这密切关系又为教师针对个别学生来调整教学(即因材施教)提供了可能。毫无疑问,合作学习的种子也在这里生根发芽——年纪大的学生帮助低龄、低年级的孩子"(David A. Sousa & Carol Ann Tomlinson,2010)。他们对于学校教育的这种回顾,显然并不是否定今天我们老师们的实践或是今天学校教育制度的设计。可以想象,对一个有着近四十个或者超过这个数目孩子的班级,面对同一标准的考试,我们教师或者学校所面临的压力和困难。但从这段文字我们依然必须明白这样一个浅显的道理——"一件衣服不可能适合每一个孩子"。当我们强调"效率优先"的同时,学生学习的主动性、独立性、创造性、实践性,特别是学生个体的差异性却被削弱,甚至被无视。在"一把尺子"的评价下,许多孩子的学习兴趣被扼杀,许多孩子的学习潜能被怠费,孩子作为个体的人的独特价值没有受到应有的尊重和重视。教育公平,不仅仅是入口和出口的公平,还在于过程的公平,即学校和教师关注并保障每一个孩子学习期间的充分而有个性的发展。由此,对学生学习差异的发现,不是单纯为了提高教学的效率,而是对教育本源的价值思考和主动作为。对学生实施差异化的学习支持,不仅是为了提高学生学习的分数,更为了成就每一个不一样的学习者,让他成为最好的自己。汤姆林森(Carol Ann Tomlinson)在其《怎样在混合班中实施差异化教学(第2版)》(How To Differentiate Instruction In Mixed-Ability Classrooms)一书中指出,"一个实施差异化教学的课堂上,教师主动地计划和执行与学习内容、过程、结果相适应的多样的方法,以期待和回应学生在学习基础、学习兴趣和学习需求方面的差异"(Carol Ann Tomlinson,2001)。对教师而言,"差异"应该是一种"期待"和"回应",作为一种教学的"资源"加以珍视,而不是为了减轻工作量和工作难度,把学生人为地进行分等筛选以控制所谓的"变量"。同时,索萨与汤姆林森对差异化教学的历史回顾也让我们看到,教师对差异的关注不仅仅是一种价值坚守,还需要在课程、教学与评价等方面成为专家。

问题让"差异"变得可见

有这样一堂小学自然课,学习的内容是"认识昆虫蚂蚁"。

在学生自主提问时,学生提出了这样一些问题:蚂蚁的身体可以分成几部分,蚁后可以活几岁,蚂蚁的巢穴在哪,蚂蚁是有益的还是有害的,白蚁就是变白的蚂蚁吗,为什么有蚂蚁搬家,白蚁蚂蚁会打架吗,为什么只有蚁后有翅膀,蚂蚁会偷吃庄稼吗,为什么蚂蚁会乖乖排队,蚂蚁什么东西都吃吗,蚁穴具有怎样奇妙的结构,它们有幼虫期吗,兵蚁可以活多久。事实上,孩子们通过对所有这些问题的辨析与归类,最后形成了对蚂蚁认识的六大方面,即体貌形态、栖息地、与人类的关系、食性、行为、繁殖生命周期。这种从"差异"开始到最终建构自己的问题解决通路,并进而获得个性化知识的过程,就是一个知识与技能、过程与方法、情感态度价值观三维目标达成的过程。其中,不同孩子的问题背后透射出的是不同的学习兴趣、不同的学习基础与不同的概念表征。事实上,前文已述,问题不仅能激发需求、产生学习动机,问题也能呈现不一样的学习路径和学习风格,问题解决的过程更能完整地呈现学习者从动机到元认知再到认知的综合发展水平。由此,让孩子面对学习任务,充满"问题",主动提出"问题",自主建构"丰富、有层次、可扩展"的问题系统,实现知识的连续建构与学习的有效迁移,是提升学生学习的动力水平、元认知能力和认知能力的良好途径。

问题促进深度学习

德国著名哲学家伽达默尔(Hans G. Gadamer)论及提出问题的重要性时曾说过,"我们可以将每一个陈述都当作是对某个问题的反应或回答,而要理解这个陈述,唯一的办法就是抓住这个陈述所要回答的那个问题"。在传统的教学中,学生们得到的正是这些"陈述",而没有机会"抓"住这些陈述所要回答的问题。由于学生缺少机会将知识与具体的问题情境联系起来，并且太多的事实性知识也没有为学生的高级思维能力发展提供必要的训练机会，因此，用传统教学模式培养出来的学生可能拥有丰富的知识，但却缺乏解决具体情境中新问题的能力准备，更没有发现问题的敏感与习惯。问题普遍存在于这个世界，人类社会的历史正是在不断发现问题，又不断解决问题的螺旋上升的过程中发展前进的，我们必须把知识得以产生的"问题"还给学生。从这个意义上来讲，要促进学生深度学习，发展孩子高阶思维能力，我们不能只把问题的答案作为课程的内容，不能只把对"陈述"的掌握作为课程的目标，还要把问题以及问题解决的过程作为重要的学习内容，把过程与方法的获得以及学习经历、体验作为重要的课程目标。

碎片化问题的提出与解决。不管是"是何""为何""如何"的问题，还是"由何""若何"的问题，我们都明白每一类型的问题都指向特定的认知对象，都有特定的认知水平要求。这正是为什么我们课堂中，教师一定也习惯依托问答的方式来帮助孩子理解和获得知识、技能的最初缘由。因为，问题与教学目标直接相关，问题回答可以检验学生当下是否理解或是目标是否达成。然而我们会发现，课堂中基于碎片化问题的问答或解决，更多如上述所反映出的问题那样，学生获得的是"陈述"，是结果而不是知识得以产生的"问题"。因此，这种学习依然是浅表层次的学习，学生获得的是确定的结论而不是个性化知识或是学习的能力，也就是我们通常所说的，学生学会了，而不是会学了。更何况，在这样的课堂中，这些碎片化的问题大多由老师提出，而非学生自主发现并提出。

系统化问题的提出与解决。有研究者指出，"有效性学习必须满足这样的学习条件——结构化知识、一致性、整合性、有意义性的知识联结。并且有效性学习不仅仅是学得信息本身，而且要学会信息该用在什么地方，因此有效性学习要求知识的程序化、可用性"（邢强孟，卫青；2001）。传播学家拉斯韦尔（D. Lasswell）给传播和交流过程下过一个著名的定义，"谁向谁通过什么途径说什么并产生什么效果"。这一定义实际上提出了传播过程中的五个基本问题，即谁说，说什么，对谁说，通过什么途径说，产生什么效果。这五个问题构成了一个具有内在联系的问题系统，它们不可分割，因为任何一个单个的问题都无法阐述传播的概念。事实上，在我们义务教育阶段，学生不同领域课程的学习，一个重要的任务是理解并能运用概念，同时在学习和获得概念的同时，掌握其程序与方法。由此，如果说我们让孩子解决或者回答碎片化的问题，只是让他们获得了基础知识或基本技能的话，那么让他们把碎片化的问题进行结构化、系统化，然后基于问题系统来学习，就不只是一个获得"陈述"的问题了，而是真正让他们获得知识是如何产生的问题。在这个过程中，不同的学生通过钟教授所说的"问题分享"，就能产生协同学习，进而让不同学生的"差异"得以发挥积极作用，并进一步优化和提升认知的过程与效率。事实上，在我们长达十多年关于"问题化学习"的研究中[1]，我们已经发现不同学科、不同学生基于不同模型所形成的问题系统，与学生发散思维、聚合思维、批判思维、辩证思维等不同类型思维的发展有着密切关系和积极作用。所以说，如果碎片化问题的提出与解决能够让学生学会

---

[1]　具体可以参阅，王天蓉，徐谊著.《有效学习设计——问题化、图式化、信息化》以及王天蓉，徐谊，张治，冯吉，唐秋明著.《问题化学习教师行动手册（第2版）》.

的话,那么系统化问题的提出与解决能够帮助学生从学会走向会学。

对问题与问题系统的追问。上文中钟启泉教提出了"能动学习"一词,并认为它表现为"教师联系儿童的回答、反复追问使其意识到自身回答的角度、视点和根据,从而让儿童发现新的关系与关联、产生新的课题"。也就是说,追问是产生并达成能动学习的重要方法和手段。他的观点也和我们一直以来基于"问题化学习"的研究与实践完全一致。在我们看来,如果提出问题与回答(解决)问题,能够发展学生认知能力话,那么老师追问,特别是让学生学会对自己或他人的问题及问题系统进行追问,则能发展学生更高层次的思维。因为通过追问,能够让"问题深化",能够让新问题持续产生,能够让学习和思维走向更深处、更高处。因此,不同主体、维度(如,老师追问学生,学生追问老师,学生追问学生;对结果追问,对过程追问)与方向(如,顺追、逆追)的追问,是引导孩子深度学习,有效提升学生思维品质与水平的重要方法和途径。然而,由于我们老师"害怕"课堂上因为学生提问或者有问题,而导致教案不能顺畅执行,所以很少会主动地发展学生追问的意识和能力。

问题系统促进学科思维培养

学科思维能力是指学习者在认识和把握某一学科的过程中形成的特有的思维能力,其思维品质也与该学科科学研究的特征相匹配。例如,地理思维能力可以理解为学习者在学习地理课程过程中,形成的对地理事象、规律、原理的认知、理解、分析、判断、归纳、评价等能力;地理科学研究的特征,是使形成的地理思维具有综合、区域、空间、联系、批判、追求新结论等基本品质

（张亚南,2010）。

学科思维能力与学科的基本问题相关,它包含了:这门学科是什么,以什么为研究对象? 在课程中我们主要学习什么,并且将按照怎样的方式去学习? 通过学习我们最终将获得什么? 所以,学科的基本问题,既是关于这个学科的本体论问题,也是认识论与方法论的问题。如历史学科,它是研究人类社会发展过程的学科。历史学科思维能力是以历史知识为依据,分析解决历史问题和现实问题并具备预见未来的能力。所以学习历史,不仅是让学习者了解史实,其终极目标更是为了培养学习者的历史思维,能够运用唯物史观对社会历史进行观察、思考,并形成正确的历史意识。又如数学,它是一门研究现实世界空间形式和数量关系的学科,具体包括了算数、代数、集合、三角、微积分等。因此,数学学科最基本的问题就是探讨数与形的问题,数学最主要的方法,就是逻辑推理。在学习数学之后,不仅要让学生掌握数学概念与原理,获得计算方法与能力,更重要的在这个过程中,让他们获得数学的思考方法。

所以,学科学习的目的,不仅仅是掌握这门学科的基础知识与基本技能(狭义),更重要的是获得学习这门学科的思维能力与思想方法。比如,历史学科学习,"'进步'的含义是什么? 例如工业革命代表了进步,但工业革命同时也带来了很多生态破坏,在人类历史的长河中,如何看待这个'进步'?"再如,"回顾历史,我们能看到怎样的未来?"历史思维具有历时性,强调的是历史发展演变的过程,强调理解今天的现实社会来源于过去的历史,要用辩证思维的发展观去理解,这是学习历史的要义。

基于问题系统优化的学科思维培养。由于问题具有认识论与方法论的意义,即人们如何认识世界以及用什么方法认识世界。因此,培养良好的学科问题意识,以及进行基于问题系统优化的学习是发展学科思维能力一条有效路径。而基于问题系统优化的学科思维培养,其实践路径包括了问题系统化、系统图式化、图式可视化。

问题系统化。问题系统是指在一个整体中具有内在关系的诸多问题所构成的问题集合,而组成问题系统的重要依据是学科知识的内在联系与认识、把握这一学科过程中需要形成的特有的思维方式。问题系统化就是将学科学习过程中重要的学习问题系统组织的过程。

系统图式化。图式(schema)是认知发展心理学中的一个重要概念,是指一个有组织、可重复的行为模式或心理结构,是一种认知结构的单元。一个人的全部图式组成一个人的认知结构。图式是动态变化的,通过同化、顺应和平衡,个体的认知结构就会不断变化、丰富和发展,学习迁移也就随之发生。系统图式化,就是学生通过对特定学习任务中自己或他人问题的系统优化以及基于问题系统开展学习,形成并建立特定的有组织、可重复的心理结构。这种心理结构进而在新任务(特别是跨学科)学习中,发挥过滤、筛选、整理等积极功能,从而进一步优化认知过程和知识结构,从而建立新的图式。无论图式的获得是自动的还是策略的,教师都要通过教学使图式精制化。只有当学生头脑中有关问题或问题系统的图式更精致时,才能提高他们在学习时进行类型识别的准确度、整体性,从而轻松自如地解决问题。

图式可视化。它是指借助各类图形认知工具,包括应用软件或手绘图表,让问题解决过程、知识间的联系或者认知过程变得可见,可描述,以帮助和促进学生图式获得、归纳与建构。

语文学科思维与问题系统组织。狄尔泰说过,自然界需要解释说明,而对人则必须去理解(殷鼎,1988)。语文学科学习一个重要的任务或学习要求莫过于理解,包括对文本以及由文本而延伸出的外部世界以及个体自己。因此,建构形成对阅读材料理解的认知图式就显得尤为重要。实践中我们发现,在语文阅读理解中,最基本的问题可能包含了这样几个方面(王天蓉　徐谊;2010:334～335):①文章写了什么,怎样写的;②为什么这样写;③这样写好/不好在哪里;④我同意不同意作者的观点;⑤如果我是作者/文中人物,则……⑥对我有什么启示。

再深入下去,对于不同的文体类型,阅读理解的问题系统又存在差异。如议论文阅读中的关键问题,往往从"作者的观点究竟是什么"入手,由此衍生的,是"作者为什么这么说(作者持这个观点的原因是什么)","与作者所持观点相反的观点是什么,作者如何看待这种观点","作者这样认为,其实是看到了这个问题的本质是什么",等等。当然,我们已经从上述分析中看到,"作者为什么这么说"是一个需要有足够支撑性内容的问题。因此,"作者运用哪些论据来论证其观点","每一个论据起到怎样的论证作用","还能运用哪些论据对作者的论点进行论证","作者的论证顺序是怎样的,作者为什么安排这样的论证顺序"等等问题的提出,也可以帮助读者对文本获得整体理解。

而说明文阅读中的关键问题,首要的便是"本文的说明对象是什么","说明对象的特征或说明对象的内在规律是怎样的"这几个问题。关于写作,主要就是写什么、怎么写这两大问题系统,当然还会有一个内隐的问题,那就是为什么而写。这些问题,分别解决选题立意、写作构思与写作技能的学习。尽管如此,语文的学习不可能粗略到只需要掌握这几个框架,还需对不同文本本身的细致深入理解。不过,有组织的问题系统是对一类文体的大致概览,它有助于形成学习者对学科的基本思维框架。

数学学科思维与问题系统组织(王天蓉　徐谊;2010:349)。数学学习中最基本的问题类型包括了是何、为何、如何的问题。是何的问题,主要是关于一些数学概念、命题、公式、法则、定理、公理等方面的知识,产生于运用数学概念、命题以及它们之间的关系。例如:什么样的图形叫三角形,三角形的特征是什么。如何的问题,主要是关于数学运算、算法之类的操作性知识及如何获取数学知识的策略性知识。算法问题主要产生于运用数学概念、规则等进行推理及其推理后产生的认知操作。例如:96×125运用乘法分配律怎样进行简便运算? 还可以运用哪种方法使它简便? 策略问题侧重于知识学习过程中内在的数学思想方法。策略性数学知识的问题的核心引导学生具有反思技能。例如:想一想刚才我们是如何获得三角形面积公式的?

在数学学习中,学生可以根据知识(概念、定理、计算规则等)的内在要素或相互关系来形成问题系统。比如,小学5年级"长方体、正方体的表面积"这一学习内容。学习的重点是,建立表面积的概念,理解并掌握长方体、正方体表面积的计算方法。课堂中学生提出了很多问题,根据数学的学科逻辑进行梳理,就可以获得如下的问题系统。主要的问题分为三个方面:一是首先了解并说明长正方体的表面积,具体包括了什么是表面积,表面积和面积有什么区别,什么是长正方体的表面积,这些是继续学习后面内容的前提,称为准备问题;二是本课的核心问题,即如何计算长正方体的表面积,具体包括一般长方体表面积怎么算,特殊长方体表面积怎么算,有哪些计算方法,等;三是学

习这一内容的价值意义问题,学习长方体、正方体的表面积这一
内容有何作用,它又能解决哪些实际的问题,包括溯源科学家当
时为何会提出研究这样一个问题,它是一个怎样的数学发现事
件,对于整个数学学科的发展又具有怎样的意义,如今又能解决
哪些实际的生活问题,等。这些问题,就构成了"长方体、正方
体的表面积"这一课的问题系统。它按照学习数学特有的学科
逻辑方式来组织,因此也体现了学科学习的基本思路。

科学探究思维与问题系统(王天蓉　徐谊;2010:349)。科
学探究的基本过程,也可以通过问题系统的组织来支撑探究的
整个过程。一是观察现象,提出问题。如,你发现了什么,你有
疑惑吗,你想知道什么,这个现象是有规律的还是偶然性的,还
伴随着什么现象,为什么会有这种现象;二是进行必要的文献调
查。如,前人是否有关类似的发现,他们用什么方法、怎么解释
这个问题;三是猜想假设。如,是什么原因导致这一现象的;四
是实验验证。如,用什么可以证明假设,我得到的数据支持原来
的假设,根据得到的数据我发现了什么,怎样根据数据来解释现
象呢;五是综合考虑。考虑更多的可能因素,比如考虑这些因素
的综合作用;六是深入下去。如,为什么这个因素与现象具有因
果关系,更深层次的机理是什么;七是推广开来。如,这个结论
若换个对象是否仍然成立,有没有例外,为什么会例外,这个规
律有何应用价值;八是结果表达。如,该如何表达研究结果,该
如何撰写报告、发表见解、答辩论文,是否用擅长的方式表达探
究的结果(语言、文字、图表、模型等),在探究的过程中你有什
么感受与体会,你倾听了别人的探究结果有没有好的建议。科
学探究的问题系统,就是让学习者在探知科学结论的过程中,经
历科学探究的过程,获得科学探究的方法,最终在头脑中形成这

样一个关于科学探究的心理模型。

工程设计思维与问题系统。科学发现是以探究为中心,其思维的核心是探究思维。工程实践是以设计为中心,其思维的核心是设计思维。工程设计类的实践探究活动通常具有明确的目的性,它的基本流程一般包括:①分析问题,了解研究对象是什么。通过列举缺点、扩大功用、改进功效等方法,分析过去的产品有何缺点;②明确目标,确立准备在哪方面进行改进。通过材质替代、外观美化、尺寸调整、结构优化、功效扩大等办法进行计划;③设计验证,付诸实践。包括精心计算参数,巧妙设计图纸,反复测试数据等;④产品完善并实践运用。通过对产品的应用推广,不断发现新问题,通过降低成本发现新的改进点,从而促使产品的持续迭代。

工程设计实践活动往往以发明、设计改进为主,是指向应用的发明创造,它与科学研究有一定的区别,但是又有紧密联系。工程实践类活动离不开基本的科学规律和事实参数,但是它又是以开发为取向、设计为核心的活动,其建构的问题系统也是培养设计思维为核心的心智活动。

还有特定知识领域的问题系统,如之前举例中认识昆虫的问题系统。我们认识一种昆虫,想到的问题就是:长什么样子——体貌特征;吃什么——食性;住什么地方——栖息地;如何运动——运动方式;活多久——生命周期;如何繁衍后代——生殖;与人类的关系如何——社会价值属性,等。而头部有触角,胸部有三对足与零到两对翅,身体表面由几丁质外骨骼包裹,是否有幼虫期,则通过节点分支的详解,让学生进一步认识到这些方面都是昆虫最主要的特征。其实认识昆虫如此,认识其他的动物,如禽、鱼、兽等也是这样一种模型。

再如，在力的世界中，问题可谓五花八门，但我们根据力的性质、三要素，其基本问题系统是：力是如何产生的，力的方向如何，大小如何，影响大小的因素有哪些，如何测量，等等。弹力、摩擦力、浮力、重力大都如此，区别就在于子系统。但要最终在学生的头脑中形成稳定关于"力学"的认知图式，仅有弹力这一个问题系统是不够的，它需要对不同的力学知识的问题系统进行分析、比较与归纳，最终才能形成完整的相关认知图式，即该领域知识的学科思维。总之，学科思维体现是对于某一特定知识领域的认知图式，而这种图式也通常是学科学习中某些特定的内在理论分析模型，与之相适应的问题系统，通常也代表了专家的认知图式与心理结构。

综上所述，"为未知而教，为未来而学"需要我们以一种更具有'未来智慧'的教育视角来重新审视我们以往的课程行为，并努力建立新的课程实施逻辑。这条新的逻辑不应该始终把"教"作为我们探索的重点，而应该把"学"作为我们研究的聚焦点和实践的源点；这条新的逻辑不应该只把对"陈述"和问题结果的记忆、掌握作为我们的课程目标，而更要把"陈述"背后问题的获得作为我们的课程目标；这条新的逻辑不应该是以教师的问题或是教材的问题作为我们教学的起点，而应该让学生的问题成为我们实践的起点；这条新的逻辑不应该控制乃至忽视学习者的差异，而应该努力去发现不一样的学习和学习者，从而让"差异"成为我们最为宝贵的资源，以实现更佳、更充分的支持；这条新的逻辑不应该让学习者没有问题，而应该让学生拥有满脑子的问题，并且主动积极地提出问题并努力建构自己的问题解决通路。今天，科技正以难以想象的速度在发展进步，新知识也以超乎我们认知的速度在爆炸式增长。美国国家科技奖章获得者,世界最重要的发明奖"Lemelson—MIT"大奖获奖者,拥有13项荣誉博士头衔并曾获3位总统嘉奖的发明家、思想家、预言学家雷·库兹韦尔在其著名的《奇点临近(The Singularity is Near:When Humans Transcend Biology)》一书前言中,引用了交流电发明人尼古拉·特斯拉的一句话,"我认为任何一种对人类心灵的冲击都比不过一个发明家亲眼见证人造大脑变为现实"。而事实上,在特斯拉说这句话一百多年后的今天,我们似乎越来越清晰地看到,也许它终将会成为现实。当世界围棋第一人柯洁在谷歌的智能机器人——阿尔法狗面前毫无还手之力时,我们猛然发现,我们学习的速度根本赶不上机器学习的速度。这不得不让我们思考这样一个问题,如果我们还以过时的眼光去看待这个世界,还以陈旧的理念去思考学校存在的价值和教育的意义,还用陈旧的方式去教,以老的方法去学,那么在学习速度与新知识产生速度落差越来越大的今天,我们是不是正在让我们的孩子越教越笨,越学越笨呢?! 由此,我们必须重新构建课程实施的逻辑,重新审视学校的意义,教育的本原以及课程教学的本质,让学生和学习回归中心,我们要做的不只是传授知识,而是让孩子成为一名终身学习者,在未来快速变化的世界面前,他们始终保持好奇心、学习动力和适应能力,拥有解决未知的复杂问题的能力!

第八章　走向课程的自适应

　　一个优秀的学习者最重要的特质也许不是掌握了多少已知,而是对于未知表现出来的好奇心、学习的热忱以及判断、解决未知情境下复杂问题的能力。因此,"教学是通过引导学习者对问题或知识体系循序渐进的学习来提高学习者在学习中的理解、转换和迁移能力(布鲁纳)"(顾明远,1990)。引导学生对问题的学习,就是一个从发现问题到解决问题的过程,而事实上,纵观人类社会,无论是思想的发展史,社会的进步史,还是科学的发现史,技术的革新史,无不都是在不断地发现新问题中解决问题,又在解决问题中发现新的问题。而每一个独立的个体,也都是在不断的自我追问中追寻着自己的精神家园。所以说,是问题把学习者带进了无限可能的生活世界与科学世界,真正的学习就从学习者有了问题、发现问题开始。围绕着问题,他们在知识的海洋中穿越着所谓的"体系壁垒"自由"穿梭",他们设定自我的目标,他们调整行动的步伐,他们实现对自我的重新认识和新知识创造,他们充分享受着学习的快乐。然而,曾几时起:固定的课时学习时间让问题还未充分解决,就被草草了结,学习还未充分展开,就被匆匆结束;"壁垒森严"的分科学习,让学生真实问题的解决"四处碰壁",学习不再是知识海洋中的畅游,有趣的科学世界越来越远离孩子真实的生活世界。学习不再是学习者自己的事,学习不再是一件充满乐趣的事。学习者被套进"同一件衣服",甚至被规定"穿衣服"的方法。面对未来世界,培养面向未来的学生,作为教育者我们必须对此作深刻的反思并有所行动。

1. 创造可以生长的课程

一直以来,我们的课程都是遵循课程的原理,按照学科知识的逻辑,以课程或学科专家的视角来设计、实施和评价。也就是说,课程开发建设的主体(唯一的主体)就是专家,而课程实施与最终评价的主体(大多是唯一的主体)是教师。这种自上而下的操作路径,让学习的主体——学习者的主观意愿被"有意无意"地忽视。同时,没有学习者的参与与"内容"的持续贡献,让最具张力的课程成为了"死"课程,不仅无法满足同一时期不同学习者的学习需求,更无法应对不同时期不同学习者持续变化着的各类学习问题。因此,我们必须对现有的围绕课程而实施的各类行为进行调整,让包括学生在内的多元的主体共同参与课程的建设、实施与评价,如同工业4.0所提出的那样,让课程管理从"集中控制"转向"分散增强"。建设并"经营"以开放、有序、合作、共赢为原则的学校课程"生态圈"。在这一"生态圈"中,学生与社会成为学校课程的重要资源,成为课程建设实施评价的主体之一,而不断变化着的学习需求与多元主体对内容的贡献,成为推动学校课程体系持续丰富与完善的不竭动力。从而创造真正可以生长的课程,实现课程的"自适应"。

问题构建新的课程逻辑

一直以来,基于学生对特定领域知识系统而高效率的学习、掌握,我们建设了分领域、分学科的知识逻辑体系。同时,基于学生身心成长的规律,我们再把知识体系以"植入"的方式,置于不同学段或学龄的学生的学习材料中,即形成了课本或是教材。这种基于领域或学科专家视角的课程建设路径,也是当前世界各国宏观层面编制教材的普遍或通行的做法。然而,正如上文所述的那样,人类社会在今天,新知识正呈几何级数在爆炸式增长。即便在同一领域,新知识的产生在加速,知识分类越来越细,领域知识的专家越来越难以构建起完整的学科知识图谱。也就是说,我们越来越难以确定究竟哪些学科知识对哪个阶段学生的学习是必需的或是有意义的。再加上与教育有关的诸多领域的科学研究也在快速发展,也在持续产生着新的发现,我们甚至不得不思考这样一个问题,会不会有一天我们突然发现,我们曾经试图"把一切知识教给一切人"的想法和努力根本就是种错误?

由此,从学校与教师角度出发,我们没有能力去质疑也不应该去苛责宏观层面课程开发与管理的那条逻辑,但在微观实施层面,我们可以去建构新的逻辑,基于我们的教育情境,基于我们不同的孩子和他们不一样的学习需求。

让学生的问题成为课程升级的源代码。不一样的学习者,意味着不一样的学习起点、学习风格和学习需求,所有这些不一样我们似乎都可以从他们问题的提出,问题的解答以及基于问题展开的学习来发现。学生的问题既可能来自学科学习,也可能来自真实的生活世界和内心世界。如果说问题的提出实现了学习者认识世界与认识自己的发生机制,那么问题的解决则实现了让他们的科学世界与生活世界的有意义连接。因此,问题可以让我们更好地观察学生、发现学习,问题也可以让我们更好地了解学生、支持学习,问题还可以让我们传统静态、整齐划一的课程"动起来",使之个性化并充满教育的张力。由此,从一线实践者角度,我们似乎找到了另一条区别于专家视角,不再纯粹基于学科领域知识体系传授与学习的新的课程建设与实施逻辑——基于学生和问题!

基于学生,意味着我们把学习的权利归还给学习者。他们可以自由的提出问题,甚至当他们没有问题时,我们老师千方百计地让他们有问题,并且主动地提出问题,提出有价值的问题。我们给他们提供支持问题提出的时空和环境:课堂上,我们以他们的问题为起点来开展教学,让学科问题、老师问题隐藏在"背后",让课堂成为老师和伙伴共同支持他们问题解决的交流和合作的场所,真正让学习的热情与乐趣自然流淌;校园内,我们建设便捷的学习终端,布置各类能够让孩子自由"粘贴"问题的布告栏,让孩子可以随时登录个人学习空间,提出问题或是解答他人问题,让孩子可以随时呈现自己的问题或是粘贴自己的问题解答;校园外,我们通过建设属于我们自己的"百度问答"和"知乎",让家长、孩子、老师或是专家们一起参与问题的提出与回答。所有这些基于"问题"的孩子们的学习行为都被关注、被记录、被赋值、被鼓励。基于"问题",学生实现了自我学习目标的设定,学习进程的计划,学习内容的重构,学习路径的规划,学习社区的组建,学习评价的开展……学生真正参与了课程的建设与实施,实现了课程的个性化改造,并且成为了各类"内容"的贡献者。

基于问题,意味着我们需要重新思考课程"生产"的方式。在课程的3.0阶段,即便我们提出了"以学习为中心",为每一个学生的个性化成长提供丰富与可选择的课程;即便我们提出了课程应该是能够让学生有学习知情权并学习自我判断,让学生有学习选择权并学习自我发现,让学生有学习决定权并学习自我规划。但事实上,在那个阶段,学校的课程依然更多的是一种自上而下"供给",我们改变的只是给孩子多提供"几件衣服",而不是让孩子一起来"设计"和"制作"属于他们自己的衣服。我们课程"生产"的起点,并不完全基于"需求",甚至并没有基于"需求",而是基于我们所谓教育专业者的预判甚至是想象,即他们"应该"需要,他们"可能"喜欢,学习这些课程"也许"能提高综合素质或实现个性发展,等等。在那个阶段,即便我们提出了课程的"连接"与"连续",提出了打破学科壁垒,建设与实施综合课程,但是对老师来说,怎么打破,怎么"连接"或"连续",这根背后"牵牛鼻子"的"绳"究竟是什么,显然依然没有找到。由此,我们可以发现,"需求、问题、参与、贡献",是让课程再升级的关键词,而"学生的问题"就是它的"源代码"。在课程4.0阶段,基于并围绕学生不一样问题,让学生形成问题化学习的学习方式,建构起基于"问题"的课程新逻辑,是突破目前国家课程校本化实施的质量瓶颈,是贯彻落实课程改革深化目标的有效途径,至少是一种有益探索和有价值的补充。

基于问题的基础型课程再开发①。在课程 1.0 阶段,教师通过中观课程设计,让教材转变为教程,它解决了教师对课程实施中四个关键问题,即为什么教、教什么、教到怎样程度以及怎么教,的理性思考和科学实践。然而,这种从"教"的视角来转化课程教材的方法,依然把"知识"的有效获得作为主要目标,

① 本部分后附具体实践案例.

把全体学生学习效率和效益的提升放在实践的首位,学生的学习差异与需求并没有受到足够的关注。在第七章中,我们详细探讨了问题系统在发展学生学科思维,促进深度学习方面的价值。由此,在课程的这一阶段,就基础型课程而言,我们需要从"教程"再次转化为"学材"。此处所谓的"学材",是指以学生为学习主体,教师基于学生学习需求,通过对学科课程教材在学习目标、学习内容、学习过程、学习评价等方面的重新设计、调整与组织而设计开发的学生自主学习的材料或资源。

以单元为形制,以基于问题系统的自主学习为主要特征。与中观课程一样,学材的开发也以一个完整的主题或专题为基本单位。但不同的是,中观课程是教师开发设计的一个高结构的单元实施方案,而学材是师生共同建设的基于学生个体的自主学习方案。同时,学生基于一个主题或专题的学材的自主学习,一个重要的任务是自主提出问题,并建构单元的问题系统。

以碎片化、协商性和多样的学习支持为设计的基本取向。所谓碎片化是指整个学材的模块组织不是按照教学上的一般流程来安排,而是让学生自主确定自己的学习进程。一个学材有相关需要达成的学习目标,但如何达成、何时达成,学材只提供基于不同目标的基本的学习内容,并且这些材料都独立成块,学生需要自主来规划。所谓协商性,是指学材确定的目标、提供的内容以及需要完成的诊断练习并不是唯一的、限制性的,不同学生在学习相同单元学材时,可以根据实际与教师开展协商,重新规划与实施整个单元学材。所谓多样的学习支持,是指教师充分预估学生在建构问题系统,完成学材内容学习,达成学习目标过程中可能遭遇的障碍和面对的问题,因此提供可能的资源导航、温馨的学习提示、即时的学习诊断、建议的学习方法，等。

以课内与课外、个体与小组、过程与结果等的充分联通为实施的主要方式。学材作为学生自主学习的课程资源或材料与教程一起组成基础型课程教与学的主要内容。事实上，在课程1.0中，教师学单开发与设计的一个重要目的，就是把教的问题与学的问题，在课堂上实现连接。因此，从"教"旨在发展学生的学科思维，"学"为了让学生自主建构认知图式，它们借助和依托的是同一个"载体"——问题系统，无论教师与学生怎么规划教与学的进程，最终两者都一定也必须在课堂上"相遇"。其次，学生学习的差异，以及群体学习在激发个体学习动力方面的积极作用，基于学材的学习都需要让个体的自主学习与小组的合作学习结合起来。最后，从教学角度来说，教师设计开发学材，不能将学习的结果或者学生通过自主学习高效达成教学目标作为唯一或者主要目标，而是让学生积极参与课程的建设与实施，管理自己的学习，激发学习动机，发展元认知能力，提升合作学习的水平，进而帮助自己发现学生不一样的学习以改进自己教学作为重要甚至主要的目标。由此，学生基于学材的学习，从评价角度，一定是过程与结果结合和并重。

基于问题的综合课程开发。让综合课程支持学生学习的充分展开和问题的全面解决，一个很重要的前提，就是课程与课堂开发与实施逻辑上的一致性。就目标来说，综合课程的目标，从知识角度一定不指向良构知识的系统获得，或者以事实性、概念性知识的掌握为主，从认知角度一定不指向记忆等低阶思维的发展。它更多的指向程序性、策略性知识的获得，指向高阶思维、元认知、操作技能和非智力等的发展。就内容来说，综合课程的内容选择一定不是按照特定学科的知识逻辑来编排,并且不是把同一主题下涉及的不同学科或者不同领域的知识进行删减或"拼装",而是按照学习者的学习需求或是问题系统解决的一种深度融合。就学习和教学方式来说,综合课程一定不是也不能是被动听讲或是知识传授,也一定不是离开了自主学习、合作探究、实地考察、观察记录、实验操作、亲身体验等的单一的课堂教学,而是多场景下丰富多样的教与学的方式、方法的合理而灵活选择与活动设计。就进程来说,综合课程一定不能是整齐划一的课时教学时间设定和学习步骤规范,而是视学习需要(问题解决)或是个体差异基础上的弹性的规划,如长课时、短课时;长学段、短学段;长作业、短作业。就评价来说,它一定不是只有结果性纸笔测试,甚至其不是主要方式,而是包括真实性评价、过程性评价、形成性评价、表现性评价、问卷调查等在内的各种方法的综合运用。由此,到课堂层面,其目标的制定、内容的组织、活动的设计、教学的展开、时间的规划、环境的选择、评价的实施,都将应该与课程层面的思考保持高度一致。事实上,当前基层学校开发并实施综合课程过程中所产生的诸多问题,我们大致可以从中找到线索或是答案。本轮课改中规定实施的拓展型、探究型课程,在学校层面要么走样,要么从一开始的"轰轰烈烈"到过程中的"虎头蛇尾"再到现在的"不了了之",其原因也大致如此。因此,基于问题的综合课程开发与实施,从其终极目的来说是弥补基础型课程或者分科课程在学生综合素养培养上的短板,从现实目标来说,为教师理解综合课程,以遵循教与学规律的方式来实施综合课程找到可用和可依靠的"拐杖",从而实现教师与学生的同步发展。尽管如此,基于问题的综合课程开发并不是简单地表现为一种不同领域学科课程的整合,而是作为一门区别于其他类型课程,需要我们老师做全新探索的课程行动。由于学生不一样,所以问题不一样,因为问题不一样,所以哪怕是同一门课程,不同学生最终拥有的课程内容与资源也不一样。这也就意味着,基于问题的综合课程,它是动态的,它始终在"生长"。

可资借鉴的模式。在综合课程的开发与实施方面,国外有一些我们可以参考的模式或是研究成果,当前国内最"火热"的莫过于"STEM"或"STEM⁺"教育及其课程。STEM（Science, Technology, Engineering and Mathematics）教育,指的是整合科学、技术、工程、数学等学科的课程学习,用以应对学科割裂所造成的无法创造性解决真实、复杂的科学技术问题、在新硬件时代难以设计出高品质产品的现状,培养学习者设计未来的能力,提升国家经济保持繁荣与竞争力的技术和能力。它起源于美国,是美国为了应对未来社会挑战而提出的国家发展战略,还于2015 年颁布了《2015 年 STEM 教育法案》。STEM⁺是指在原有STEM 四门学科基础上其他领域知识或学科的加入或是基于STEM 理念的多学科整合教育。最为大家熟识的是"STEAM",即科学、技术、工程、数学与艺术的整合。还如,STM（科学、技术和数学或科学、技术和医学）,eSTEM（环境、科学、技术、工程、数学）,STREM（科学、技术、机器人、工程和多媒体）,METALS（STEAM＋逻辑）,STREM（科学、技术、阅读工程和数学）,STEAM（科学、技术、工程和应用数学）,STEMM（科学、技术、工程、数学和医学）,AMSEE（应用数学、科学、工程和创业）,等等。STEM 教育在课程设计与实施方面的理念、操作大致如下表 8 - 1。

表 8 - 1:STEM 教育整合的因素模型

(Stohlmann, Micah; Moore, Tamara J.; Roehrig, Gillian H;2012)

支持	
与大学或者附近的学校合作:参与专业发展 教师合作时间:课程公司的培训与联系	
教学	
课程计划	课堂活动
关注联系　陈述的转变 理解学生的错误概念 理解学生的能力 基于问题解决　学生为中心 建立在先前基础上 关注思想、概念和主题 整合技术 与现实世界和文化联系	问题的提出与猜想 验证思维　记录并反思 关注模式的理解 在教学中使用评估 合作学习　教具的有效使用 探究
效能	
内容和教学知识要有助于自我效能感 致力于 STEM 教育是至关重要的 计划和组织非常关键	
材料	
技术资源、对技术的开阔视角、活动的材料包 活动空间以及存储材料的空间、小组工作的桌子	

除了 STEM 教育,PBL 教学模式也早在 20 世纪八九十年代引起国内教育者的关注并进行了大量有益的探索。它主要包括两种,即基于问题/问题导向的学习(Problem-based Learning)和基于项目的学习(Project-based Learning)。前者是在教师的整体把握和指导下,把学习设置到有意义的"问题"情景中,让学生通过分析真实问题,来学习隐含于"问题"背后的科学知识,

形成解决问题的技能,培养自主学习的能力(陈丽虹,周莉,吴清泉,邓安富,胡志强;2013)。后者又称项目教学法,是指学生通过承接和完成某个具体项目任务,来掌握专业技能、方法技能和社会技能的教学方法(毛晓堆,郭毓麟,易剑英;2009)。它是以学生为中心,以学生的自主性、探索性学习为基础,采用类似科学研究的方法,促进学生积极主动地解决问题的一种新型的教学方法(吴泳玲,2012)。从概念我们大致可以看出,两者都强调问题或学习任务的真实性,强调自主、合作和探究以及动手实践能力的培养。作为教学模式,它们都有一定的教学流程与框架,大致如下表8－2。

表8－2:PBL教学模式

基于问题/问题导向的学习 (Problem-based Learning)	基于项目的学习 (Project-based Learning)
呈现问题情境(提出问题)	选题/选定项目
组建学习小组	制订计划
确定学习目标	活动探究
自主探究/合作学习	作品制作
小组汇报	成果交流
评价与反思	活动评价

然而,无论是STEM还是PBL,对基于问题的综合课程开发和实施都只能是一种借鉴,却无法照搬。首先,目前STEM教育的开展大多在非正式教育中,其理论方面的研究还极度欠缺,进入学校常态课程,其怎么与学校其他领域和类型的课程进行对接乃至融合,怎么实施,怎么管理,怎么评价,评价的结果怎么运用等,借鉴意义还极为有限。其次,PBL作为一种教学模式其普

遍适用性至今依然备受质疑,这可以从当前基础型课程中,基层学校和一线教师鲜有采用该模式就可以窥见。基于前文对综合课程意义与价值的论述,我们认为基于问题的综合课程,并不是作为学校基础型课程之外可有可无的补充,而是作为与基础型分科课程一样重要的课程而存在,是一种基础型综合课程和学校的核心课程。同时,作为核心课程的实施,其在方式方法上也一定需要与其他课程对接和自洽,否则不仅学校课程管理上遭遇困难,也无从充分发挥这一课程的意义和价值。

开发的要点与需要注意的问题。基于问题的综合课程,在课程建设的理念上与 STEM 是一致的,即强调多学科、多领域知识的整合,学习与生活的紧密结合,任务(或问题)的真实性,计划与组织的关键性,等等。同时,在实施层面又积极采用 PBL 所提倡的自主、合作、探究、交流和分享的教与学方式以及强调过程性评价。但它与两者在课程建设和实施上与上述两者最大的不同在于:首先,基于问题的综合课程开发与实施,不能也不是独立于基础型课程,特别是与学生特定学段其他课程学习内容包括课程目标而存在,它首先基于特定阶段学生国家课程的培养目标,即三维目标的更为有效地达成;其次,基于问题的综合课程在教学层面基于问题的学习或问题化学习不是作为一种教学模式,而是作为一种学习方式的培养,渗透于课程实施的全过程,即学生面对学习任务,以主动提出问题为发端,通过建构有层次、可扩展、可延展的问题系统,实现知识的连续建构、学习的有效迁移"及能力的逐步形成"。这两点也就意味着,基于问题的综合课程开发与实施,在课程与课堂两个层面从课程内部来讲,在所有要素上逻辑是一致的、自洽的,从课程外部来讲,也与其他课程特别是基础型课程是紧密连接的,并且在教学方式——基于问题系统的教和学习方式——问题化学习，都完全一致。也就是说，它作为一门独立存在的课程，它有着自己"生命"的价值，它作为学校课程体系的一部分，又与其他"生命体"一起构成了整个学校课程的"生态系统"。就一些关键要素的操作，它需要体现并注意以下几方面的问题。

类型的确定。基于问题的综合课程首先考虑的是学生身心成长规律和认知规律，从小学阶段来说，学生更多是从自己生活世界即中观的世界，以经验的方式来认识科学世界。随着年龄的增长，到初中阶段，学生在不同知识或学科领域形成了一定的结构或概念表征，它更多的需要在不同的图式或概念表征中寻找连接、迁移，以形成新的图式与表征，从而实现从中观向微观和宏观对这个世界的再认识。因此，从这个角度来说，小学阶段基于问题的综合课程更多是一种生活主题的综合，而到初中乃至更高阶段，则需要同时关注知识主题的领域的综合，及生活主题的跨领域综合。从整个9年义务教育来说，生活主题和跨领域综合的权重比例如同一个天平的两端，从生活主题逐步向知识主题倾斜。

主题的选择。小学阶段综合课程主题的选择主要围绕学生生活，然后多领域内容一起加入，或以知识学习或以技能操作的方式来实施。比如说一年级综合课程的学习主题——"交朋友"，包括认识自己、认识身边的人、认识校园、认识社区等不同专题。其中"认识自己"可以围绕这样一个核心问题——我是谁，然后每一个领域紧紧围绕"我是谁"这样一个核心问题确定目标（不同学习领域的目标需要通过交叉分析、筛选并最终确定），组织内容和设计活动并实施评价。在科技探索——"认识自己的身体结构"中，回答"我们的身体有哪些部分组成？我们的身体结构有哪些功能?";在视觉艺术——"美化自己的照片"中,探究"用什么线条图案装饰来才能表现自己的特点?";在语言学习——"介绍自己"中,围绕"你的名字叫什么? 你是一个怎样的孩子? 你最喜欢什么?"这三个问题进行说话练习,在英语活动——"找朋友"中,找到一个自己的好朋友并用英语问候对方并介绍自己;在社会——"怎样交朋友"中,探讨"交好朋友有哪些好的办法呢?";在游戏与运动——"叫号接球游戏"中,体验"怎样在游戏中接触不同的朋友";在绘本学习——"小阿力的大学校"中,自主提出并思考"就像小阿力一样是怎么样呢?"同样是这个主题,到初中六年级,它的综合方式就会发生变化,核心问题依然是"我是谁"。但预设的问题系统则包括:我的身体与功能——我长什么样(基本结构)? 我和其他人的差别在哪里? 我的身体是如何工作的? 感觉与协调——我能做什么? 为什么我会感觉疼痛? 为什么我会看不清楚? 为什么我能听到各种声音? 为什么我会感觉药很苦,巧克力很好吃? 我的大脑是如何工作的? 遗传与生长发育——我像谁(染色体与遗传)? 我从哪里来(个体的、家族的和人类的生命的诞生、成长)? 和成长的烦恼(青春期特征与生育)人口与环境——地球上的人太多吗? 我们需要怎样的环境? 温室效应真的仅仅是个环境问题吗?

目标的制定。在综合课程的目标制定中,老师们往往习惯于从不同领域的知识出发,基于学科学习的要求,先进行分类目标的制定,然后交叉筛选进行整合,形成最终的单元目标。这种操作思路很容易就会形成"目标拼盘"。而拼盘式的目标,又很容易导致内容选择和组织上的简单组合和"拼装"。但同时,如果只是把综合课程视为独立于基础课程之外的活动,制定活动目的(而非目标)，则又会造成与整个学校课程体系的人为的割裂，不能发挥综合课程的在促进师生教与学方式的转型，让基于综合课程的实施成为课堂教学的常态。由此，基于问题的综合课程的目标制定，它既需要考虑不同领域基础型课程基础学力达成的要求，也要考虑特定主题引发的问题系统解决，需要发展以及可发展、可达成的知识、技能与情意。也就说，就一个单元来说，它与基础型分科课程一样，制定并形成的是三维(知识与技能、过程与方法、情感态度和价值观)上内在统一的系列目标。

　　内容的组织。本章前面部分已经陈述，基于问题的综合课程通过师生基于问题系统优化的教与学来实施课程，这对教师而来，就带来在课程开发阶段内容组织上的新问题。首先，问题系统本身具有内容组织的功能，围绕问题系统而展开的学习并不总是以特定领域知识的组织逻辑保持一致，特别是在单元层面。同时，不同学生的问题系统建构与解决并不总是与教师预设的问题系统一致，这就导致无论教师怎么提供内容，提供多少内容，都无法满足不同学生学习的需求。由此，基于问题的综合课程内容组织，首先需要考虑主题内不同领域知识建构的不同逻辑与相对完整的要求，其次更要考虑学生在不同主题学习时，教师对他们自主建构问题系统以及问题解决通路的支持。这种支持通常表现在两个方面：一是提供学习指南和丰富的资源链接；二是指导学生建设自己的学习内容，也就是让学生也成为课程建设的主体。从这个角度来说，基于问题的综合课程的开发是以老师为主导，学生也同样作为主体之一的协同和共同行动，它需要师生在课程和课堂两个层面基于具体学习情境和学习需求，进行有针对性、差异化的教材和学材的二次、甚至三次建设。

因此,它是一种开放的课程和不断"生长"的课程。

教学的实施。很多基层学校课程行为与课堂行为出现"两张皮"现象的原因之一就在于,课程建设或是课堂教学缺乏一致性的理念与方法。无论是基础型课程的校本化还是拓展型、探究型校本课程的开发实施,都没有自己的"想法"。由于没有"想法",于是到课堂就没有"章法"。而在课程的这个阶段,课程与课堂都从发现和支持"学生"、"学习"这一主线来贯穿所有的行为和所有的课程类型,都从"学"的视角而不是"教"的视角来看教育与教学的支持,都以基于问题系统优化的学习来建设课程和开展教学,都以促进深度学习和实现全面发展为最终目标,而不仅仅聚焦于认知效率的提升。由此,它打通了基础与拓展、此学科与彼学科、分科与综合,课内与课外、校内与校外、网上与线下,自主与合作、听讲与探究等的多层面、多场景、多方式下的学习界限或壁垒,真正实现了让学习在全时域中发生。因此,基于问题的综合课程实施需要注意并把握的关键问题就是,让教路顺应学路,让学习充分展开,让问题充分解决。

进程的安排。基于之前对现有课时设置与进程安排对学生学习,特别学生开展问题化学习方面不适应的反思,基于问题的综合课程在进程规划和安排上需要做不一样的思考。首先,系统规划课程目标和内容,把课程学习时域拉长。综合课程知识体系的低结构与特定领域内知识体系的高结构是一对客观矛盾。因此,实现学生知识掌握、能力提升与情态发展的同步,我们需要把目标和内容规划在相对比较长的学习时域中,以目标上的螺旋上升和内容的不时复现来突破课时的限制,"以空间换时间"。其次,基于不同主题或单元灵活设置学习时段、课时时间和学习方式。不同主题有着不同的学习目标和任务,而目标达成的评价与任务完成的方式又会有差异。因此,在学年或学期课时总量不变的情况下,可以根据不同单元主题在评价方式和任务完成方式等方面的不同,灵活、合理地规划学段、课时和教与学的方式,比如长学段和短学段,长课时与短课时,合作探究或课堂授课等;最后,设计多样的学习任务和评价方法。综合课程与基础型分科课程一样,需要达成课程的三维目标,并且突出强调学生的学习管理、实验探究、问题解决与学习体验。因此,在任务设计或作业布置上一定包括短周期作业和长周期作业,书本作业和动手作业,观察记录和数据分析,信息搜集与方案设计,社会实践与社会考察等多种内容;在评价上,一定会有纸笔考试、上机操作、实验观察、问卷调查、反思总结、研究报告、档案袋评价等多样方式。以此让综合课程的学习贯穿于学生学期、学年和学段的全过程。

从教程走向学程

从学校理想的课程体系建构方式来说,它应该是以学生为中心,通过不同学生者依据学段学习的要求和自我学习的规划,选择课程、自建学程,自上而下和自下而上最终形成学校丰富又可延展、可选择又能自"生长"、半开放还能"自适应"的课程体系。此处的"学程"有两层含义,一是学习者自建的学习课程,而是学习者自己规划的学习进程。学生自主构建学程既是学生元认知能力发展的良好抓手,也是实现课程差异化支持和学生个性化学习的重要载体。

问题是构建学程的良好"触点"。一直以来,我们学生学习的都是"别人"建设好了的课程,包括设定的目标、确定的内容、固定的进程以及统一的标准,学生并没有选择权。今天,随着新高考的深入推进,学生终于拥有了课程的选择权,即便这种选择权不仅有限,还在功利目的下"大打折扣"。尽管如此,我们依然需要追问这样一个问题,如果真的让我们孩子不仅有课程的选择权,甚至也被赋予学习的选择权,取消一切教程,让他们自主去规划学习的学习进程,自己去建设完全个性化的学习课程,他们具备那种能力吗?显然,答案是否定的。这是因为,即便我们老师,也许也不一定能够指导孩子学会构建学程。所以,至少在相当一段时间内,我们依然需要给孩子"供给"课程或教程,在义务教育阶段更是如此。这不仅是为了贯彻国家意志,达成我们的教育目标,也是对孩子负责,为他们的终身发展奠基。只是,在本章我们用了很大的篇幅都在阐释学习的不同和学习者的不同,也就是在大一统的课程目标、内容与进程以及唯一的自上而下的实施路径中,是否可以更好地兼顾差异,是否可以让我们孩子慢慢学会管理自己的学习,甚至建设属于自己的学习课程呢?就我们的研究来说,我不敢肯定我们的探索就是答案,但我们至少可以提供一种思考视角、操作办法和行动路径。

问题是学习的触点。沪版小学五年级语文学科有一篇经典学习范文"桂林山水"。从语文学科学习来说,其目标大致是"通过看图、学文,了解桂林山水的特点,掌握景物描写的方法,感受祖国锦绣河山,陶冶审美情趣"。学生需要解决的核心问题是,"桂林山水有什么特点"。在解决这一核心或者围绕这一核心问题建构问题系统时,由于"不一样的学习",就会出现许多与本课文学习有关又似不那么直接相关的问题,如"第三自然段开头分别写大海、西湖等,这是否浪费笔墨呢","桂林在中国的什么地方","祖国其他地方的河川,都有哪些特点,与桂林山水是否一样呢"。这些问题成为触发学生进入史地学科,与

"我国重要的地理分界线"内容的学习连接起来,进而形成"秦岭——淮河一线重要的地理意义是什么"这一核心问题。围绕这一核心问题解决时,又出现了"秦岭淮河与中国南北方历史格局的形成有怎样的联系"新的"触点"。于是,围绕新的"触点",又形成新的问题系统,新的问题系统进而又触发新的"触点"……学习的"触手"不断"伸"向远处和深处,学习领域不断得以延展,不一样的"学程"在这一过程中被逐步建构形成。

"问题化"是触点与触点之间的连接。《辞海》中对"化"作为动词的解释为:1)变、改,如,化险为夷;2)转移人心、风俗,如,潜移默化;3)融解、消化;4)烧,如,火化(《辞海》,1999)……在线《新华词典》中对"化"一字的解释为:1)性质或形态改变,如,变化、分化、僵化、教化、熔化、融化、潜移默化、化干戈为玉帛;2)用在名词或形容词后,表示转变成某种性质或状态,使成为,使变成,如丑化、绿化、现代化[①]……由此我们可以看出,"化"至少包含了三层主要含义,一是表示过程,二是表示状态,三是内涵情感的某种价值观。过程与状态既是一个连续体,又是独立的两个阶段,如《管子·七法》中写道,"渐也,顺也,靡也,久也,服也,羽也,谓之化"。翻译成现代汉语的意思是,"渐进、驯服、磨炼、熏陶、适应、习惯等等,叫作教化"。显然,"渐进、磨炼、熏陶"是过程,而"驯服、适应、习惯"则更多指向一种状态。同时,使产生过程或使成为的状态又内含着情感、态度和价值观,如"教化、丑化、绿化、现代化",它既指向过程又暗含着某种状态,同时也包含着目的和价值追求。由此,我们可以得

---

① 在线汉语词典. http://xh.5156edu.com/html3/2735.html. [2015 – 11 – 18].

出，"化"是过程、状态和情感（价值观）"三位一体"的呈现，既称之为"某某化"，就一定内含着上述这三个方面的思考，也一定在这三个方面有所体现。综上所述，让学生的学习"问题化"而不仅仅是"基于问题"，就是让学习"动"起来，"积极"起来，让"触点"连接起来，进而形成无穷无尽地新发现、新思考。还是以上述"桂林山水"的学习为例。"桂林山水"作为一篇现代文，那古人是怎么描写祖国美丽山水的，不同朝代都有那些代表诗词和人物呢？文人眼中的山水是如此的美，那画家笔下的山水又是怎样的呢？北宋时期，北方山水派系和江南山水派系各自的特点是什么？其画风是否与南北方的山水地貌、风土人情有联系？是什么因素促进了山水画中构图留白的形成？南宋政治变革引起的"残山剩水"意识，还是江南水乡的视觉影响，或是文学抒情诗意的弥漫？魏晋山水诗与山水画是否有联系？山水画如何实现写实向写意的转变？留白中的未完成与长卷、章回小说、戏剧、组重性建筑的未完成是否有联系？于是，从文学到艺术，从艺术到历史，从历史到政治，从政治到地理，从地理到建筑……人文艺术、社会政治、社会科学、自然科学、工程设计，学习有了科学带来的探知的美，哲学带来的智性的美，文学带来的意象的美，音乐带来的律动的美，建筑的带来凝固的美，以及绘画带来的线彩的美……学生被很多"美"所感动，那些直抵心灵的诗歌、音乐、绘画、雕塑与建筑……它们所散发出来的不仅仅是美的形式，更是人类历史漫长的心灵传递。美不仅被感知，更带来思考。

学生学程的建设，教师的角色是至关重要的。首先，教师必须心中有学生。学生是建设个性化学程的主体，因此教师一方面要把学生自主建设学程作为学科教学的一个重要目标和任务加以布置。另一方面，应该鼓励与倡导学生问题化学习，并且在学科教学中积极去培育与引导孩子形成问题化学习这一良好的学习方式。同时，学生学程的建设包括了两个主要任务，包括规划自己的学习进程和建设自己的学习课程。两者都是一个过程，既需要时间，也需要毅力，还需要老师和同伴的支持、帮助。这一切如果离开了教师正确的学生观、质量观，则学生就不可能有真正属于自己的学程。其次，教师眼中要有问题。如果没有"问题"的触发和连接，学生的学程建设更多的是学校课程"菜单"下的个人"点餐"，完成的只是自我学习进程的规划，而不是建设属于自己的课程，尽管前者也同样重要。因此，要让学生学会建设个性化学程，则需要教师在平时的课堂教学或是课程实施中，不仅要把问题"抛给"孩子，特别是那种"留白"问题，更要让孩子"暴露"问题，特别是那种有差异甚至貌似"离奇"的问题。以此来激发学生的问题意识，提升孩子的问题能力。学程作为课堂与学科课程的延伸，依赖于学生自我学习动力的驱动，依赖于学生自我学习管理能力的提高。在建设并实施学程学习过程中又会出现各种各样的问题，这些问题有的是学程本身的问题，有的是学生学习管理的问题。无论哪种问题都非常需要教师及时地发现并给予及时而有效的支持。所以说，只有教师眼中有"问题"，才能让学生的学习无障碍。最后，教师行动中要有团队。学生个性化的学程一定涉及多领域、多学科，问题的解决可以依赖于他身边的伙伴，但更重要的是不同老师的共同帮助和支持。如果不同老师不能保持一致的价值观，甚至站在学科本位、知识本位来看待学生的这一行为，那学生不仅无法建设学程，也不可能开展基于学程的学习。因此，鼓励并支持学生学程的建设与实施，需要老师们有团队的意识，也要有团队协作的能力。在平时教学中,要以团队的方式来分析不同学生的学习差异,包括动机、兴趣、倾向、潜能、基础、能力、风格,以跨学科的方式来备课或课程开发,从而更好地对学生有差异的问题进行预估,对学科有价值的问题进行预设,以此更好地、更充分地支持学生学程的建设,更准确、更全面地评估学生学习的表现和成效。

2. 智能时代的课程升级

　　教育现代化最重要的特征之一就是教育的信息化,这也就意味着,一所能称之为现代化的学校,一所致力于培养面向未来的学习者的学校,一定是从理念到实践都渗透着"信息化"。然而,正如上海市教委副主任李永智在"2017中国高校 CIO 论坛"上所作的"质变前夕的教育信息化"报告中指出的那样,"教育信息化一直处于量变之中,并没有达到质变。标志有两点:一是教育信息化应用并没有实现常态化。教育管理应用了信息技术,教育教学没有应用,用了也是偶尔用之。二是教育的理念、体系、内容还是基于工业社会建立起来的传统模式"。而要实现"质变",一定是"教育理念信息化",即"新理念指导下的一场教育革命","教育根据信息社会的要求进行一次重构,需要自上而下的顶层设计和变革",包括宏观上,"'因材施教'理念上的回归",微观上"教与学的革命性变革"(李永智,2017)。今天,我们已经进入智能时代,各种各样的教育应用软件或是教育APP 进入我们学校,然而它依然是一种量的累加或是"智慧技术"(smart technology)的应用,并没有对学校育人从认识到方法带来质的变化,也没让学习者的学习产生智慧或是生长出智慧(wisdom)。

技术与教育的"化学反应"

教育信息化的本质不是让教育去"适应"技术，也就是按照技术的规范与标准去改造教育，去流程化、规格化甚至产品化教育教学的过程。而是以遵循教育规律的方式去应用技术、整合技术甚至"溶解"技术。也就是，两者最终实现的是"化学反应"而不是"物理变化"，现代技术是"反应物""催化剂"，但最终生成的"新物质"依然是教育本身，而不是技术。

明天的学校。张治、李永智在其"迈进学校3.0时代——未来学校进化的趋势及动力探析"一文的摘要中有这样的论述，"学校是人类社会文明传承和创新的重要基础设施之一。学校的产生与发展的决定性因素是社会生产力的提升。未来学校发展将突出个性和创新，从知识的传播与消费转向知识的创造与分享。智能时代的加速到来，使面向已知的教育模式加速颠覆，自适应学习和社会化智能型学习管理系统的普遍运用将加速后文凭社会的到来。学习内容、学习资源、教学模式、管理方式、评价体系、教师角色等革新都将促进学校的加速迭代。学校3.0版将向更加开放化、多样化、智能化和人性化的方向发展，学校将是虚拟与现实融合的学习环境，将是基于数据的治理、着眼于创新的课程空间、学习内容与教学方式的颠覆式创新"（张治，李永智；2017）。两位作者从教育模式、学习方式、教师角色、学校使命等方面很好地向我们阐释了学校"进化"的趋势。文中特别指出，"（在学校3.0时代）学生到校学习最主要的不是记忆知识，而应该是智慧的成长，其中包括自信、选择、健康、沟通、提问、娱乐、分享、兴趣等，这些才是未来学校学习的重点"。"学习不再依靠传统教师。教师的工作将根本转变，传道授业解惑的任务基本上可以由机器取代。教师要真正成为学生'灵魂的工程师',成为学习的陪伴者、动力的激发者、情感的呵护者"。

　　曾经参加过一个"企业家对话教育家"的论坛,一位从事教育人工智能研究的公司老总向我们展示了他们公司的智能机器人在基于个体的诊断学生学习问题,批改学生作业,智能化推送学生学习内容与作业,精准预估学生高考成绩等方面的案例与成果。最后向所有在场的教育者问了一个问题:我们技术在这些方面已经完全可以替代老师教学,甚至比绝大部分老师表现得更优秀了,那么接下来学校和老师应该是怎样的一个角色?这个问题应该引起我们教育人的严肃思考。

　　让我们看看今天技术能够帮助我们学校,我们老师做什么,实现什么?

　　学习环境更友好。之前我们对学生学习环境的理解,能够描述的大致是物理的空间或是心理的空间。然而在今天,我们突然发现技术让学习环境变得难以描述甚至难以界定。借助网络,学习的环境变成了电视、手机、平板电脑、PC、笔记本电脑所构建的空间,学习的场景在语音、视频、文字、图片、虚拟现实（Virtual Reality）、增强现实（Augmented Reality）等各类丰富的信息输入输出方式间切换。学习者能够迅捷地获取各类需要的信息和公共知识,能够快速地记录与表达自己的学习结果,能够高效地获得各类"教师"的学习指导和帮助。这样的学习环境,早已突破了传统的概念,无论是空间还是心理,对学习者都更友好、更轻松、更愉悦。

　　学习诊断更精准。近年来,随着互联网技术的迅猛发展,大数据的概念越来越为普通人所熟识。大数据通常是指"工业传感器、互联网、移动数码等固定和移动设备产生的结构化数据、半结构化数据与非结构化数据的总和"（俞立平，2013）。大数据的价值也越来越受到人们的关注，以至于亚马逊前任首席科学家 Andreas Weigend 说，"数据是新的石油"。当前，大数据的获取、储存、搜索、共享、分析，乃至可视化地呈现已经成为世界各国重要的研究课题。《纽约时报》2012 年 2 月的一篇专栏中称，"大数据时代已经降临，在商业、经济及其他领域中，决策将日益基于数据和分析而作出，而并非基于经验和直觉"。美国管理学家、统计学家爱德华·戴明（Edwards Deming）说过，"任何人都应该用数据说话"。在教育领域，大数据的应用与智慧校园建设、促进学生个性化学习等联系在一起。通过跟踪与分析技术、组织与重构技术、感知与适应技术、评价与支持技术，获取并挖掘学生各类学习数据，从而实现从智力到非智力因素的全面、精准诊断。"大数据、人工智能很重要的特点，是能跟踪记录学生的学习过程，发现学生学习的难点和瓶颈在什么地方，帮助学生及时调节学习策略，从而取得更好的学习效果"（朱永新，2017）。

学习过程更有趣。随着线上学习资源的日益丰富和趋于智能化，"混合式学习和合作学习将成为主流，群智发展成为共识"。"网络社区的互动交流会日趋便捷。同时，伴随着学习方式的转变，人们会越来越重视合作学习，群智发展将成为常态"。正如第七章中关于"社群意识"对学生学习动力影响的阐述那样，由于现代信息技术的介入，"合作意识和合作能力的培养不仅仅是形式上的表演，而是深度的群智发展模式的实战"（张治，李永智；2017）。于是，"同学"不再是同一个班级、同一个学校的同龄人，而成为同一任务的学习者、合作伙伴，同学关系,更多变成为一种"会员"关系。再加上,学习者角色的扮演、情感的分享、成功的体验以及学习资源的丰富多样,使学习过程相比于传统的课堂,更充满趣味。

学习管理更便捷。通过上述各类现代信息技术,学校能够获取各类教育与学习场景下不同学生的学习数据,借助于各种终端设备,学习者(也包括被授权的教师和家长)随时随地能够查看自己的学习状态和学习情况汇集与分析。通过登录个人学习空间,学习者还能够便捷地查看系统智能推动的学习内容、任务和建议,并对自己的学习目标、内容、步骤、成果、社群等进行设定、调整和计划。"未来的学习管理系统将以独特的方式创造性地重组学习内容和教育应用程序,通过复杂的学习分析、自适应学习和动态社会交往,从单纯的学习管理走向深度学习行为的引导"(殷丙山,高茜;2017)。

尽管技术能够为学校,教师和学习者提供越来越多和越来越重要的支持,然而即便今天被说得"神乎其神"的人工智能,离替代学校和教师的教育教学还非常遥远。学校和教师的角色甚至永远不可能被替代,这是因为,两者都能给予学习者更为完整的知识结构与系统的思维训练,还有就是更为重要的群体间真实交流所带来的情绪、情感、个性品质、交往技能等的体验与积极发展。完整的知识结构能够帮助学习者"炼制"适用于新情境的"表征",系统的思维训练能够支持学习者预测可能出现的变化,而积极的情感体验、优秀的个性品质以及良好的沟通交往能力更是支持学习者适应未来社会的重要素养。但是无论学校还是教师必须要改变的是以往那种执著于对知识,而不是对制造知识的方式方法的传授,让学习真实、真正发生,并且还要给予孩子更多从功利的目的来看似乎"无用"的教育。

明天的教育。"在学习中需要协调的因素众多,可以确定无疑地说,学习者是其自身教育真正的'创造者'。学习者所处的环境也同样重要,但它以协同的方式发挥作用。当学习者的心智活动和他所处的环境之间建立起丰富的互动时,他的知识水平就会有所进步。环境能刺激学习并赋予学习以意义"(安德烈·焦耳当,2015;59)。在我们看来,教育与技术的"化学反应",最终生成的"新物质",就是"智慧",即让学习者创造自己的"智慧"。纵观国内外关于智慧的研究,我们可以发现,所谓智慧,它既是一种"知(认知)",是一种"行(实践)",也是与人的存在合一的一种"在(生活)"。它既是学习者运用知识、方法、策略等解决实际问题的一种能力,也是他/她能运用已知的东西明智的处理人生事务和对世界发展规律及趋向作出明智判断、合理选择的存在境界。结合当前技术的发展,我们已经可以完全得出这样的结论,即面向明天的教育,一定是现代化的教育,一定是信息技术充分融合的教育。

建设让学习全时域发生的智慧教育环境。明天的教育一定不是学习仅发生在学校的教育,而今天我们就可以通过技术让学习在全时域中发生,从而让学习者随时随地可以创造自己的"智慧"。由此,我们需要建设一体化、多应用融通的跨系统与终端的学习平台。学习者可以"一指"或"一键"实现资源的获取,学习的交互,它整合了诸如校园物联、教与学管理、教师办公、学生学习、家校互动等各类功用,并可以在教室、实验室、运动场地、种植园等校园的各个场所以及家庭,通过各类学习终端随时随地登录,以参与学习,管理学习。同时,校园硬件设施建设、环境布置等都从实现智能化、体现智能化出发,让其本身成为学生研究和学习的重要资源。让学校不再是有"教室"、"实验室"、"图书馆"、"生态种植园"、"运动馆",而是变成教室是"学校",实验室是"学校",运动馆、图书馆、生态种植园里有一所"学校"。

教育全场景的数据采集与分析。未来学校大数据一定是基于教育全场景下的自然采集,它包括了课堂内、课堂外,校园内、校园外,自主学习、群智学习,知识学习、动手操作,运动健康、书籍阅读等各类正式和非正式、线下和线上、学习活动和生活表现等的信息。通过整合和标准化,形成与学习者学习风格、学习动力、学习倾向、学习方式、学习习惯、学业表现、运动技能、身心健康、社会参与、群体交流等的,能够反映学习者综合素质的多源大数据,在此基础上建立学习分析模型,对学生综合素质发展进行多维度、全方位考察,形成基于大数据的学生个体和群体的综合素质数字画像。通过这样的数据采集与分析,为教师发现不一样的学习和学习者并提供发展指导,为学习者获得更为真实客观的发展性诊断以完善个人发展规划,为学校清晰各类管理中的问题以不断改进治理服务品质提供决策基础。

建设个性化的学习管理平台。无论是教师、学生还是家长都作为学习者而存在,学校建设面向全体学习者的个性化学习管理平台。在这平台上,每一个学习者既是内容的获取者,又是内容的创造者和贡献者,既是自主学习者,也是不同学习社区的"会员"。在这平台上,资源、媒体等各类学习内容实现差异化推送,不同个体和学习社区可以制定自己的学习目标,选择学习的任务,计划学习的步骤,生成个性化的学习档案,可以便捷地获取学习结果的分析,并且获得学习指导与策略建议。在这平台上,学习者可以借助各类软硬件工具,实现多样方式、多样情境下的"教与学"互动,并把"参与""贡献""交往"等作为重要的"品性"表现加以数据采集与分析。这一平台，给每一个学习者的学习行为进行分类赋值，持续"升级"其角色，让其角色的"影响力"不断提升，让学习如同游戏一样充满乐趣。总之，个性化的学习管理平台，一定是"有趣、有料、有效"的平台，一定是"随时、随地、随人"的平台。

技术让"问题"再显价值

前一节中，我们提出了"问题"是"触点"，通过"触点"与"触点"的连接，实现了学习者个性化学程的自我创造和学校课程的"自生长"。然而不可否认的是，在传统环境下，学习者与学习指导者的角色基本在"学生"和"教师"之间，学习社区的成员也往往局限于同班的同伴之间。由此，"触点"的提出与被发现，基于"触点"的学程创生、实施与"迭代"升级会非常不易，特别是基于同样"触点"志趣学习者的"自组织"更不容易实现。技术与环境的限制一方面大大增加了学习者创生个性化学程的难度，降低行动的意愿，另一方面不同学习者在个性化学程创生与学习过程中不能实现智慧和情感上的分享、交流、被肯定、被激励，其学习动力与过程品质也将大打折扣。从学校来说，没有自下而上"自生长"基础上的学程建设与持续丰富，学校课程体系始终是不完善的，更无法实现学校课程的"自适应"。因此，作为教育者我们必须感谢这个时代，因为技术的发展与进步已经大大降低了上述行动的"门槛"，让许多问题不再是问题，又让许多"问题"变得更有价值。

问题"众筹"让课程实现自生长。"未来的学习将日趋多样化，不再追求一个人学习 100 门课程，不再要求 100 个人学习一门课程，而是让 100 人学习 100 门课程，不是学得更多，而是学得更多样。让每个人自由发展,社会不追求全才,社会协同解决问题,未来学校需要在学习方式上进行颠覆式革新"(张治,李永智;2017)。上文已经论述,自上而下的课程"供给"显然无法实现100人学习100门课程的理想,只有让学校课程"自生长"才能满足不同学习者的学习需求,只有实现学校课程"自适应",才能让每一个学生实现自由而充分的发展,也就是学校课程体系的建设从行动逻辑到实现方式与之前三个阶段相比,发生了重要,甚至是颠覆式的改变。事实上,这也正是课程4.0阶段,课程进阶的要义所在。我们在这里提出,个性化学程建设的一个重要的载体是"问题",一条极佳的路径是"问题"与"问题"的持续连接,因为它意味着我们可以实现100人学习100门课程。另外,从学习方式来说,基于个性化学程的学习一定是问题化学习,一种能动学习,一种深度学习,一种知识的自我"炼制",一种智慧的自我创造。然而,个性化学习不等于个别化学习,个性化学程不等于学生完全单独建设的学习课程。在今天也包括明天,基于合作的群智发展才能让个体实现更好的发展。这也就是意味着,基于群智的"问题",能让个性化学程更有质量,更具价值。

泛在学习让"问题"成为重要课程资源,突破了课堂的边界。泛在学习(U–Learning),顾名思义就是指每时每刻的沟通,无处不在的学习,是利用信息技术提供学习者一个可以在任何地方、随时、使用手边可以取得的科技工具来进行学习活动的学习。通过智慧环境的建设,我们让不同的学习者,不同角色的学习指导者(领域专家、学校教师、学生家长等)提出并提交各种各样的问题,对各种各样的问题提供自己的思考、解答和追问。我们想象这样一幅图景,海量(即便是一定数量,如几百、几千、几万）的学习者与参与者在面对同一学习主题，都提出自己的问题，追问他人的问题，平台系统智能化地对这些问题进行归类，进行分析，并对不同学习者推送进一步的学习资源时，课堂被"打破"了，"教师"被赋予不一样的内涵，不同"问题"的价值被发现，不同学习者的需求被关注。在不同学习者的学习平台上，顺着"你提出的问题""你被追问的问题""你被回答的问题""你需要进一步研究的问题""你可以一起合作的学习伙伴""你可以获得帮助的指导老师""你需要学习的相关资源""你可以开展的自主诊断"……"你参与讨论的问题""你提供解答的问题""你追问过的问题""你被认定为指导老师的问题"……"问题"不再只是一个个"疑惑"和期待回答的答案，而成为一种重要的课程资源和学习资源，学生依托问题可以以个体或群体的方式创造出真正个性化的学程。

问题"众筹"让学习实现"自组织"，突破了群体的边界。在智能系统的帮助下，"问题"以"有组织"的方式呈现在不同学习者面前，学习者不再只是努力去求解问题的答案，而是把对"问题"的"提问"作为了学习的重要内容。在这个过程中，拥有同样问题，同样求解问题的答案，追问类似的问题的学习者，自然成为了"可以一起合作的学习伙伴"。这个伙伴有可能"近在身边"，有更多的可能"远在天边"。他们组成了或围绕某一个主题学习，或围绕某一类问题探究的"学习社区"，在合作学习中，他们感受自己和他人的"影响力"，彼此分享学习的体验和感受，学会了尊重和妥协。

问题系统化实现学习的个性化，突破了知识的边界。问题系统化、系统图式化、图式可视化，借助于各类学习工具，学习者或以个体或以群体的方式，建构起一个个基于特定学习任务或内容的问题系统,再在自我持续追问和他人持续追问中,从一个问题系统延伸至另一个问题系统,问题不断延展,连接不断发生,学科的边界越来越模糊,知识的边界不断被突破。从科学世界到生活世界,从中观世界到微观和宏观世界,从外部的世界到内心的世界,学习者不断探求着真理,持续完善着品性,始终创造着自己的智慧。

问题化学习实现个体的自由充分发展,突破了发展的边界。随着知识、群体和课堂的不断被打破,学习者个性化学程得以不断"生长"。在常规教程学习的支持下,学生建构起了属于自己的"100 门课程",它既有基础学力的达成,又有学习潜能的挖掘,更有个人兴趣与个性特长的充分发展。它既有课堂中与同学们同步的知识获取,也有课堂外与"会员们"共同的合作探究,更有基于自己学习目标、内容、步骤的自我规划。发展不再是老师眼中的"分数"的提高,发展不再是家长口中与"别人家"孩子的比较,发展最终成为学习者自我"生态位"的寻找以及对做最好的自己的不懈追求。

问题化学习让学校教育实现自适应。问题化学习以主动的发现并提出问题为学习起点,基于问题系统来优化学习的过程与知识的结构,并实现学习的有效迁移。从中我们可以发现,这种学习方式对不同角色在面对不同学习或工作任务时都将具有重要的现实意义。在学校教育内部,对教师而言,问题化学习意味着他/她的教育工作起点是学生的问题,以学生为中心,借助于一切的工具与手段,分析问题、判断问题、建构问题解决通路,让自己适应孩子,为孩子的发展提供自己真正专业的支持与服务。变化着的孩子意味着变化着的问题,变化着的问题意味着他/她需要不断地学习以提升自己的专业能力。问题和问题化学习促进着教师实践的持续改进和专业的持续精进。对学校管理者而言，问题化学习意味着他们工作的起点在他们所服务的对象的问题，而学校发展目标和自身管理目标都将"隐藏"在师生的问题背后。他们必须以师生为中心，必须让各类问题系统化，必须系统地思考和架构问题解决的策略、路径和方法，必须让自己去适应不断变化着的教与学以及师生发展的需求，动态调整学校发展的目标、内容与步骤。问题和问题化学习成为推动学校改进强大的驱动力，也成为管理者自身专业能力持续提升的极佳路径。在学校外部，所有利益相关方的支持与服务如同经济领域的"供给侧"改革一样，从用户的"需求"出发，"升级产业"，"提升产品品质"，以主动适应用户和吸引用户。比如，出版社将转型为课程学习服务机构，在提供课程资源的同时，也提供智慧的教学解决方案；教育行政机构不再只是教育政策法规的制定、实施与监督，还从学校的"问题"出发，提供专业的指导、支持与服务。总之，基于问题化学习，让学校教育成为一个自适应学习系统，无论是课堂、课程与管理，在技术的支持下，不再是静态的、被动地应对，而是动态的、主动地"升级"。在这一背景下，个性和创新必然成为学校教育的核心。一切现有的做法和答案都不珍贵，而最有价值的是问题。

【总　结】

• 领导者事件

建立管理的新逻辑

　　本部分我们也许更多探讨的是学校课程体系的"未来"而不是"现实"，突出强调了课程 3.0 向 4.0 的进阶中，"学生""学程""技术"的重要性。然而，作为管理者我们会发现，最重要的也许不是方法而是理念、认识。在这一阶段，我们认为以往那种"自上而下"的"供给"的方式是无法适应不断变化着的孩子以及无法满足他们不断变化着的学习需求，即便我们力图以"丰富性"来解决"选择性"的问题，但真正的"个性化"一定依赖于学习者自己的建构。同时，我们也认为要让孩子真正具备适应未来社会发展的关键技能和必备品格，那么他们首先应该是一个主动学习者，一个终身学习者，而要成为这样的人，我们应该在动力系统、元认知系统和认知系统三个方面，而不只是"认知系统"一个方面，来发现、支持和发展他们。于是，我们需要建立新的课程建设和实施的逻辑，即以学生的问题为起点。事实上，这也正是课程 4.0 和前面三个阶段本质上的差异。那么，与之相适应的，我们的学校管理又该是怎样的呢？

在课程3.0部分，我们强调了学校管理中的三大系统，即"价值系统""制度系统"和"行为系统"，并且把"价值系统"的建立作为学校管理者的首要任务。从"行为系统"的建设来说，又把"激活"和"连接"作为管理的重要内容。那么，除了在该部分陈述之外，我们还可以作怎样的思考呢？

有一个小故事，说是美国二战的时候，许多工程师研究飞机的装甲，以提高飞机和飞行员的生存率。其中有一个人提出这样一个观点，就是观察飞回来的飞机哪些地方的弹孔最多。结果，这个研究得出的最后结论是，无法研究。这是因为飞回来的飞机都是幸存者，而幸存者是非常偶然的，那些遭受最致命攻击飞不回来的才是最值得研究和最有价值的。这个故事不同的人可以从不同的角度去解读。对于我们学校管理者而言，我们也许可以得出这样的一个结论：成功的学校管理不是校长或是管理团队的假设和想象，也不能仅从"幸存者"的角度去思考"牺牲者"的问题；学校管理的成功，来自于管理者，特别是校长对所有问题的发现以及对问题持有者的充分支持。从这个角度来说，管理也应该是"以学生的问题为起点，以学科的问题为基础，以老师的问题为引导"。

以学生的问题为起点，意味着校长和管理者让我们"不一样的老师"能够主动提出问题，提出有价值的问题。所谓有价值的问题，是他们能够把自己发展的问题主动地与学生发展、同伴发展、学校发展、教育发展等建立连接，在大视域下，来主动规划和建构自己的问题系统和问题解决通路，从而形成自我专业发展的内驱力。

以学科的问题为基础，意味着校长和管理者深入"研读"学校教育这本"大教材"。从学校教育的"大背景"和"小环境"中,理性地分析,科学的判断,精准地确定学校阶段发展的核心问题,重点问题,难点问题。

以老师的问题为引导,意味着校长和管理者基于对学校阶段发展的深入思考和系统规划,形成自己"引导"的问题,连接起"学生的问题"和"学科的问题",从而让三方面的问题成为一个有机的整体,分步实施,各个突破,系统解决。

事实上,这就形成了以"教师为中心"的学校管理新逻辑,也是第三部分所谓管理应该是"激活"和"连接"的具体的方法论。

著名网络自媒体人,"得到"APP 的主要运营者罗振宇,曾经在一个演讲中阐述了他这样一个观点,"员工的执行力,就等于领导的领导力"。他说,"日本的企业管理当中,布置一件工作通常要对一个员工要讲五遍。第一遍,渡边君,麻烦你帮我做一件什么什么事;第二遍,麻烦你,重复一遍;第三遍,我问你,你觉得我让你做这件事的目的是什么;第四遍,做这件事会不会出现意外,出现什么情况你向我汇报,出现什么情况你自己做决定;第五遍,如果让你自己做这件事儿,你有什么想法和建议吗?"

显然,他的话也从一个侧面说明了,在学校管理中,管理者要想实现自己的目标,首先得让被管理者,也就是老师能够发现问题,能够主动提出问题,即以老师的问题为起点,让自己的问题,学校的问题"隐藏"在背后。所以,无论是提高自身领导力或是提高员工的执行力,成功的管理,都是在发展别人,而不是在证明管理者自己!

● 教师角色

让孩子"问"出未来

　　哲学史上有这样一则轶事，说是，20世纪最有影响的哲学家之一维特根斯坦在英国剑桥大学哲学系时，师从大哲学家穆尔。有一天著名哲学家罗素问穆尔："谁是你最好的学生？"穆尔毫不犹豫地说："维特根斯坦。""为什么？""因为在我的所有学生中，只有他一个人在听我的课上老是露出迷茫的神色，老是有一大堆问题。"维特根斯坦的名气后来超过了同样是他老师的罗素。有人问他："罗素为什么落伍了？"维特根斯坦答道："因为没有问题了"。从这个小故事我们也许可以得出这样一个道理，我们的学校，我们的课堂，不是让孩子没有问题，而是要让孩子有更多的问题。

　　记得有一次听一名语文老师的课，课题是"智取生辰纲"。老师设计了一份高质量的"导学案"，事先要求学生结合课文完成"导学案"的学习，回答上面的问题和习题，然后课堂上，师生结合"导学案"的预学，进行交流汇报和合作学习。说实话，这是一节非常高质量的语文课，从师生表现和目标达成度来说，似乎都无可挑剔。事后在点评中，我给这位老师提了这样一个问题，"假设我是课堂中的一名普通学生，我会有这样一个'隐忧'。通过老师的导学案，我对比着课文，我能够去找信息，然后能够回答导学案上的问题并完成那些习题。但问题是，到时候考试的时候不考'智取生辰纲'，考的是'刘姥姥进大观园'，离开了导学案上老师的那些问题，我又不会解读文本、分析文本了。"我给她我的理解是,教学中教师提问学生回答与学生提问学生回答是存在区别的。前者也许孩子可以学会,而后者能够让孩子会学。也就是说,学习并不仅是让孩子记住书本上的那些"陈述",更重要的是让孩子发现并提出这些陈述背后的"问题"。

其实说这个案例,我是想说明一直以来我和我的团队以及我们学校努力在做的事,就是培养孩子面对未来社会的主动适应性能力。我认为这些能力至少包括了持续学习能力、沟通合作能力、动手操作能力、自我管理能力、问题解决能力,等。其中,之所以我加上"主动"一词,是因为未来孩子要持续地适应变化,主动不仅是一种必须,也是我们着力培养的一种可贵品质。在这些能力中,我认为可持续学习能力尤为关键。而要实现可持续学习,学习的动力和动机又是前提。所以说,我们判断一所学校的质量,不能只看有多少孩子考上清华北大、复旦交大,而要看这些孩子是否还有学习的强烈愿望,是否知道自己要选择学什么以及怎么学,是否真正能够适应这个快速变化着的复杂世界。否则,一拿到录取通知书,一拿到毕业证,学生就把书本撕成碎片,校园纸屑飞扬、一片狼藉的话,那才是学校的悲哀,教育之殇。

其次,就是问题解决能力。我一直认为,学校教育也好,家庭教育也好,关注孩子基础知识和基本技能的掌握肯定不错,但发展孩子的思维能力,问题解决能力在今天更为重要。而学生问题解决能力又体现为"自主发现与提出问题、聚焦与解决核心问题、持续探索与自我追问、深度建构问题系统"这样一些关键技能和品格。所谓深度建构问题系统,我认为是学习者在面对一个学习或者工作任务时,不是思考、提出并解决碎片化的问题，而是去建构高结构的问题系统。在这一问题系统中，既包括了简单的是什么、为什么的问题，也包括了何时何地何人怎么样做的问题，更包括了加入"假如……则"这样的问题。而所谓深度，则包括了对问题的提问，即所谓元问题能力。因为只有这样，我们才能更精准地判断和确定核心问题，并形成更佳的问题解决方案。

在本部分，我们提出了学校课程4.0应该是一种能够"自生长""自适应"的课程体系，而要实现这一目标，作为教师必须让我们自己的行为从"发现和支持不一样的学习者"开始。"发现"，我们可以通过"问题"，"支持"，就是让孩子的问题全面主动解决。

记得2014年暑假，我受邀参加一个"美国年度教师中国行"的论坛，主题是"挖掘孩子的学习潜能"。我给出我的观点是，"如果我们要挖掘孩子的学习潜能，那么我们应该从让孩子满脑子都是'问题'开始"。让我们为孩子的未来而教，让我们的孩子也是为他们的未来而学！

【附　录】

课题 60：证明举例 1（有删节）

（适宜对象：八年级学生）*

● **课程标准、学科要求与教学内容分析**

内容分析：本课题学习内容主要一些证明举例，这些证明举例涉及：用平行线、全等三角形、等腰三角形的性质与判定证明有关线段相等、角相等以及两直线平行和垂直。这些内容是在七年级学习的《相交线　平行线》和《三角形》的相关定理的基础上形成的，证明过程中没有增加新的定理，主要是呈现演绎推理的一般规则和规范表达的格式，它是今后平面几何证明的基础。

《课标》中的相关表述："通过典型例题的研究，学习和掌握演绎推理的规则；会用三角形全等的判定定理和性质定理证明有关线段相等、角相等以及平行、垂直的简单问题，会用等腰三角形的判定定理和性质定理证明简单的几何问题"

《课标》中补充："在证明和计算中，运用三角形全等不超过两次；或同时运用三角形全等、等腰三角形的性质与判定，分别以一次为限。"

---

* 本学材的设计者为上海市海滨第二中学胡文成老师.

《学科要求（考纲）》中要求：因为本课题是一些典型例题的举例，没有涉及新的认知意义上的知识点，所认考纲中没给出具体要求，可参见以前学习过的平行线和三角形全等的相关学材中要求。（即：课题：40至课题47）

核心概念：演绎推理的一般规则和规范表达；

核心技能：证明线段相等、角相等及两直线平行和垂直的基本策略；

- **标准具体化**

1. 概念分解

一级	二级	三级
逻辑推理	演绎推理	演绎推理的一般规则
		规范表达的格式

2. 技能分解

一级技能	二级技能
领会	会

- **学习目标**

1. 领会演绎推理的一般规则，会利用全等三角形的判定与性质来证明两条直线的平行的简单问题

2. 领会演绎推理的一般规则，会利用全等三角形的判定与性质来证明有关线段相等、角相等的简单问题

3. 领会演绎推理的一般规则，会利用全等三角形的判定与性质来证明有关线段相等以及两条直线的平行的较复杂的问题

4. 领会演绎推理的一般规则，会利用等腰三角形的"三线合一"和垂直的定义的来证明两直线垂直。

- **重点、难点**

重点：领会演绎推理的一般规则和书写规范；

难点：利用三角形全等和等腰三角形的性质证明线段、角相等、直线平行、垂直等较复杂的问题。

- **知识结构图**

```
                                    ┌─ 证明线段、角相等举例
                    ┌─ 常见的证明举例 ─┤── 证明直线平行举例
证明举例 ──┤                          └─ 证明直线垂直举例
                    └─ 演绎推理的规则
```

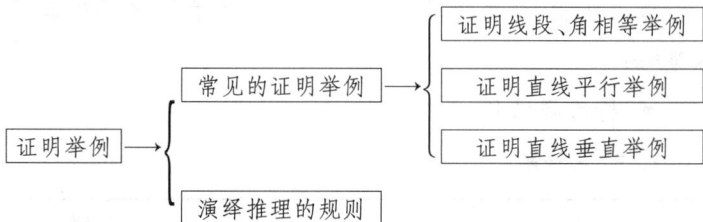

- **我的学习目标与规划**
- **通过学习我提出并解决的问题**
- **我参与的其他同学的问题**
- **目标学习与自主诊断**

目标1：会利用全等三角形的判定与性质来证明两条直线的平行的简单问题。

例1）已知：如图，$AB /\!/ CD$，$\angle B + \angle D = 180°$.

求证：$CB /\!/ DE$.

我的问题：

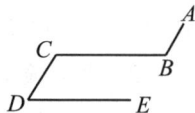

我的问题解决路径：

我的解答：

友情提示：从"要证什么"，回归到"已知"是什么。证明的表述，一般是从"已知"开始，推导出"可知"，直到求证的"结论"。例：要证明 $CB/\!/DE$，只要证明 $\angle C + \angle D = 180°$，由已知 $\angle B + \angle D = 180°$，因此只要证明 $\angle B = \angle C$，而这由已知条件 $AB/\!/CD$ 是可以得到的。

自我诊断：

1：已知：如图，AC 与 BD 相交于点 O，$\angle A = \angle AOB$，$\angle C = \angle COD$。

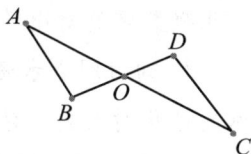

求证：$AB/\!/CD$（60 - 1 - Ⅲ - 1）

（目标 2 等略）

● 拓展延伸

如图，△ABC 是边长为 4 的正三角形，△BDC 是顶角 $\angle BDC = 120$ 度的等腰三角形，以 D 为顶点作一个 60 度的角，角的两边交 AB、AC 于 M、N 两点连接 MN，求△AMN 的周长。（60 - 4 - Ⅲ - 9）

我的问题：

我的问题解决路径：

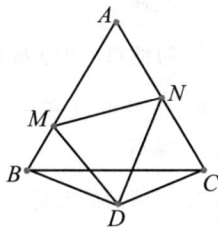

我的解答

一杯池塘水的实验室净化之过滤[*]

● **学习目标**

1. 通过对池塘水的观察,知道明矾在净水中的凝聚作用。

2. 运用日常生活的经验,结合实验室仪器,通过错误装置与正确装置的对比学会实验室过滤的装置搭建以及注意事项。

3. 通过观看水资源缺乏照片,灾后人们的饮水困难,了解水的净化对人类生存生活的重要意义。

● **我们的问题整理**

(小组讨论将同学们的问题编号,分别填入右边方框中)

同学们的问题	以科学家的思维整理问题
1. 如何辨认水中是否有杂质?	过滤实验前的问题:
2. 过滤可以除去多大(直径)固体颗粒?	
3. 加入明矾是否可以使较大颗粒沉淀?为什么?	
4. 池塘水倒入漏斗过滤时为何需要玻璃棒?	过滤实验中的问题:
5. 过滤每一步正确操作及其原因	
6. 是否可以利用生活中一些物品过滤水?	
7. 过滤后的水是否可以饮用?	过滤实验后的思考:
8. 家中如何检测水质?	

---

* 本案例由上海市教育学会宝山实验学校王金玲,马海珠,成洁瑶,郏非凡老师设计。

- **问题的解决方法设计**

A. 过滤实验前的问题与方法设计（注：实验法、查阅资料等方法）

<table>
<tr><th>问题编号</th><th>解决问题的方法</th><th>所需实验仪器或辅助多媒体</th><th>设计具体方法（具体实验方案）</th><th>现象及结论</th></tr>
<tr><td>_1_</td><td>实验法</td><td>放大镜
显微镜</td><td>1. 用放大镜观察水中物质
2. 制作临时载玻片，并用显微镜观察</td><td>我用放大镜观察到水中有：
____
我通过显微镜观察到水中有：
______________________</td></tr>
<tr><td rowspan="2">_3_</td><td rowspan="2">查阅资料
实验法</td><td>图书馆
网络</td><td>通过“明矾净水原理”等关键词查找相关信息</td><td>明矾净水原理：明矾放入水中，形成氢氧化铝胶体，它的吸附能力很强，可以吸附水里悬浮的杂质，并形成沉淀，使水澄清。所以，明矾是一种较好的净水剂。</td></tr>
<tr><td>实验：装有等体积河水的烧杯2只、玻璃棒、少量明矾</td><td>在A、B两只烧杯中分别装入100ML池塘水，A烧杯内放入约0.5g明矾，静置3小时左右观察现象</td><td>我观察到的现象是：
明矾是________固体。<table><tr><th></th><th>A烧杯（加明矾）</th><th>B烧杯</th></tr><tr><td>肉眼观察</td><td></td><td></td></tr></table>我的结论是：加入明矾______（不可以/可以）使较大颗粒沉淀。</td></tr>
</table>

通过以上方法解决问题，我对问题__________（1/2/3），仍有疑问和困惑，我的困惑是：____

B. 过滤实验中的问题与方法设计

问题编号	你解决问题的方法	所需实验仪器或辅助多媒体	设计具体方法（具体实验方案）	得到的结论
⋯⋯⋯⋯	实验法、查阅资料	铁架台、100ml 烧杯×2、玻璃棒、漏斗、滤纸、池塘水、放大镜、显微镜	通过过滤装置的搭建,进行过滤实验,并观察、记录实验中的成功及失败,总结后得出过滤操作的注意事项。	1. 通过过滤实验,我最后得到过滤后的水经过滤后,水质变＿＿＿＿＿（浑浊/澄清）： 2. 在过滤实验中,我遇到的问题有： - 3. 通过改进实验操作后,我小结过滤操作中的注意事项： ＿＿＿＿紧贴＿＿＿＿ ＿＿＿＿低于＿＿＿＿ ＿＿＿＿紧靠＿＿＿＿ ＿＿＿＿紧靠＿＿＿＿ ＿＿＿＿紧靠＿＿＿＿

通过以上方法解决问题,我对＿＿＿＿＿＿＿＿＿＿＿＿＿,仍有疑问和困惑,我的困惑是：＿＿＿＿＿＿＿＿＿＿＿＿＿＿＿

C. 过滤实验后的思考与方法设计

问题编号	解决问题的方法	所需实验仪器或辅助多媒体	设计具体方法（具体实验方案）	现象及结论
_2_	查阅资料			
_7_				
_6_				
_8_				

● 学习内容的思维导图

● 学习中的科技英语

根据仪器写出英文名称，或根据英文名称画出实验仪器

Experimental apparatus	Name	Experimental apparatus	Name
			Gunnel
	Iron support		

请将下列语句用英语表达

我们需要将饮用水过滤；科技使生活更美好

【文献索引】

1. [美]戴维·帕金斯(David N. Perkins),为未知而教、为未来而学——什么才是有价值的学习[M],杨彦捷,译.杭州:浙江人民出版社,2015:1。

2. [法].安德烈·焦耳当.学习的本质[M].杭零,译.裴新宁,审校.上海:华东师范大学出版社,2015.

3. 殷鼎.理解的命运:解释学初论[M].北京:生活/读书/新知三联书店,1988:240.

4. 顾明远主编.教育大辞典[M].上海:上海教育出版社,1990:187.

5. 辞海.上海:上海辞书出版社,1999:881~884.

6. 王天蓉 徐谊.有效学习设计——问题化、图式化、信息化[M].北京:教育科学出版社,2010.

7. 徐芬,俞磊,陈德毅.小学优等生与学习不良学生智力特征的比较研究[J].应用心理学,1995,1(1).

8. 张雨青,林薇,张霞.学习障碍儿童的基本能力特征[J].心理发展与教育,1995(3).

9. 张瑶.学习风格研究综述[J].重庆职业技术学院学报,2007(1).

10. 盛群力,陈彩红.依据学习循环圈的性质施教——麦卡锡的自然学习设计模式评述[J].课程教学研究,2013(1).

11. 邢强孟,卫青.论有效性学习与教学环境的设计[J].开放教育研究,2001(6).

12. 张亚南.高考地理学科思维能力价值评价[J].课程教材教法,2010(4).

13. 陈丽虹,周莉,吴清泉,邓安富,胡志强.PBL教学模式效果评价及思考[J].中国远程教育,2013(1).

14. 毛晓堆,郭毓麟,易剑英.基于项目教学法的课程教学方法的研究[J].中国电力教育,2009(3).

15. 吴泳玲.项目教学法的理论与实践研究[J].肇庆学院学报,第33卷第4期,2012(7).

16. 上海市教委副主任李永智:质变前夕的教育信息化[DB/OL].中国教育网络,[2017-12-13].http://mp.weixin.qq.com/s?__biz=MjM5MTgzNDk4Mw==&mid=2652357737&idx=1&sn=14ad34b79c5f137268cb673f8a5f676a&chksm= bd4c12618a3b9b7708995a46400ce4086ea-

70df4a2a7262dd316e4445a2e3e 25a6cc48a38366&mpshare = 1&scene = 23&srcid = 1213OnXkEKty1oJPIOOLrASO#rd.

17. 张治,李永智. 迈进学校3.0 时代——未来学校进化的趋势及动力探析[J]. 开放教育研究,第23 卷第4 期,2017(8).

18. 俞立平. 大数据与大数据经济学[J]. 中国软科学,2013(7).

19. 殷丙山,高茜. 技术、教育与社会:碰撞中的融合发展——2017 高等教育版《新媒体联盟地平线报告》解读[J]. 开放教育研究,2017(2).

20. 朱永新. 未来,传统学校将被"学习中心"替代? [N]. 文汇报,2017 - 05 - 26(6).

21. David A. Sousa & Carol Ann Tomlinson. DIFFERENTIATION and THE BRAIN[M]. Solution Tree Press, 2010: Introduction II.

22. Carol Ann Tomlinson. HOW TO Differentiate Instruction IN Mixed-Ability Classrooms(2ND EDITION)[M]. Association for Supervision and Curriculum Development(ASCD), 2001: 7.

23. Stohlmann, Micah; Moore, Tamara J.; Roehrig, Gillian H. Considerations for Teaching Integrated STEM Education [J]. Journal of Pre-College Engineering Educaiton Reasearch(J-PEER), 2012, Vol. 2(1).

结　语

面向未来的学习者

　　本书前面四个部分,通过对不同阶段学校课程体系所表现出的总体样态、特征,以及基于怎样的理念和方法来一步步实现学校课程的持续进阶的阐述,集中回答了这样一些问题:如何让课程与课堂、课程与课程实现连接;如何让教师学会开发课程,如何让教师摆脱经验的方式来实施课程,如何让学生建构个性化学程;如何看待并界定校长、中层管理者、一线教师作为课程领导者的角色和义务;如何让学校的课程体系实现从碎片化、结构化、校本化到"自生长"的持续进阶;如何从课程教学切入实现学校"价值、制度和行为"三大系统的"升级";如何面对"已来的未来"设计与实施面向未来的学校课程,等等。可以说,大部分的论述,都是方法层面的探讨,特别是在学校课程发展的前三个阶段。这种似乎充斥着"科学主义"和"技术理性"的描述方式,说实话,与我对教育的理解,或者自己所追求的理想的学校教育并不完全一致。一直以来,我都很认同美国当代著名教育家菲利普·杰克森(Philip W. Jackson)关于什么是教育的阐述,"教育归根到底是一项道德事业,之所以如此是因为它的目标是改善。它试图让接触它的每个人,教师以及学生,比现在更好。放眼全球,它尽力让这个世界变成一个更好的地方。它的任务是无尽的,原因很简单,那就是每一代新人都需要接受教育,但还有另外一个原因,那就是每一代新人都可以自由地在前人的基础上,进行'调整和扩张'"①。所以,我希望我所提供的方法借鉴,不是为了功利,而是为了"道德"或是"改善"。我始终相信教育是一门科学,但它一定不仅仅是科学,更不能只剩下理性和工具。同时,我也希望通过本书来说明我以下的几个观点,希望对同样在努力探索学校课程教学改革的管理者们,同样在努力探索自身专业发展和课堂教学改进的老师们能够有所助益。

学校课程行动应该回归原点——学生、学习。陶行知先生说过,"先生的责任不在教,而在教学,而在教学生学"。教学生学有什么意思? 就是教学生自己学会学习,并享受学习。然而,我们当前碎片化的课程结构模式、浅层化的课程学习模式、工业化的课程实施模式,让学生非但没有学会学习,更重要的失去对学习的兴趣。学习不再是一种快乐的体验,更多的是一种功利目的下的痛苦的煎熬。前苏联著名教育家苏霍姆林斯基,在上个世纪前半叶就提出的,"教育学,无论就教育的理论或者教育的实践来说,都还没有对人的个性——对他的创造性力量和能力的培养,对理想、兴趣和爱好的形式,给予足够的重视"②,对今天中国义务教育学校的实践者来说似乎依然普遍"适用"。一直以来,我们一线教育者对学校教育改进的探索不可谓不努力,但围绕着教师和教法的行动让我们"绕了一大圈"却发现,我们的课堂与之前几十年相比,似乎没有任何实质性的改变。我们在技术和技巧等的术、法层面的探索,让我们欣喜于"效

---

① [美]杰克森.什么是教育[M].北京:北京时代华文书局,2015:151~152.
② [苏]B.A.苏霍姆林斯基.给教师的建议[M].杜殿坤,编译.北京:教育科学出版社,1984:338.

率、效益"提升的同时,却给老师和孩子带来了越来越沉重的负担。由此,我们需要思考我们行动的新起点,需要建立我们行动的新逻辑。从以往基于教师的"为什么教、教什么、怎么教和教到怎样程度"转向以学生为主体的"为什么学、学什么、怎么学和学到怎样程度"的学校课程行动新范式上来。让课程真正发挥在学生动力系统、元认知系统和认知系统全面协调发展中的支撑性作用,让课程真正赋予学生和学习以意义,为他们的终身发展、健康发展和可持续发展奠基。美国著名诗人库明斯(Edward Estlin Cummings)有首诗,诗的最后两句是,"我宁愿向一只鸟学唱歌,也不愿意教万颗星跳舞"。我想,如果我们的学校,我们的老师,我们所提供的课程最终让我们的孩子都变成了"宁愿……都不"的人的时候,那我们还能心安理得地用"天底下最光辉的职业"来阐释我们教育和教师的意义吗?

以系统的思维和方法来推进学校课程教学改革。美国当代已故著名美术教育家、课程论专家,斯坦福大学教育研究生院艺术与教育教授,埃利奥特·艾斯纳(Elliot W. Eisner)曾说过,"学校是个难以改变的坚固机构;因而,只有当人们认识并抓住了影响学校运作方式的各种交互作用的因素时,成功的改革才更有可能。""要创办真正起教育作用的学校,制定政策的人就必须关注该事业的深层目标、学校的结构、学校提供的课程、教学的特征以及用以理解其结果的评价和评定形式。总之,不管是在计划教学的时候,还是在评价其结果时,都必须考虑到这一系列相互影响的因素"①。今天,我们很多学校的课程教学改革

---

① 埃利奥特 W. 艾斯纳. 教育想象——学校课程设计与评价[M]. 李雁冰,主译. 北京:教育科学出版社,2008:408~409.

无法保持探索的"热度"和"温度"，无法取得管理者和老师期待的成果，甚至最终陷于不了了之和失败，关键在于把认识与方法，过程与结果，课程与课堂，管理者与教师，教师与学生，价值理念与制度规范，发展规划与课程规划，显性目标达成与"不教之教"、"不学之学"等隐性目标关注等涉及学校发展的各个要素和各种关系，以局部、碎片化的方式而不是整体和系统化的方式加以系统的设计、组织和实施。一方面无法真正发挥课程教学改革带动和促进学校整体改进的作用，另一方面，也无法借以学校整个系统的改进来保障课程教学改革的顺利推进。

　　学校管理者和教师不能以任何理由来拒绝改变。学校课程教学的改革不可能脱离学校所处的大环境和大背景，特别是我们既定的教育方针与课程标准。但校长与教师的作用又是重要的，那是因为，他们决定了学校改进的动力，学校行为的方式，教育实践的品质。对于现有我们身边的学校管理者和教师，通常我们可以归入这样两大类，经验的与理性的。前者往往打着"务实"的外衣，在眼前利益的诱惑下随波逐流，后者往往思考教育的价值，在持续的学习中去科学地判断和明智地选择。前者往往还时常会讥笑后者的自讨苦吃，而后者往往注定寂寞和孤独。由此，我想表达的是，对于一所学校的校长而言，学校改革和改进的路径有很多，但课程教学改革一定是最为艰苦和复杂的，它不仅需要管理者的勇气，更需要管理者的智慧和坚持。教育没有捷径，教育口号并不代表教育思想，它只会促使学校的实践者逃避实践中的痼疾。今天，无论我们所处的时代还是我们现在的校长和教育者对中国未来发展所肩负的使命，都告诉我们，我们不能以任何理由来拒绝改变。我们可以不喜欢孩子喜欢的东西，但我们必须了解和理解孩子喜欢的东西，我们可以因为我们的学识和见识没有做到最好,但我们必须付出十二分的努力让我们孩子成为他们最好的自己。改变意味着我们走出我们知识和能力的安全区,但没有改变我们必将丧失学校和孩子长远发展的基础!

以学习方式倒逼教学方式的变革。一直以来我们许多学校的管理者都在"灌输"老师们要改变陈旧的教学方式和教学方案,但从现在义务教育学校课堂中教师普遍的行为方式和实践内容来看,显然效果不佳、成效不彰。这里的原因很复杂,但有一点是可以肯定的,那就是我们老师受教育的经历已经决定他的学习方式,如被动听讲,而他对于学习的理解又带入课堂,让我们的孩子成为了被动听讲者,而孩子们的这种学习方式又进一步强化了他那种灌输的教学方式。于是,这里就陷入了"鸡生蛋、蛋生鸡"的恶性循环,形成了难以解开的"死结"。由此我们可以设想,让老师去改变教学方式和方法,从内部来讲既缺乏动力也缺少路径,而从外部来讲,无非是行政的推动和学生的倒逼。显然,学生的倒逼是更为可行和老师可接受的方法。这也正是本书从第三部分开始所提出的让学生养成"问题化学习"的良好的学习方式的原因,即让学生依托问题和问题系统,实现让学习主动发生,让学习持续发生与交互发生。通过设定"学生的问题为起点、教师的问题为引导、学科的问题为基础"的教学首要原则,促使学生问题化学习方式的养成,再通过学生学习方式的改变让教师每天行走在能力"边缘",切实倒逼教师教学方式的真正转型,通过师生学与教方式的改变,又进一步促使学校整个管理系统和课程体系的持续改进和升级。改革从来不是一次事件,而是一个过程,我们只有抓住了学生和学习这一"最活跃的要素",把它们作为我们一切行动的起点和归宿,我们的改革之路才能走得更顺、更远。

　　总之,教育不是为了"眼前的苟且",而是为了"诗与远方"。今天我们所有教育者所面对的是未来的学习者,因此,我们所要思考和探索的教育也应该是面向未来的学习者。

后　记

在平时工作中,接触很多老师,他们对于"课程"既向往又"畏惧"。向往的是,真正让自己在驾驭学科课程的同时,开发属于自己的课程,甚至拥有自己的课程品牌。畏惧的是不知道怎么做,是不是会额外付出很多的心力,却又徒劳无功,无法达成自己的期待。同时,也接触了很多校长,他们和一线教师一样,希望自己在成为一位优秀的管理者的同时,理解课程、把握课程,成为一名优秀的课程领导者。这也正是我写这本书的初衷,即从实践而非学术的角度来呈现教师和学校如何来"做课程",建构具有学校特色的课程体系。让"课程"不再显得"冰冷""森严",让做课程的过程与校长、老师每天的思考和实践真正融为一体,也就是斯滕伯格所说的,教师即课程吧。

同时,这本书的内容,更多是自己作为一名教师和校长一路伴随课改走过的路,所有的认识背后其实是大量的困惑,所有的实践背后其实是大量的挫折。这也让我充分认识到,教师的专业成长没有捷径,学校的持续改进没有捷径,它也许寂寞,但一定不能孤单更不会孤独。

一直很喜欢余光中先生的一首诗——"写给未来的你",诗里的这样几句话一直感动着我,鞭策着我,甚至成了我的人生信念:"我希望你自始至终都是一个理想主义者。不要为蝇头小利放弃自己的理想,不要为某种潮流而改换自己的信念。理想主义者的结局悲壮但绝不可怜。记住,每个人的能力有限,我们活在世上能做好一件事足矣"。对我而言,我不知道能不能做好教育这一件事,但我清楚地知道,如果是我一个人,我一定做不好也做不了这件事。感谢这份职业给了我异常丰满的人生体验,感谢所有的老师和孩子,给了我对于这份职业非常的责任感和幸福感,也要感谢所有师长和家人,给了我更好履行我职业使命的指导、支持和帮助!

图书在版编目(CIP)数据

走向学校课程 4.0 / 徐谊著. —上海:上海三联书店,2018
ISBN 978 − 7 − 5426 − 6233 − 0
Ⅰ.①走… Ⅱ.①徐… Ⅲ.①基础教育 − 课程 − 教学研究
Ⅳ.①G632.3
中国版本图书馆 CIP 数据核字(2018)第 054290 号

走向学校课程4.0

著　　者　徐　谊

责任编辑　钱震华
装帧设计　陈益平

出版发行　上海三联书店
　　　　　(201199)中国上海市都市路 4855 号
印　　刷　上海昌鑫龙印务有限公司

版　　次　2018 年 4 月第 1 版
印　　次　2019 年 1 月第 2 次印刷
开　　本　640×960　1/16
字　　数　220 千字
印　　张　20
书　　号　ISBN 978 − 7 − 5426 − 6233 − 0/G · 1488
定　　价　78.00 元